Aceitação
Radical

Tara Brach

Aceitação Radical

Como despertar o amor que cura o medo
e a vergonha dentro de nós

SEXTANTE

Título original: *Radical Acceptance*

Copyright © 2003 por Tara Brach
Copyright da tradução © 2021 por GMT Editores Ltda.

Edição publicada mediante acordo com a Anne Edelstein Literary Agency LLC, Nova York c/o Aevitas Creative Management através da
Villas Boas & Moss Agência Literária, Rio de Janeiro.

Todos os direitos reservados. Nenhuma parte deste livro pode ser utilizada ou reproduzida sob quaisquer meios existentes sem autorização por escrito dos editores.

tradução: Ivo Korytowski
preparo de originais: Sheila Louzada
revisão técnica: Gustavo Gitti
revisão: Luis Américo Costa e Tereza da Rocha
diagramação: Valéria Teixeira
capa: Angelo Bottino
impressão e acabamento: Bartira Gráfica

CIP-BRASIL. CATALOGAÇÃO NA PUBLICAÇÃO
SINDICATO NACIONAL DOS EDITORES DE LIVROS, RJ

B788a

Brach, Tara
    Aceitação radical / Tara Brach ; tradução Ivo Korytowski. - 1. ed. - Rio de Janeiro : Sextante, 2021.
    320 p. ; 23 cm.

    Tradução de: Radical acceptance : embracing your life with the heart of a Buddha
    ISBN 978-65-5564-155-4

    1. Compaixão - Aspectos religiosos - Budismo. 2. Autoaceitação - Aspectos religiosos - Budismo. 3. Vida espiritual - Budismo. I. Korytowski, Ivo. II. Título.

21-69790
                        CDD: 294.3444
                        CDU: 24-584

Meri Gleice Rodrigues de Souza - Bibliotecária - CRB-7/6439

Todos os direitos reservados, no Brasil, por
GMT Editores Ltda.
Rua Voluntários da Pátria, 45 – Gr. 1.404 – Botafogo
22270-000 – Rio de Janeiro – RJ
Tel.: (21) 2538-4100 – Fax: (21) 2286-9244
E-mail: atendimento@sextante.com.br
www.sextante.com.br

Aos meus pais, que agraciaram minha vida com seus corações cheios de generosidade e amor

Sumário

Prefácio de Jack Kornfield — 13

Prólogo: "Tem alguma coisa errada comigo" — 14

UM O TRANSE DA INDIGNIDADE — 18

DOIS DESPERTANDO DO TRANSE: O CAMINHO DA ACEITAÇÃO RADICAL — 36

TRÊS A PAUSA SAGRADA: DESCANSANDO SOB A ÁRVORE *BODHI* — 58

QUATRO AMIZADE INCONDICIONAL: O ESPÍRITO DA ACEITAÇÃO RADICAL — 79

CINCO VOLTANDO PARA O NOSSO CORPO: A BASE DA ACEITAÇÃO RADICAL — 98

SEIS ACEITAÇÃO RADICAL DO DESEJO: DESPERTANDO PARA A FONTE DO ANSEIO — 130

SETE ABRINDO NOSSO CORAÇÃO DIANTE DO MEDO — 160

OITO DESPERTANDO A COMPAIXÃO POR NÓS MESMOS: TORNANDO-NOS O ACOLHEDOR E O ACOLHIDO — 194

NOVE	AMPLIANDO OS CÍRCULOS DA COMPAIXÃO: O CAMINHO DO BODISATVA	215
DEZ	RECONHECENDO NOSSA BONDADE FUNDAMENTAL: O PORTÃO PARA UM CORAÇÃO QUE PERDOA E AMA	238
ONZE	DESPERTANDO JUNTOS: PRATICANDO A ACEITAÇÃO RADICAL NOS RELACIONAMENTOS	273
DOZE	REALIZANDO NOSSA VERDADEIRA NATUREZA	295

Agradecimentos	315
Fontes e permissões	317

Reflexões e meditações guiadas

UM	Reconhecendo o transe da indignidade	34
DOIS	A prática de *vipassana* (atenção plena)	55
TRÊS	A pausa sagrada	77
QUATRO	O poder do sim	92
	Enfrentando a dificuldade e nomeando o que é verdade	94
	Abraçando a vida com um sorriso	96
CINCO	Desenvolvendo uma presença incorporada	125
	Aceitação Radical da dor	128
SEIS	"Não fazer" quando nos sentimos arrastados pelo desejo	156
	Descobrindo seu anseio mais profundo	158
SETE	Indo ao encontro do medo com uma presença aberta e engajada	191
OITO	Acolhendo o sofrimento	211
	Invocando a presença do Amado	213

NOVE	*TONGLEN* – Despertando o coração de compaixão	235
DEZ	Cultivando um coração que perdoa	264
	Despertando a bondade amorosa	268
ONZE	Comunicar-se com consciência	292
DOZE	Quem sou eu?	312

*Bem além das ideias de errado e certo
existe um campo. Ali o encontrarei.*

*Quando a alma se deita naquele
 gramado,
o mundo está repleto demais para
 falarmos dele.
Ideias, linguagem, mesmo a expressão
 um ao outro
não fazem nenhum sentido.*

– Rumi

Prefácio

Você tem nas mãos um belo convite: um convite a lembrar que é possível levar sua vida com o coração sábio e suave de um buda.

Em *Aceitação Radical*, Tara Brach amavelmente oferece uma compreensão transformadora e palavras de cura, frutos de seus muitos anos de prática como professora de meditação e psicoterapeuta. Tendo mergulhado no trabalho diário de recuperar a dignidade humana com compaixão e perdão sinceros, Tara oferece ensinamentos imediatos e tangíveis, derrubando as barreiras que impedem que sejamos plenamente vivos.

Em uma sociedade moderna estressante e competitiva, que promove a indignidade, o autojulgamento e a perda do sagrado em tantas pessoas, os princípios da Aceitação Radical aqui expressos são essenciais para recuperar uma vida de alegria e liberação. Através de histórias saborosas e relatos de alunos e clientes de Tara, de sua própria jornada pessoal e de práticas claras e sistemáticas, *Aceitação Radical* nos mostra formas sábias de nos cuidarmos, transformar nossas dores e recuperar nossa integridade.

Acima de tudo, este livro nos desperta novamente para nossa natureza de buda – a felicidade e a liberdade fundamentais que são direitos de nascença de todo ser humano. Leia estas páginas devagar. Absorva estas palavras e práticas. Permita que elas guiem você e abençoem seu caminho.

JACK KORNFIELD
Spirit Rock Center
Fevereiro de 2003

Prólogo:
"Tem alguma coisa errada comigo"

Quando eu estava na faculdade, fui passar um fim de semana fazendo trilha nas montanhas com uma sábia amiga de 22 anos, mais velha que eu. Depois que montamos nossa barraca, nos sentamos à beira de um riacho e ficamos observando a água rodopiar em torno das rochas enquanto conversávamos sobre a vida. A certa altura, ela me contou como estava aprendendo a ser "sua melhor amiga". Senti uma tristeza enorme me invadir e comecei a chorar. Eu estava longe de ser minha melhor amiga. Vivia perseguida por um juiz interno que era impiedoso, implacável, implicante e compulsivo, sempre alerta, ainda que muitas vezes invisível. Eu sabia que jamais trataria uma amiga do jeito que tratava a mim mesma, sem compaixão ou gentileza.

A ideia por trás de tudo isso era de que havia alguma coisa fundamentalmente errada comigo e eu tentava de tudo para controlar e corrigir o que me parecia um eu falho. Exigia de mim mesma um desempenho excelente na faculdade, era uma ativista política fervorosa e tinha uma vida social intensa. O vício em comida e a obsessão por realizações eram meios de evitar a dor (mas só a aumentavam). Minha busca por prazer era saudável às vezes – na natureza, com amigas –, mas também incluía uma impulsiva busca de emoções com drogas recreativas, sexo e outras aventuras. Aos olhos do mundo, eu era altamente funcional. Por dentro, era ansiosa, compulsiva e muitas vezes ficava deprimida. Não me sentia em paz em nenhuma área da minha vida.

Esse mal-estar vinha acompanhado por uma profunda solidão. No início da adolescência, às vezes eu imaginava que vivia dentro de uma esfera transparente que me separava das pessoas e da vida à minha volta. Quando eu estava bem comigo e à vontade com os outros, a bolha afinava, tornando-se quase como um filete invisível de gás; quando estava mal, ficava tão grossa que era como se os outros pudessem vê-la. Aprisionada por dentro, eu me sentia vazia e extremamente sozinha. Com o tempo, essa fantasia da bolha passou, mas mesmo assim eu vivia com medo de desapontar alguém ou ser rejeitada.

Com minha amiga de faculdade era diferente: eu confiava nela e podia me abrir por completo. Nos dois dias seguintes de trilha pelo alto das montanhas, comecei a perceber, conversando com ela ou sentada em silêncio, que aquela sensação de profunda deficiência pessoal estava por trás de toda a minha depressão, toda a solidão, todas as oscilações de humor e todos os comportamentos compulsivos. Era a primeira vez que eu via claramente o núcleo do sofrimento que revisitaria repetidas vezes ao longo da vida. Intuitivamente eu sabia que, apesar de fazer com que me sentisse exposta e dolorida, enfrentar aquela dor era um caminho de cura.

No domingo à noite, ao descermos de carro das montanhas, meu coração estava mais leve, embora ainda dolorido. Eu ansiava por ser mais gentil comigo mesma. Ansiava por acolher minha experiência interna e me sentir mais conectada e mais à vontade com as pessoas ao meu redor.

Quando, alguns anos depois, esses anseios me levaram ao caminho budista, encontrei ali os ensinamentos e práticas que me permitiram encarar aquela sensação de indignidade e insegurança. Eles me deram um meio de ver claramente o que estava acontecendo comigo e me mostraram como ter mais compaixão comigo mesma. Os ensinamentos do Buda também me ajudaram a desfazer a dolorosa e equivocada ideia de que eu estava sozinha no meu sofrimento, de que aquilo era um problema pessoal e, de algum modo, culpa minha.

Nos últimos 20 anos, como psicóloga e professora budista, tive contato com milhares de clientes e alunos que me revelaram se sentirem oprimidos pela sensação de não serem bons o suficiente. Seja durante uma conversa em um retiro de meditação de 10 dias, seja durante uma sessão de terapia semanal, o sofrimento – o medo de ser falho e não merecedor – é basicamente o mesmo.

Para muitas pessoas, tal sensação de deficiência está sempre à espreita. Basta um pequeno incidente – saber das realizações de alguém, ser criticado, se envolver numa discussão, cometer uma falha no trabalho – para sentirem que não estão bem.

Nas palavras de uma amiga minha: "A sensação de que há algo errado comigo é o gás tóxico invisível que estou sempre respirando." Quando nos enxergamos pelas lentes da insuficiência pessoal, ficamos prisioneiros do que chamo de transe da indignidade. Aprisionados nesse transe, não conseguimos perceber a verdade de quem realmente somos.

Uma aluna de meditação em um retiro em que eu estava lecionando me contou sobre uma experiência que a levou a perceber a tragédia de viver em transe. Marilyn havia passado muitas horas sentada junto ao leito de morte da mãe – lendo para ela, meditando junto dela tarde da noite, segurando sua mão e dizendo repetidas vezes que a amava. A mãe estava inconsciente a maior parte do tempo, respirando com dificuldade e de forma irregular. Certo dia, antes do amanhecer, ela abriu os olhos de repente e olhou clara e fixamente para a filha. "Sabe", murmurou a mãe, "passei a vida toda achando que havia algo errado comigo." Balançando ligeiramente a cabeça, como quem diz *Que desperdício*, ela fechou os olhos e voltou a entrar em coma. Horas depois, veio a falecer.

Não precisamos esperar até estarmos no leito de morte para perceber como desperdiçamos nossa preciosa vida acreditando haver algo errado conosco. O problema é que, devido à força desse nosso hábito de nos sentirmos insuficientes, despertar do transe exige não apenas uma resolução interna, mas também um treinamento ativo do coração e da mente. Com as práticas budistas de consciência, nos libertamos do sofrimento do transe, pois aprendemos a reconhecer o que é verdade no momento presente e a acolher o que vemos com o coração aberto. Esse cultivo da atenção plena e da compaixão é o que chamo de Aceitação Radical.

A Aceitação Radical inverte nosso hábito de viver em guerra com experiências desconhecidas, assustadoras ou intensas. É o antídoto necessário a anos de autonegligência, anos de julgamento e tratamento rude, anos rejeitando a experiência do momento presente. A Aceitação Radical é a disposição de experimentar a nós mesmos e a vida como ela é. Um momento de Aceitação Radical é um momento de liberdade genuína.

O mestre da meditação indiana do século XX Sri Nisargadatta nos encoraja a tomar esse caminho de liberdade de todo o coração: "... tudo que peço a vocês é: *Torne perfeito o amor por você mesmo.*" Para Marilyn, as últimas palavras da mãe agonizante a despertaram para essa possibilidade. "Foi o presente de despedida dela", contou Marilyn. "Percebi que eu não precisava perder minha vida como ela havia perdido. Movida pelo amor, o amor por minha mãe e pela vida, resolvi viver com mais aceitação e gentileza." Todos nós podemos escolher fazer o mesmo.

Quando praticamos a Aceitação Radical, começamos pelos nossos temores e feridas e descobrimos que nosso coração de compaixão se amplia sem limites. Ao nos cuidarmos com compaixão, ficamos livres para amar este mundo vivo. É a bênção da Aceitação Radical: quando nos libertamos do sofrimento do "Tem alguma coisa errada comigo", confiamos e expressamos a plenitude de quem somos.

Que os ensinamentos deste livro nos sirvam enquanto despertamos juntos. Que cada um de nós descubra a pura percepção e o amor que são nossa natureza mais profunda. Que nossa consciência amorosa envolva todos os seres por toda parte.

UM

O TRANSE DA INDIGNIDADE

Você estará caminhando certa noite...
Ficará claro de repente
que você estava prestes a fugir
e que é culpado: você não entendeu
as instruções complexas, você não é
um membro, você perdeu seu cartão
ou nunca teve um.

WENDELL BERRY

Há anos tenho um sonho recorrente em que me vejo tentando inutilmente chegar a algum lugar. Às vezes estou subindo um morro correndo, outras vezes estou escalando rochas ou nadando contra a corrente. Muitas vezes uma pessoa querida está em dificuldade ou algo ruim vai acontecer. Minha mente está acelerada, mas meu corpo está pesado e exausto. Eu me movimento como que através de melado. Nesses sonhos, sei que deveria ser capaz de enfrentar o problema, mas, por mais que tente, não consigo chegar aonde preciso. Completamente sozinha e morrendo de medo do fracasso, fico presa no meu dilema. Nada mais no mundo existe além daquilo.

Esses sonhos capturam a essência do transe da indignidade. Em nossos sonhos, muitas vezes somos protagonistas de um drama roteirizado, fadados a reagir às circunstâncias de determinada maneira. Parecemos não perceber que podem existir escolhas e alternativas. Quando estamos no transe, presos em nossas histórias e nossos temores de como podemos falhar, estamos num estado semelhante. Estamos sonhando acordados de um modo que define e delimita por completo nossa experiência da vida. O resto do mundo é meramente um pano de fundo enquanto tentamos chegar a algum lugar, ser pessoas melhores, ser bem-sucedidos, não cometer erros. Como em um sonho, consideramos nossas histórias como a verdade – uma realidade convincente – e elas consomem nossa atenção quase por completo. Enquanto almoçamos ou voltamos do trabalho para casa, enquanto conversamos com nosso parceiro ou lemos uma história para nossos filhos à noite, continuamos remoendo nossas preocupações e nossos planos. Inerente ao transe é a crença em que, por mais que tentemos, estamos sempre, de alguma forma, falhando.

O sentimento de ser indigno vem acompanhado da sensação de estar separado dos outros, separado da vida. Se somos defeituosos, como podemos pertencer? É um círculo vicioso: quanto mais deficientes nos julgamos, mais separados e vulneráveis nos sentimos. Por trás do medo de ser defeituoso existe um medo mais primário de que há algo errado com a vida, de que algo ruim vai acontecer. Nossa reação a esse temor é direcionar culpa ou mesmo raiva para a suposta raiz do problema: nós, os outros, a própria vida. Mas, mesmo quando dirigimos nossa aversão para algo externo, no fundo ainda nos sentimos vulneráveis.

A sensação de indignidade e alienação em relação aos outros dá origem a várias formas de sofrimento. Para alguns, a manifestação mais flagrante é o vício. Pode ser em álcool, comida ou drogas. Outros são viciados em um relacionamento, dependentes de uma ou mais pessoas específicas para se sentirem completos e conseguir acreditar que vale a pena viver. Há quem tente se sentir importante se matando de trabalhar – um vício que nossa cultura costuma aplaudir. E há os que criam inimigos externos e estão sempre em guerra com o mundo.

É difícil acreditar que somos realmente amados quando nos sentimos deficientes e indignos. Muitas vezes vivemos com um sentimento subjacente de depressão ou sem esperança de nos aproximarmos de outras pessoas. Temos medo de perceberem que somos chatos ou burros, egoístas ou inseguros, e nos rejeitarem. Se não somos bonitos o suficiente, talvez nunca sejamos amados de forma íntima e romântica. Ansiamos por alcançar um pertencimento real, por nos sentirmos confortáveis conosco e com os outros, à vontade e plenamente aceitos. Mas o transe da indignidade mantém a doçura do pertencimento fora do nosso alcance.

O transe da indignidade se intensifica em períodos difíceis, quando a vida parece fora do nosso controle. Atribuímos uma doença física ou uma depressão a nossos genes ruins, a indisciplina, a falta de força de vontade. Julgamos que um emprego que perdemos ou um divórcio doloroso são consequências de nossas falhas pessoais. Se tivéssemos agido melhor, se fôssemos um pouco diferentes, as coisas teriam dado certo. Mesmo que joguemos a culpa em outra pessoa, tacitamente ainda nos culpamos por termos chegado àquela situação.

Se nós mesmos não estamos sofrendo ou sentindo dor, ainda assim interpretamos os problemas de alguém querido – o parceiro ou um filho – como mais uma prova da nossa inadequação. Uma cliente minha de terapia tem um filho de 13 anos que foi diagnosticado com transtorno do déficit de atenção. Ela fez todo o possível para ajudá-lo: buscou médicos, alimentação diferenciada, acupuntura, remédios, deu amor. Mesmo assim, ele ainda tem dificuldade nos estudos e se sente isolado socialmente. Está convencido de que é um "fracassado" e, por sofrimento e frustração, tem acessos de raiva frequentes. Apesar de tanto esforço e carinho, essa minha cliente vive angustiada, sentindo que está falhando com o filho e que deveria estar fazendo mais por ele.

O transe da indignidade nem sempre se manifesta como sentimentos evidentes de vergonha e deficiência. Quando contei a uma amiga próxima que estava escrevendo sobre isso e comentei como é algo comum, ela discordou. "Meu maior desafio não é a vergonha, é o orgulho", argumentou. Essa amiga, que é professora e escritora bem-sucedida, me contou que se sentia superior aos outros com muita facilidade. Achava as pessoas lentas de raciocínio e sem graça. Como tanta gente a admira, ela muitas vezes se sente especial e importante. "Fico constrangida em admitir, e talvez seja *aí* que entre a vergonha", ela me disse. "Mas gosto quando me olham com admiração. É nesses momentos que me sinto bem comigo mesma." Minha amiga representa o outro lado do transe. Ela depois reconheceu que em períodos difíceis, em que não se sente produtiva, útil ou admirada, acaba, sim, se sentindo indigna. Em vez de simplesmente reconhecer seus talentos e pontos fortes, ela precisa do reforço de se sentir especial ou superior.

Convencidos de que não somos bons o suficiente, nunca conseguimos relaxar. Permanecemos em guarda, nos monitorando em busca de falhas. Quando as encontramos – o que é inevitável –, nos sentimos ainda mais inseguros e desmerecedores. Temos que nos esforçar ainda mais. A ironia de tudo isso é: aonde achamos que vamos chegar com isso? Um aluno de meditação me contou que se sentia vivendo dia a dia como um rolo compressor, movido pela necessidade de fazer sempre mais. E acrescentou, num tom melancólico: "Estou passando por cima da vida e correndo para a linha de chegada, a morte."

Quando falo sobre o sofrimento da indignidade em minhas aulas de meditação, noto vários alunos assentindo, alguns deles em lágrimas. Talvez estejam percebendo pela primeira vez que a vergonha que sentem não é sua carga pessoal, mas algo comum. No final da aula, sempre ficam alguns para conversar comigo. Eles me confidenciam que, por não se considerarem merecedores, acabam por não buscar ajuda ou não se sentirem acolhidos pelo amor de outra pessoa. Alguns reconhecem que a sensação de indignidade e a insegurança os impedem de realizar seus sonhos. Muitos me contam que o hábito de se sentirem cronicamente deficientes os leva a duvidar o tempo todo de seu crescimento espiritual e a achar que não estão meditando certo.

Vários deles me contaram que, em seus primeiros dias no caminho espiritual, achavam que seus sentimentos de inadequação seriam superados com uma prática de meditação dedicada. Porém, ainda que a meditação tenha ajudado muito, eles acreditam que profundos bolsões de vergonha e insegurança são obstinados em persistir – às vezes, apesar de décadas de prática. Talvez tenham buscado um estilo de meditação que não é tão adequado ao seu temperamento ou talvez precisem também de terapia para encontrar e curar feridas profundas. Quaisquer que sejam as razões, a incapacidade de aliviar esse sofrimento pela prática espiritual pode colocar em dúvida nossa capacidade de ser realmente felizes e livres.

TRAZER UM EU INDIGNO PARA A VIDA ESPIRITUAL

Nesses comentários de alunos, ouço ecos da minha história. Após me formar na faculdade, fui para um *ashram*, uma comunidade espiritual, e me dediquei a esse estilo de vida com entusiasmo por quase 12 anos. Eu achava que tinha encontrado um caminho pelo qual poderia me purificar e transcender as imperfeições do meu ego – o eu e suas estratégias. Tínhamos que acordar todo dia às três e meia da madrugada, tomar uma ducha fria e depois, das quatro às seis e meia, praticar uma *sadhana* (disciplina espiritual) de ioga, meditação, cânticos e orações. Na hora do café da manhã, eu me sentia flutuando, radiante, repleta de amor e prazer em viver. Estava em união com a consciência amorosa que chamo de Amado e a vivia como sendo minha essência mais profunda. Não me sentia mal ou bem *comigo mesma*, simplesmente me sentia bem.

Ao terminar o café da manhã, ou um pouco mais tarde, meus pensamentos e comportamentos habituais começavam a se insinuar de novo. Como ocorria na faculdade, aquelas sensações recorrentes de insegurança e egoísmo me informavam que eu estava falhando. A não ser que achasse tempo para mais ioga e meditação, em geral me sentia novamente como meu eu familiar, tacanho, defeituoso. Então eu ia dormir, e no dia seguinte acordava e começava tudo de novo.

Embora me aproximasse de paz e sinceridade genuínas, meu crítico interno continuava avaliando meu nível de pureza. Desconfiava de mim por fingir estar bem quando no fundo me sentia solitária ou com medo. Embora adorasse as práticas de ioga e meditação, ficava constrangida com minha necessidade de impressionar os outros com a força da minha prática. Queria que me vissem como uma meditadora profunda e uma iogue devotada, uma pessoa que servia a seu mundo com afeto e generosidade. Enquanto isso, julgava as outras pessoas negligentes em sua disciplina ao mesmo tempo que me condenava por ser tão crítica. Mesmo no meio da comunidade, muitas vezes me sentia sozinha e sem ninguém.

Eu tinha a ideia de que, se realmente me aplicasse, levaria de oito a dez anos para me libertar do foco em mim mesma e ser sábia e livre. De tempos em tempos, eu consultava mestres que admirava de várias outras tradições espirituais:

– Como estou indo? O que mais posso fazer?

E eles sempre respondiam:

– Apenas relaxe.

Eu não entendia bem o que eles queriam dizer com isso, mas não podia ser "apenas relaxe". Como poderiam achar aquilo? Eu ainda não estava "lá".

Chögyam Trungpa, um professor budista tibetano contemporâneo, escreveu o seguinte: "O problema é que o ego pode converter qualquer coisa para seu uso, até mesmo a espiritualidade." Entre as coisas que eu trouxe para meu caminho espiritual estavam toda a minha necessidade de ser admirada, todas as minhas inseguranças, toda a minha tendência a julgar meus mundos interno e externo. O campo agora era maior, mas o jogo continuava o mesmo: lutar para ser uma pessoa diferente, uma pessoa melhor.

Ao olhar para trás, não me surpreende que minhas dúvidas sobre mim mesma tenham sido transferidas, intactas, para minha vida espiritual. Pessoas como eu, que se sentem atormentadas por não serem boas o suficiente, costumam ser atraídas por visões de mundo idealistas, que oferecem a possibilidade de purificar e transcender uma natureza imperfeita. Essa busca da perfeição pressupõe que precisamos nos modificar para pertencermos. Podemos ouvir, desejosos, a mensagem de que a integridade e a bondade sempre foram nossa essência e, mesmo assim, nos sentir excluídos, como se não tivéssemos sido convidados para o banquete da vida.

UMA CULTURA QUE GERA SEPARAÇÃO E VERGONHA

Alguns anos atrás, um pequeno grupo de professores e psicólogos budistas dos Estados Unidos e da Europa convidou o Dalai Lama para participar de uma conversa sobre emoções e saúde. Durante uma das sessões, um professor de *vipassana* americano pediu que ele falasse sobre o sofrimento da autodepreciação. Um olhar questionador surgiu no rosto do Dalai

Lama. "O que é autodepreciação?", perguntou ele. Quando os terapeutas e professores presentes tentaram explicar, ele pareceu ainda mais desconcertado. "Esse estado mental seria um distúrbio nervoso?", perguntou. As pessoas reunidas confirmaram que a autodepreciação não era incomum, mas algo corriqueiro para seus alunos e clientes. O Dalai Lama ficou espantado. Como podiam se sentir assim, indagou, quando "todos têm a natureza de buda"?

Embora todos os seres humanos sintam vergonha da fraqueza e medo da rejeição, a cultura ocidental é uma incubadora desse tipo de vergonha e autodepreciação que o Dalai Lama não conseguia entender. Dado que muitos de nós crescemos sem uma família, vizinhança, comunidade ou "tribo" coesiva, não surpreende que nos sintamos forasteiros, abandonados e desconectados. Aprendemos cedo na vida que para qualquer afiliação – à família e aos amigos, à escola ou ao local de trabalho – precisamos provar que somos dignos. Vivemos sob pressão para competirmos uns com os outros, para nos sobressairmos, para nos destacarmos como inteligentes, atraentes, capazes, poderosos, ricos. Existe sempre alguém com o placar a postos.

Madre Teresa, após dedicar sua vida aos pobres e doentes, chegou a esta surpreendente conclusão: "A maior doença hoje não é a lepra nem a tuberculose, mas a sensação de não pertencimento." Em nossa sociedade, essa doença atingiu proporções epidêmicas. Ansiamos por pertencer, mas nos sentimos como se não o merecêssemos.

O budismo traz um desafio fundamental a essa visão de mundo. O Buda ensinou que o nascimento humano é um presente precioso, por nos dar a oportunidade de colocar em prática o amor e a consciência que são nossa verdadeira natureza. Como observou o Dalai Lama de forma tão pungente, *todos temos a natureza de buda*. O despertar espiritual é o processo de reconhecer a bondade essencial, a sabedoria e a compaixão que há em nós.

Em forte contraste com essa confiança em nosso valor intrínseco, o mito norteador da nossa cultura é a história da expulsão de Adão e Eva do Jardim do Éden. Talvez muitos esqueçam seu poder por parecer tão batida e familiar, mas essa história molda e reflete a psique do Ocidente em sua profundidade. A mensagem do "pecado original" é inequívoca: devido à nossa natureza basicamente falha, não merecemos ser felizes, ser amados ou estar de bem com a vida. Somos párias, e, se quisermos reentrar no jardim, precisamos redimir nosso eu pecador. Precisamos superar nossas falhas controlando nosso corpo, controlando nossas emoções, controlando nosso ambiente natural, controlando outras pessoas. E precisamos nos esforçar incansavelmente – trabalhando, consumindo, tendo sucesso, enviando e-mails, assumindo compromissos demais e correndo –, em uma eterna busca de nos provarmos de uma vez por todas.

CRESCENDO INDIGNO

Em seu livro *Stories of the Spirit* (Histórias do espírito), Jack Kornfield e Christina Feldman contam a história de uma família que sai para jantar num restaurante. Quando a garçonete chega, os pais fazem seus pedidos e a filha de 5 anos logo faz o seu também:
– Eu vou querer cachorro-quente, batata frita e Coca-Cola.
– Ah, não vai, não – intervém o pai, e, dirigindo-se à garçonete, diz: – Ela vai comer bolo de carne, purê de batata e leite.
Sorrindo para a criança, a garçonete pergunta:
– Então, querida, seu cachorro-quente vai ser com o que em cima?
Quando ela se afasta, a família fica aturdida, em silêncio. Até que a menininha, radiante, diz:
– Ela pensa que eu sou real.
Minha mãe estava presente quando contei essa história no meu grupo de meditação semanal em Washington. Ao voltarmos para casa, ela se virou para mim no carro e, com a voz embargada, disse: "Aquela menininha no restaurante era eu." Ela nunca se sentira real aos olhos de seus pais. Sendo filha única, sentia-se como se estivesse no planeta para ser a pessoa que os pais queriam que fosse. Seu valor dependia somente de quão bem ela os representava e se os tinha deixado ou não orgulhosos. Ela era um objeto para eles comandarem e controlarem, para exibirem ou repreenderem. Suas opiniões e seus sentimentos não importavam, porque, como ela disse, eles não a viam como "uma pessoa autônoma". Sua identidade se baseava em agradar aos outros e no medo de não ser querida se não agradasse. Conforme sua experiência lhe ensinou, ela não era uma pessoa

real, não merecia respeito e não seria amada se não se esforçasse e não desempenhasse o papel esperado.

A maior parte dos clientes que me procuram conhece bem as qualidades de um pai ou uma mãe ideal. Sabem que, quando os pais estão genuinamente presentes e são amorosos, oferecem ao filho ou à filha um espelho para sua bondade. Por meio desse reflexo claro, a criança desenvolve cedo na vida segurança e confiança, bem como as capacidades de espontaneidade e intimidade com os outros. Quando examinam suas feridas, meus clientes reconhecem que na infância não receberam o amor e a compreensão de que precisavam. Além disso, conseguem ver nos relacionamentos com os próprios filhos como ficam aquém do ideal – como às vezes são desatentos, críticos, agressivos e egoístas.

Nossos pais imperfeitos também tiveram pais imperfeitos. Medos, inseguranças e desejos são transmitidos por gerações. Os pais querem ver seus descendentes terem sucesso de formas importantes para eles. Ou querem que sejam notáveis, o que, em nossa cultura competitiva, significa serem mais inteligentes, mais realizados e mais bonitos que as outras pessoas. Veem os filhos através de filtros de medo (E se eles não conseguirem entrar para uma faculdade boa e não forem bem-sucedidos?) e filtros de desejo (Eles nos refletirão bem?).

Como mensageiros de nossa cultura, os pais costumam transmitir aos filhos que raiva e medo são ruins, que seus meios naturais de expressar suas carências e frustrações são inaceitáveis. Em situações abusivas, a mensagem transmitida é: "Você é ruim, você me atrapalha, você não presta." Mas mesmo em situações menos extremas aprendemos que nossos desejos, temores e pontos de vista não valem muita coisa e que precisamos ser diferentes, melhores, se quisermos pertencer.

Certa vez, num retiro de meditação, um aluno meu, Jeff, me contou uma lembrança sua que lhe tinha surgido de repente durante sua última meditação. Quando tinha uns 7 anos, Jeff se machucou enquanto brincava com o irmão mais velho e foi chorando até a mãe, que estava ocupada na cozinha. Implorou a ela que chamasse a atenção do irmão, insistindo até que ela parou e se virou, mãos na cintura, um olhar de irritação e desdém estampado em seu rosto. Jeff disse não recordar o que ela disse, mas toda a sua expressão dizia *Deixe de ser tão carente.*

Já adulto, Jeff entendeu que, como a mãe havia crescido em uma família grande e caótica, tinha sido ensinada que as crianças precisam se virar sozinhas. Assim, quando ele choramingava ou era "grudento", ela se irritava com a "fraqueza" dele. Nossa cultura, com sua ênfase na autoconfiança e na independência – qualidades consideradas especialmente importantes para os homens –, reforça essa mensagem. Apesar de compreender tudo isso, Jeff ainda sentia que ter necessidades o tornava indesejável, até uma pessoa ruim. Como ocorre com muitos de nós, qualquer sentimento de necessidade lhe provocava vergonha. Só a palavra *carente* já lhe dava calafrios.

Quando nos ensinam que há alguma coisa fundamentalmente errada conosco, a sociedade e nossos pais estão transmitindo a mensagem do Jardim do Éden. E, quando internalizamos essa visão da nossa natureza, ficamos aprisionados no transe da indignidade. Podemos passar anos e décadas tentando ser o que queriam que fôssemos, tentando ser bons o suficiente para sermos aceitos de volta no jardim.

ESTRATÉGIAS PARA LIDAR COM A DOR DA INADEQUAÇÃO

Fazemos todo o possível para evitar a dor crua de nos sentirmos indignos. Reagimos cada vez que nossas deficiências são expostas – a nós ou aos outros –, tentando ansiosamente cobrir nossa nudez, tal como Adão e Eva após a queda. Ao longo dos anos, cada um desenvolve uma combinação particular de estratégias para tentar esconder suas deficiências e compensar o que acredita estar errado em si.

Embarcamos em um projeto de autoaperfeiçoamento após outro. Lutamos para atender aos padrões de corpo e aparência perfeitos impostos pela mídia, tingindo o cabelo grisalho, fazendo lifting facial, mantendo uma dieta eterna. Esforçamo-nos por um cargo melhor no trabalho. Malhamos e meditamos, fazemos cursos de aperfeiçoamento, listas e trabalho voluntário, participamos de workshops. Claro que essas atividades podem ser realizadas de forma saudável, mas é muito comum que sejam motivadas por um sentimento subjacente de "não ser bom o suficiente".

Em vez de relaxar e valorizar quem somos e o que fazemos, ficamos nos comparando com um ideal e tentando reduzir a diferença.

Deixamos de experimentar e de agir por medo de fracassar. Quando meu filho, Narayan, tinha uns 10 anos, passou por um período de grande relutância em tentar coisas novas. Queria ser instantaneamente bom em tudo e, caso sentisse que uma atividade exigiria prática, ficava intimidado. Eu tentava conversar com ele, explicar que as coisas mais maravilhosas da vida envolvem algum risco e que erros são inevitáveis, mas ele sempre recebia com resistência minhas sugestões de que expandisse seus horizontes aprendendo a jogar tênis ou participando de um recital de música. Uma vez, após mais uma dessas minhas tentativas inúteis de envolvê-lo em algo novo, Narayan respondeu citando Homer Simpson: "Tentar é o primeiro passo para o fracasso." Quando exageramos na busca por segurança, evitamos situações arriscadas – ou seja, quase tudo na vida. Com isso, podemos acabar não aceitando a liderança ou mais responsabilidades no trabalho, não arriscando ter uma intimidade verdadeira com os outros, deixando de expressar nossa criatividade, abrindo mão de dizer o que realmente queremos, não sendo brincalhões ou carinhosos.

Retiramo-nos da experiência do momento presente. Para afastar os sentimentos dolorosos de medo e vergonha, ficamos o tempo todo contando histórias para nós mesmos sobre o que está acontecendo na nossa vida. E nos atemos a certos tópicos principais: o que precisamos fazer, o que não funcionou, quais problemas podem acontecer, como os outros nos veem, como estão atendendo (ou não) às nossas necessidades, como estão nos prejudicando ou nos decepcionando. Existe uma velha anedota de uma mãe judia que envia um telegrama ao filho dizendo: "Comece a se preocupar, detalhes virão em seguida." Como vivemos num estado crônico de ansiedade, nem sequer precisamos de um problema para desencadear um fluxo de cenários desastrosos. Viver no futuro cria a ilusão de que estamos controlando nossa vida e nos blinda do fracasso pessoal.

Vivemos ocupados. Permanecer ocupado é uma forma socialmente aceita de manter distância da nossa dor. Quantas vezes ouvimos que alguém que acabou de perder um ente querido está "se mantendo ocupado" para ficar bem? Se pararmos, corremos o risco de afundar na sensação insuportável de que estamos sozinhos e somos totalmente inúteis. Assim, tentamos nos preencher de todo jeito que dá – preenchemos nosso tempo, nosso corpo, nossa mente. Às vezes compramos algo novo ou ficamos de conversa fiada. Durante qualquer tempo livre que temos, checamos o e-mail, botamos uma música para tocar, fazemos um lanche, vemos TV – qualquer coisa que ajude a soterrar as sensações de vulnerabilidade e deficiência que estão sempre à espreita em nossa psique.

Tornamo-nos nossos piores críticos. O comentário incessante em nossa mente nos lembra repetidas vezes de que sempre estragamos tudo, de que os outros estão conduzindo suas vidas com bem mais eficiência e sucesso. Com frequência recomeçamos onde nossos pais pararam, relembrando nossos defeitos enfaticamente. É como disse o cartunista Jules Feiffer: "Quando cresci, me vi com a cara do meu pai, o jeito de falar do meu pai, a postura do meu pai, o andar do meu pai, as opiniões do meu pai e o desprezo da minha mãe pelo meu pai." Estar atento ao que há de errado em nós nos dá a ilusão de que estamos controlando nossos impulsos, disfarçando nossas fraquezas e, quem sabe, melhorando nosso caráter.

Buscamos defeitos nos outros. Segundo o ditado, o mundo se divide entre as pessoas que pensam que estão certas. De fato, quanto mais inadequados nos sentimos, mais incômodo é admitir nossas falhas. Culpar os outros alivia temporariamente o peso do fracasso.

A dolorosa verdade é que todas essas estratégias só reforçam as inseguranças que mantêm o transe da indignidade. Em nossa ansiedade, quanto mais pensamos sobre como podemos fracassar ou sobre o que está errado em nós mesmos e nos outros, mais aprofundamos os sulcos – as vias neurais – que geram sentimentos de deficiência. Cada vez que tentamos esconder um defeito, intensificamos o medo de sermos insuficientes. Quando nos empenhamos em tentar impressionar ou superar os outros, reforçamos a crença em que não somos bons o suficiente desse jeito que somos agora. Não é que não se possa competir de forma saudável, ser esforçado no trabalho ou reconhecer e ter prazer em nossa competência. Mas, quando são motivados pelo medo de ser imperfeito, esses esforços pioram o transe da indignidade.

TRANSFORMAR OS OUTROS EM INIMIGOS

Durante a maior parte deste capítulo, explicamos como, devido ao medo, nos voltamos contra nós mesmos e nos colocamos como inimigo, a origem do problema. Mas também projetamos esses sentimentos para fora, também fazemos dos outros os inimigos. Quanto maior o medo, maior nossa hostilidade. O inimigo se torna o pai ou a mãe que nunca nos respeitou, o chefe que impede nosso sucesso, um grupo político que está reduzindo nosso poder ou uma nação que ameaça nossa vida. Nesse mundo do "nós contra eles", o indigno, o mal, está "lá fora".

Seja uma divisão na família, uma guerra de gerações ou entre grupos étnicos, criar um inimigo dá uma sensação de controle – nos sentimos superiores, nos sentimos com a razão, achamos que estamos agindo para solucionar o problema. Direcionar a raiva para um inimigo reduz temporariamente os sentimentos de medo e vulnerabilidade.

O que não quer dizer que ameaças reais não existam. Podemos ser um perigo para nós mesmos, outras pessoas podem nos prejudicar. No entanto, se reagimos com ódio e violência, se travamos uma guerra, seja interna ou externa, geramos mais medo, reatividade e sofrimento. Só é possível nos libertarmos desse transe de medo e alienação quando reagimos à nossa vulnerabilidade com um coração sábio.

AS RAÍZES DO TRANSE: CONSIDERAR-SE UM EU SEPARADO

Mais de 2.500 anos atrás, no norte da Índia, o Buda se tornou plenamente iluminado após meditar durante a noite sob a hoje famosa árvore *bodhi*. Soube que havia achado o "Grande Caminho" porque seu coração estava aberto e livre. Dias depois, em seu primeiro sermão, ministrou os ensinamentos que dariam origem a uma nova era de desenvolvimento espiritual humano. Naquele momento central da história, o Buda ensinou que ir à raiz do nosso sofrimento e vê-lo com clareza é o início da liberdade. Esta foi sua primeira nobre verdade: o sofrimento ou descontentamento é universal, e reconhecer plenamente sua existência é o primeiro passo no caminho para o despertar.

Durante sua vigília, o Buda olhou profundamente para o próprio sofrimento. Sua descoberta fundamental foi que *todo sofrimento ou insatisfação surge de uma compreensão errônea de sermos um eu separado e distinto*. Essa sensação de "eu" nos aprisiona em ciclos incessantes de apego e aversão. Quando nossa noção de ser é restrita desse jeito, é porque já esquecemos a consciência amorosa que é nossa essência e que nos conecta com tudo na vida.

O que experimentamos como o "eu" é um agregado de pensamentos, emoções e padrões de conduta familiares. Juntando tudo isso, a mente cria uma história sobre uma entidade pessoal, individual, que tem continuidade através do tempo. Tudo que vivenciamos é subordinado a essa história do eu e se torna a *minha* experiência. *Eu* estou com medo. Este é o *meu* desejo. O mestre de meditação budista e escritor contemporâneo tailandês Ajahn Buddhadasa se refere ao hábito de atribuir uma sensação de eu à nossa experiência como "egotizar". Interpretamos tudo que pensamos e sentimos, e tudo que acontece conosco, como de certa forma pertencente ou causado por um eu.

Nossos sentimentos e pensamentos mais habituais e poderosos definem o núcleo de quem pensamos ser. Se estamos aprisionados no transe da indignidade, sentimos que esse núcleo é imperfeito. Se pessoalizamos a vida e transformamos tudo em uma questão de "eu" e "meu", a sensação universal de que "tem alguma coisa errada" logo vira um sólido "tem alguma coisa errada comigo".

Quando examino meus sentimentos de indignidade, nem sempre consigo apontar alguma falha significativa, mas só essa sensação de ser um eu, descolado dos outros, já traz a pressuposição fundamental de que não estou bem. Às vezes é como um sussurro constante que me mantém ansiosa e incapaz de parar, outras vezes é uma solidão profunda, como se ser um "eu" me afastasse do pertencimento e da plenitude.

Acreditar que somos separados, incompletos e que estamos em risco não é um defeito da natureza, mas parte intrínseca da experiência humana – de todo tipo de vida, na verdade. O biólogo e escritor zen David Darling observa que mesmo as primeiras criaturas unicelulares "tinham barreiras estabelecidas, fronteiras definidas e sustentáveis entre elas e o mundo exterior [...] Assim as bases do dualismo – a crença na separação entre o eu e o resto do mundo – foram assentadas". Essa sensação existencial de separação é o tema musical do nosso mundo tão incrivelmente diversificado e misterioso. Entidades unicelulares afastam o que é ameaçador e são atraídas pelo que as expandirá. Nós, seres humanos, temos esses mesmos reflexos básicos, mas nossa avidez e nossa aversão se desenrolam mediante uma complexa série de ações físicas, mentais e emocionais, muitas delas fora da nossa consciência comum.

Querer e temer são energias naturais, parte do projeto evolutivo para nos proteger e nos ajudar a prosperar, mas, quando se tornam a base da nossa identidade, perdemos de vista a plenitude do nosso ser. Passamos a nos identificar, na melhor das hipóteses, com apenas uma pequena parte do nosso ser natural – e essa parte se percebe como incompleta, ameaçada e separada do resto do mundo. Se nossa sensação de quem somos é definida por carência e insegurança, esquecemos que também somos interessados, divertidos e dedicados. Esquecemos o ar que nos sustenta, o amor que nos une, a enorme beleza e a fragilidade que constituem nossa experiência compartilhada ao estarmos vivos. Em essência, esquecemos a pura consciência, a radiante lucidez que é nossa natureza de buda.

"SEM ANSIEDADE COM A IMPERFEIÇÃO"

Muitas pessoas já me disseram que, quando enfim conseguem ver quanto tempo passaram aprisionadas pela autodepreciação e pela vergonha, sentem não apenas dor, mas também uma sensação de esperança revigorante. Assim como acordar de um pesadelo, vemos nossa prisão, mas vemos também nosso potencial.

Seng-tsan, renomado mestre zen do século VII, nos ensina que a verdadeira liberdade é estar "sem ansiedade com a imperfeição". Isso significa aceitar nossa existência humana e tudo da vida como ela é. A imperfeição não é um problema pessoal nosso – é parte natural de existir. Todos temos carências e temores, todos agimos inconscientemente, todos ficamos doentes e nos deterioramos. Quando relaxamos a respeito da imperfeição, não perdemos mais momentos na vida tentando ser diferentes e com medo do que está errado.

D. H. Lawrence descreveu nossa cultura ocidental como uma grande árvore arrancada do solo, com as raízes expostas. "Estamos perecendo por não satisfazer nossas maiores necessidades", escreveu ele, "estamos desconectados das grandes fontes de nutrição e renovação internas." Ganhamos vida quando redescobrimos a verdade da nossa bondade e nossa conexão natural com tudo na vida. Nossas "maiores necessidades" são satisfeitas quando nos relacionamos amorosamente com os outros, quando vivemos cada momento em plena presença, quando nos conectamos com a beleza e a dor que existem tanto dentro quanto em torno de nós. Nas palavras de Lawrence: "Precisamos nos replantar no universo."

Embora o transe de nos sentirmos separados e indignos seja uma parte inerente de nosso condicionamento como seres humanos, o mesmo se dá com a nossa capacidade de despertar. Nos libertamos da prisão do transe quando cessamos a guerra contra nós mesmos e desenvolvemos uma relação sábia e compassiva com a vida. Este livro é sobre o processo de abraçar nossa vida. Quando aprendemos a cultivar a Aceitação Radical, começamos a redescobrir o jardim – uma sensação esquecida mas adorada de plenitude, lucidez e amor.

REFLEXÃO GUIADA:
Reconhecendo o transe da indignidade

Reconhecer as crenças e os medos que sustentam o transe da indignidade é o início da liberdade. Talvez seja bom você fazer uma pausa de alguns minutos para refletir sobre o que costuma rejeitar em si mesmo.

Eu aceito meu corpo assim como ele é?
Eu me culpo quando fico doente?
Sinto que não sou atraente o suficiente?
Estou insatisfeito(a) com o meu cabelo?
Tenho vergonha de meu rosto e meu corpo estarem envelhecendo?
Eu me julgo por estar muito acima do peso? Ou muito abaixo? Por não estar em forma?
Eu aceito minha mente assim como ela é?
Eu me julgo por não ser inteligente o suficiente? Ou bem-humorado(a)? Ou interessante?
Eu me critico por ter pensamentos obsessivos? Por ter uma mente repetitiva e entediante?
Sinto vergonha de mim por ter pensamentos ruins – mesquinhos, críticos ou lascivos?
Acho que medito mal porque minha mente está muito ocupada?
Eu aceito minhas emoções e meus estados de ânimo assim como são?
Considero normal chorar? Ou me sentir inseguro(a) e vulnerável?
Eu me condeno por ficar deprimido(a)?
Tenho vergonha de sentir ciúme?
Eu me critico por ser impaciente? Ou irritável? Ou intolerante?
Sinto que minha raiva ou ansiedade é um sinal de que não estou progredindo no caminho espiritual?

Eu me sinto uma pessoa má por causa de certos comportamentos que tenho?
Eu me odeio quando sou egoísta ou magoo alguém?
Sinto vergonha das minhas explosões de raiva?
Sinto nojo de mim quando como compulsivamente? Quando fumo ou bebo demais?
Sinto que, por ser egoísta e muitas vezes não priorizar os outros, não sou evoluído(a) espiritualmente?
Sinto que estou sempre em dívida com minha família e meus amigos?
Sinto que há algo errado comigo porque não sou capaz de intimidade?
Estou me martirizando por não realizar o suficiente – por não me destacar no meu trabalho?

～

Em geral, nos damos conta do transe com mais clareza quando reconhecemos como queremos que nos vejam – e o que *não* queremos que vejam. Pense em alguém com quem você esteve recentemente, alguém que você aprecia e respeita mas que não conhece bem.

O que você mais quer que essa pessoa veja em você? (Digamos, que você é carinhoso(a), generoso(a), bonito(a)?)
O que você não quer que essa pessoa perceba em você? (Digamos, que você é egoísta, inseguro(a), ciumento(a)?)

～

Ao longo do dia, pare de vez em quando e pergunte a si mesmo: "Neste momento eu me aceito assim como sou?" Sem se julgar, apenas perceba como está se relacionando com seu corpo, suas emoções, seus pensamentos e comportamentos. À medida que tomamos consciência do transe da indignidade, ele perde seu poder sobre nossa vida.

DOIS

DESPERTANDO DO TRANSE: O CAMINHO DA ACEITAÇÃO RADICAL

*Ontem de noite, ao dormir,
sonhei, bendita ilusão!,
que tinha uma colmeia
dentro do meu coração;
e as douradas abelhas,
com todo o meu velho fel,
iam ali fabricando
branca cera e doce mel.*

Antonio Machado

O curioso paradoxo é que, quando me aceito exatamente como sou, aí é que posso mudar.

Carl Rogers

Mohini foi um esplêndido tigre branco que viveu por muitos anos no Zoológico Nacional de Washington, D.C. Durante a maior parte do tempo, seu lar foi a velha "casa do leão" – uma típica jaula de 4 x 4 metros com barras de ferro e chão de cimento. Mohini passava os dias andando agitado para lá e para cá em sua habitação exígua. Os biólogos e funcionários acabaram criando um habitat natural para ele. Cobrindo vários hectares, tinha morros, árvores, um laguinho e uma variedade de vegetação. Empolgados e curiosos, soltaram Mohini em seu novo e espaçoso ambiente. Mas era tarde demais: o tigre imediatamente buscou refúgio num canto do terreno, onde passou o resto da vida. Percorreu tanto aquele espaço que deixou uma área de 4 x 4 metros sem nenhuma grama.

A maior tragédia da vida é que a liberdade é possível e ainda assim podemos passar anos presos nos mesmos velhos padrões. Enredados no transe da indignidade, nos habituamos à jaula do autojulgamento e da ansiedade, da inquietação e da insatisfação. Tal como Mohini, nos tornamos incapazes de aproveitar a liberdade e a paz que são nossos direitos de nascença. Mesmo querendo amar livremente, nos sentir autênticos, absorver a beleza ao redor, dançar e cantar, todo dia ouvimos vozes internas que mantêm nossa vida pequena. Podemos ganhar milhões na loteria ou casar com a pessoa perfeita, mas, se não nos sentirmos bons o suficiente, nunca conseguiremos aproveitar as possibilidades à nossa frente. Ao contrário de Mohini, porém, podemos aprender a reconhecer quando estamos nos mantendo presos a nossas crenças e nossos temores. Podemos ver que estamos desperdiçando nossa preciosa vida.

A saída da jaula começa por *aceitar absolutamente tudo* em nós e na nossa vida, acolhendo com lucidez e cuidado nossa experiência momento a momento. Esse "aceitar absolutamente tudo" é estar consciente do que está acontecendo no nosso corpo e na nossa mente em qualquer dado momento, sem tentar controlar, julgar ou rejeitar. Não se trata de tolerar comportamentos prejudiciais, sejam nossos ou de outras pessoas. *É um processo interno de aceitar nossa experiência real no momento presente.* Significa sentir tristeza e dor sem resistir. Significa sentir desejo ou aversão por alguém ou alguma coisa sem se julgar por esse sentimento nem ser levado a agir imediatamente.

Perceber com clareza o que está acontecendo dentro de nós e encarar o que vemos com nosso coração aberto, gentil e amoroso é o que chamo de Aceitação Radical. Se inibimos alguma parte da nossa vivência, se nosso coração bloqueia alguma parte de quem somos e do que sentimos, estamos alimentando os temores e sensações de separação que sustentam o transe da indignidade. A Aceitação Radical desmonta as bases desse transe.

A Aceitação Radical vai contra nossas reações condicionadas. Quando surge a dor física ou emocional, nosso reflexo é resistir não apenas enrijecendo o corpo e contraindo os músculos, mas também contraindo a mente. Nós nos perdemos em pensamentos sobre o que está errado, quanto tempo vai durar, como deveríamos reagir e como a dor reflete nossa indignidade. Um incômodo físico, como uma dor nas costas ou uma enxaqueca, pode nos levar ao julgamento de que não sabemos nos cuidar, não comemos bem nem malhamos o suficiente. Ou nos sentimos como vítimas, pensando que não podemos contar com nosso corpo, que as coisas sempre vão dar errado. Do mesmo modo, ampliamos a dor emocional com nossos julgamentos e conclusões: se sentimos medo, raiva ou ciúme, é porque tem algo errado conosco, é porque somos fracos ou ruins.

Quando nos deixamos levar pelas nossas histórias, perdemos o contato com a experiência real. Inclinando-nos para o futuro ou reprisando o passado, abandonamos a experiência viva do momento presente. O transe se aprofunda quando passamos o dia movidos pelo "Tenho que fazer mais para me sentir bem" ou "Sou incompleto, preciso de mais para ser feliz". Esses "mantras" reforçam a crença-transe em que nossa vida deveria ser diferente do que é.

Quando as coisas vão bem, nos questionamos se as merecemos ou achamos que daqui a pouco vai acontecer algo ruim. Na primeira colherada do nosso sorvete preferido já começamos a calcular quanto mais podemos comer sem sentimento de culpa ou sem engordar demais. Contemplamos uma paisagem bonita e lamentamos não ter uma câmera à mão ou começamos a pensar que deveríamos ir morar no interior. Quando estamos meditando, vem um período delicioso de tranquilidade e paz, e imediatamente começamos a pensar em como fazer para conseguir manter essa sensação. Não conseguimos aproveitar as coisas boas devido à ansiedade por manter aquilo e à compulsão por obter mais.

ABRINDO AS ASAS DA ACEITAÇÃO

Quando somos capturados no transe da indignidade, não reconhecemos claramente o que está ocorrendo dentro de nós e não nos sentimos bondosos. Nossa visão de quem somos é distorcida e estreita e nosso coração fica endurecido para a vida. Quando nos inclinamos a viver o momento – liberando nossas histórias e suavemente acomodando a dor ou o desejo –, a Aceitação Radical começa a se manifestar. As duas partes da aceitação genuína – ver com clareza e acolher nossa experiência com compaixão – são tão interdependentes como as asas de um grande pássaro. Juntas, nos permitem voar e ser livres.

A asa da visão clara costuma ser descrita na prática budista como atenção plena ou mindfulness. É a consciência que reconhece exatamente o que está ocorrendo na nossa experiência momento a momento. Quando estamos atentos ao medo, por exemplo, temos consciência de que nossos pensamentos estão acelerados, de que nosso corpo está tenso e trêmulo, de que sentimos o impulso de fugir – e reconhecemos tudo isso sem tentar controlar o que estamos vivenciando, sem nos afastarmos. Nossa presença atenta é incondicional e aberta – estamos dispostos a ficar com o que quer que surja, mesmo desejando que a dor termine ou que estivéssemos fazendo outra coisa. Esse desejo e esse pensamento se tornam parte do que estamos aceitando. Como não estamos alterando nossa experiência, a atenção plena permite ver a vida "como ela é". Esse reconhecimento da verdade da nossa experiência é intrínseco à Aceitação Radical: *Não podemos aceitar honestamente uma experiência se não vemos com clareza o que estamos aceitando.*

A segunda asa da Aceitação Radical, a compaixão, é a capacidade de nos relacionarmos de maneira gentil e empática com o que percebemos. Em vez de resistir aos sentimentos de medo ou de dor, aceitamos a dor com a bondade de uma mãe segurando seu filho. Em vez de julgar ou nos entregarmos ao desejo de atenção, chocolate ou sexo, encaramos nossa avidez com delicadeza e atenção. A compaixão honra nossa experiência, nos permite ter intimidade com a vida neste momento *assim como ela é*. A compaixão torna a aceitação honesta e completa.

As duas asas, da visão clara e da compaixão, são inseparáveis. Ambas são essenciais para nos libertar do transe. Funcionam juntas, reforçando uma à outra. Se alguém que amamos nos rejeita, o transe da indignidade pode nos levar ao pensamento obsessivo, nos fazer culpar quem nos magoou e ao mesmo tempo acreditar que isso só aconteceu por causa das nossas falhas. Podemos acabar presos numa oscilação implacável entre a raiva explosiva e a dor e a vergonha dilacerantes. As duas asas da Aceitação Radical nos libertam desse vórtice vertiginoso de reação. Elas nos ajudam a encontrar o equilíbrio e a clareza capazes de nos orientar na escolha do que dizer e fazer.

Se trouxéssemos apenas a asa da atenção plena ao nosso processo de Aceitação Radical, poderíamos ter plena consciência da dor em nosso coração, do rubor de raiva em nosso rosto; poderíamos ver claramente as histórias que estamos contando a nós mesmos (que somos uma vítima, que sempre estaremos sozinhos e sem amor); mas poderíamos também aumentar nosso sofrimento sentindo raiva de nós mesmos por termos "nos colocado nessa situação". É aí que a asa da compaixão se une à atenção plena, criando uma presença realmente terapêutica. Em vez de afastar ou julgar a raiva ou o desespero, a compaixão nos permite estar suave e gentilmente presentes com nossas feridas abertas.

A atenção plena contrabalança a compaixão da mesma maneira. Se o cuidado sincero começa a virar autopiedade, dando origem a outra narrativa ("Me esforcei tanto e não consegui o que queria"), a atenção plena nos permite ver a armadilha em que estamos caindo.

Essas duas asas juntas nos ajudam a permanecer na experiência do momento do jeito que ele é. E, quando fazemos isso, algo começa a acontecer: nos sentimos mais livres, opções se abrem diante de nós, vemos com mais clareza como queremos seguir. A Aceitação Radical nos permite nos curar e ir em frente, livres dos hábitos inconscientes de autodepreciação e culpa.

Embora o terreno da Aceitação Radical seja a experiência momento a momento, podemos trazer a mesma atenção clara e gentil aos padrões de pensamentos e sentimentos, comportamentos e acontecimentos que moldam nossa experiência de vida. Assim ficamos mais conscientes das intenções que motivam nosso comportamento. Também ficamos atentos às consequências das nossas ações, para nós e os outros. Na psicologia budista, incluir essa visão mais ampla em uma consciência de aceitação é chamado de "compreensão clara".

Vamos supor que nos conscientizamos de que temos perdido o controle e tratado nossos filhos de forma desrespeitosa e depreciativa. Podemos começar a examinar nossas intenções, nos abrindo com aceitação aos pensamentos e sentimentos que surgem quando os tratamos assim. Perceberíamos, talvez, que queremos afastá-los porque nos sentimos estressados demais para atender às suas necessidades – "Estou afundando e tentando salvar minha vida." Junto desse pensamento, talvez sentíssemos uma rigidez na barriga que se espalha como uma onda e aperta nossa garganta. Talvez também percebêssemos o verdadeiro efeito desse nosso comportamento. Nossos filhos se afastaram de nós? Se então notássemos que eles estão pisando em ovos conosco, poderíamos sentir no peito uma crescente tristeza. Observaríamos também os efeitos do nosso comportamento raivoso sobre nosso corpo e nossa mente e veríamos como nos sentimos mal ou isolados depois de agirmos de modo agressivo.

A visão mais ampla que a compreensão clara traz nos leva de volta à nossa intenção mais profunda. *Não queremos sofrer nem causar sofrimento.* Podemos então reconhecer que, acima de tudo, queremos que nossos filhos saibam que os amamos muito. A visão clara e a gentileza também realizam esse desejo. Desse modo, ao examinar todo o contexto de nossas circunstâncias com Aceitação Radical, nos tornamos cada vez mais capazes de alinhar nossas ações com nosso coração.

Como a não aceitação é a própria natureza do transe, talvez você se pergunte como podemos dar o primeiro passo rumo à Aceitação Radical quando nos sentimos mais paralisados. Ganhamos confiança ao lembrar que a natureza de buda, que é nossa essência, permanece intacta, por mais perdidos que estejamos. *A própria natureza da nossa consciência é saber o que está acontecendo. A própria natureza do nosso coração é cuidar.* Como um oceano sem limites, temos em nós a capacidade de abraçar as ondas da vida à medida que elas passam por nós. Mesmo quando o mar é agitado pelos ventos da insegurança, ainda podemos achar o caminho para casa. Ainda podemos descobrir, em meio às ondas, nossa consciência espaçosa e desperta.

Assentamos a base da Aceitação Radical ao reconhecer quando caímos no hábito de julgar, resistir e agarrar, e como constantemente tentamos controlar nossos níveis de dor e prazer. Assentamos a base da Aceitação Radical ao ver como criamos sofrimento quando nos voltamos agressivamente contra nós mesmos e ao lembrar nossa intenção de amar a vida.

À medida que soltamos nossas narrativas sobre o que está errado conosco, entramos em contato com o que está realmente acontecendo, com uma atenção clara e gentil. Liberamos nossos planos e fantasias e chegamos de mãos abertas à experiência deste momento. Quer sintamos prazer ou dor, as asas da aceitação nos permitem honrar e apreciar esta vida em constante mudança assim como ela é.

ENCARANDO A ANGÚSTIA DO TRANSE

Quando comecei a praticar ioga e meditação, não percebia que a aceitação era crucial na vida espiritual. Eu não tinha consciência total de como meus sentimentos de insuficiência estavam me afastando da paz e da liberdade que desejava. No final, foi preciso viver uma experiência que me desmontou emocionalmente para que eu despertasse dos hábitos e do condicionamento de anos. Embora as circunstâncias externas da minha história pessoal fossem incomuns, muitas pessoas já me contaram que passaram pelo mesmo drama interior.

Aos quase 30 de idade, eu tinha passado oito anos na comunidade espiritual em que ingressei após a faculdade. Além de ministrar aulas regulares de ioga e meditação, eu frequentava a faculdade para obter um doutorado em psicologia clínica e atendia muitos clientes no consultório. Ou seja, eu estava sempre dividida entre minha vida no "mundo exterior" e a vida no *ashram*. Às vezes meu professor me repreendia por não me dedicar mais à comunidade e eu me sentia culpada por estar tentando fazer muitas coisas ao mesmo tempo, mas ambos os mundos eram importantes para mim e eu não conseguia imaginar abrir mão de nenhum dos dois.

Por sugestão de nosso professor, eu havia me casado com um homem de nossa comunidade espiritual vários anos antes. Desde o início do nosso relacionamento eu desejava ter um filho. Embora eu estivesse envolvida em muitas coisas, quando enfim engravidei, ficamos empolgados em ver nosso sonho se tornar realidade. Concordamos que seria um bom período para eu me afastar por um mês do consultório, a fim de descansar e me nutrir espiritualmente. Decidi então passar esse tempo no retiro de ioga e meditação organizado por nosso professor no deserto do sul da Califórnia.

Duas semanas após o início do retiro, comecei a ter fortes hemorragias. Fui levada a um hospital próximo, onde meu sonho da maternidade se desfez. Sofri muito com a perda do bebê. Ali, deitada no leito do hospital, eu tentava entender o que tinha dado errado. Será que o esforço da ioga e o intenso calor do verão tinham sido demasiados para mim? Quando voltei ao local do retiro, deixei uma mensagem telefônica para meu professor contando o que havia acontecido e mencionando minhas preocupações. Não recebi resposta.

Passei dois dias de cama, me recuperando, sofrendo, orando. No terceiro dia, decidi participar da reunião diária em que o professor estaria dando uma palestra. Senti que seria bom ter aquela inspiração e sabia que a presença da minha família espiritual me daria conforto.

Era uma noite quente no deserto e centenas de pessoas estavam sentadas sob uma enorme tenda aberta, meditando em silêncio, esperando pelo nosso professor. Quando vimos o carro dele chegar, todos nos levantamos e começamos a entoar um cântico de devoção. Seguido por seu séquito de iogues cobertos por mantos, ele entrou na tenda e se acomodou na frente, em almofadões de cores laranja e rosa como o pôr do sol. Terminamos o cântico e nos sentamos, observando-o em silêncio comer um biscoito e algumas uvas de uma bandeja de comida preparada com cuidado. O olhar dele varreu o mar de rostos erguidos, todos aguardando avidamente sua inspiração. Com um sobressalto, percebi que ele olhava para mim. Rompendo o silêncio, ele chamou meu nome, o nome em sânscrito que me dera anos antes, quando me comprometera a seguir seus ensinamentos. Sua voz soou nos meus ouvidos pedindo que me levantasse.

Às vezes ele abordava publicamente um aluno específico em tais reuniões, então achei que quisesse saber como eu estava indo. Mas não: sem qualquer prelúdio, ele declarou, num tom rude, que eu havia causado a morte do meu bebê por ser tão ambiciosa profissionalmente e centrada no ego. Eu me senti como se tivesse recebido um chute no estômago – o choque da dor revolveu minhas entranhas. Fiquei congelada e entorpecida enquanto ele continuava, dizendo com palavras duras que eu só quisera fazer sexo e não queria realmente um filho. Parecia um pesadelo. Claro que ele já havia criticado em particular minha vida fora do *ashram*, mas nunca agressivamente e nunca com tamanha raiva e desprezo.

Voltei a me sentar, ardendo de vergonha. Embora minha dúvida sobre ele viesse crescendo nos últimos anos, minha confiança agora tinha sido traída por completo. Um buraco doloroso e profundo de dor começou a engolir tudo em mim. Tremendo, eu ouvia sem entender enquanto sua voz continuava zumbindo em algum lugar ao fundo.

Quando a palestra terminou e o carro dele partiu, diversos amigos me abraçaram, buscando, constrangidos, as palavras certas para me confortar. Eu via a confusão nos olhos deles: os ensinamentos do nosso professor precisaram ser dados daquela maneira para servir a um propósito espiritual, ele não podia estar errado... No entanto, algo não parecia certo. Fiquei grata pelo consolo deles, mas só queria desaparecer. Anos antes, eu havia lido a história de um jovem soldado ferido que, ao retornar da batalha, foi acusado de traição e banido de sua aldeia. Ele sentia que todos o observavam, até sentindo pena, enquanto se afastava, claudicante, com sua maleta de roupas e comida. Era como eu me sentia agora. Humilhada, tentei evitar os olhos dos colegas iogues enquanto me afastava. Eu me sentia como se todas aquelas 150 pessoas ali sentadas estivessem me julgando ou sentindo pena de mim. Queria desesperadamente ficar sozinha – afinal, como poderia estar com alguém se me sentia tão destruída?

Através das lágrimas, achei um pequeno refúgio abrigado num círculo de árvores. Sentada no solo duro, chorei alto por horas. Como aquilo podia ter acontecido? Eu tinha perdido meu bebê e havia sido condenada pelo meu professor. Será que ele tinha razão? Todo o meu corpo me dizia que ele estava errado. Mas o que em mim fizera com que ele me atacasse com tanta raiva quando eu estava claramente tão vulnerável? Talvez ele tivesse se ofendido com a mensagem que deixei no telefone e acreditado que eu estivesse desafiando a sabedoria de seu curso e seus ensinamentos, pensei. Talvez soubesse que eu já nutria minhas dúvidas sobre ele, que não confiava plenamente nele. Mas por que tinha falado daquele jeito tão virulento, tão cheio de ódio? Será que eu era assim tão má como ele dissera?

Com o coração dilacerado pelo medo e pela dor, me senti apartada do meu mundo e alienada do meu próprio ser. Será que estava mesmo no caminho espiritual certo? Como poderia continuar pertencendo a uma comunidade dedicada tão cegamente a esse professor? O que aconteceria com meu casamento se eu não conseguisse continuar naquele caminho?

Será que eu suportaria a perda da minha família espiritual, de todo um modo de vida?

Enquanto o mundo se fechava à minha volta, um velho e familiar desespero tomou conta de mim. Além de as palavras do professor terem me lançado no poço da minha própria feiura, agora as vozes dentro de mim confirmavam que eu era fundamentalmente imperfeita. Eu vinha tentando provar meu valor fazia muito tempo. Lembrei-me de mim mesma quando adolescente debatendo com meu pai, um advogado, à mesa do jantar, me sentindo tão orgulhosa – e aliviada – quando ele se impressionava com um argumento persuasivo. Meu coração afundou quando lembrei que havia feito o mesmo com meus professores e outras pessoas de autoridade. Quando me vieram à mente imagens da minha mãe – deitada na cama lendo um romance de mistério, com um gim-tônica ao lado –, fui inundada pelas lembranças de sua batalha contra a depressão e a ansiedade. Talvez minha compulsão por parecer forte e estável fosse um modo de evitar aquelas mesmas correntes em mim. Será que eu era mesmo uma pessoa atenciosa? Talvez só ajudasse clientes e amigos para ser reconhecida e valorizada. Todo o meu esforço (obter meu doutorado, ser uma boa iogue, ser *boa*) se encaixava nessa história de pessoa insegura e falha. Nada em mim parecia puro ou confiável.

Em angústia e desespero, busquei a presença do que chamo o Amado, como já fizera muitas vezes. Essa consciência incondicionalmente amorosa e lúcida sempre foi um refúgio para mim. Enquanto eu sussurrava "Amado" e sentia meu desejo de pertencer a essa consciência amorosa, algo começou a ocorrer. Sutil de início, apenas uma sensação de que eu não estava tão perdida e sozinha. Em vez de estar inteiramente imersa num caldeirão de sofrimento, comecei a sentir uma abertura e uma ternura dentro de mim e à minha volta. Meu mundo foi se tornando mais espaçoso.

Ao longo de horas naquela noite, oscilei entre a dor das minhas feridas e essa abertura crescente. Cada vez que uma das vozes acusadoras tentava sobressair, eu constatava que, quando me lembrava daquela presença afetuosa, conseguia ouvir os julgamentos sem acreditar neles. Quando surgiam histórias de momentos em que agi com egoísmo ou fingi ser quem não era, eu conseguia liberar os pensamentos e simplesmente sentir a ferida no meu coração. Ao me abrir à dor sem resistir, tudo se abrandou e se tornou mais fluido.

Na minha mente, uma nova voz surgiu: *Quero me aceitar completamente, mesmo que eu seja tão imperfeita como meu professor apontou*. Mesmo que meu esforço e minha insegurança significassem que eu estava "presa em meu ego", queria me abraçar calorosamente, me honrar, não me condenar. Mesmo que eu fosse egoísta e crítica, queria aceitar esses aspectos incondicionalmente. Queria parar o monitoramento e a crítica incessantes.

Então me vi orando: "Que eu possa me amar e me aceitar como sou." Comecei a me sentir como se estivesse me embalando suavemente. Cada onda de vida se movendo por mim era bem-vinda e aceitável. Mesmo a voz do medo, aquela que dizia que "algo está errado comigo", era aceitável e não podia contaminar aquele carinho profundo e genuíno.

O SOFRIMENTO QUE NOS ABRE À ACEITAÇÃO RADICAL

Minha mãe foi uma de diversas ex-alunas selecionadas por suas conquistas para falar a uma turma de formandos na Barnard College. Um dia, pouco antes de completar 75 anos, ela recebeu um telefonema da aluna designada para entrevistá-la. A jovem repórter começou elogiando minha mãe por seu trabalho à frente de uma grande organização sem fins lucrativos que tanto contribuía para atender pessoas vítimas de alcoolismo. "Quando ela me perguntou como ingressei naquele campo fascinante", minha mãe comentou comigo mais tarde, "respondi àquela aluna toda séria: 'Barbara, eu ingressei *bebendo*.'"

Quando eu era criança, minha mãe usava o álcool como alívio para a dor emocional. Cada vez mais ansiosa e infeliz, achava sentido e propósito apenas no amor pela família. Quando eu estava com 16 anos, ela se viu incapaz de continuar se esquivando da preocupação de todos ao seu redor. Seus métodos – negar, ser furtiva ou tentar agradar – não funcionavam mais. Sua vida estava totalmente fora de controle. Minha mãe estava chegando ao fundo do poço.

O programa de 12 passos dos Alcoólicos Anônimos (AA) fala de "atingir o fundo do poço" como o ponto de virada, onde a genuína recuperação do vício se torna possível. Com o apoio dos AA, minha mãe conseguiu reconhecer a doença e reagir. Ao encarar seu sofrimento, ao aceitar e se abrir para sua insegurança e sua vergonha, ela reencontrou sentido em sua vida. Ao longo dos anos de recuperação, começou a superar os limites de sua identidade como aquela menininha que não era real para os pais e não merecia atenção. Aprendeu que o pertencimento não dependia de se esforçar para agradar aos outros. Hoje, seu trabalho e sua forma de se relacionar com as pessoas brotam de um poço profundo e genuíno de cuidado. Mas, para despertar do transe, minha mãe teve que parar de fugir e aceitar sua dor.

O poeta Rumi viu com clareza a relação entre nossas feridas e nosso despertar. Ele aconselhou: "Não desvie o olhar. Mantenha-o no local do curativo. É ali que a luz penetra em você." Quando olhamos direto para o local do curativo sem negar ou evitar, nos tornamos sensíveis à nossa vulnerabilidade humana. Nossa atenção permite a entrada da luz da sabedoria e da compaixão.

Desse modo, épocas de grande sofrimento podem se tornar épocas de profunda descoberta e abertura espiritual. Quase todo mundo já passou por períodos em que tudo parece estar desmoronando. Nesses momentos, todas as crenças em que baseamos nossa vida são postas em dúvida. Achávamos que sabíamos viver, mas agora nos sentimos perdidos em um mar tempestuoso. Quando a tempestade amaina, começamos a ver nossa vida com frescor e impressionante clareza.

Com o passar dos anos, passei a ver o que aconteceu comigo no retiro do deserto menos como uma traição do meu professor e mais como uma janela para me mostrar quanto eu havia me traído. Ao sofrer aquele ataque, minhas estratégias defensivas habituais desmoronaram e cheguei ao fundo do poço. Enquanto estava mergulhada numa dor lancinante, aquilo serviu para revelar a dor da indignidade com que eu vivia havia anos. O medo de ser uma pessoa imperfeita estava na raiz do meu transe e eu havia sacrificado muitos momentos ao longo dos anos tentando provar meu valor. Assim como o tigre Mohini, eu habitava uma prisão feita por mim mesma que me impedia de viver plenamente. A Aceitação Radical de todos os meus sentimentos e de meu medo da imperfeição era a única maneira de me libertar. Ao prestar atenção no local do curativo – aceitando a dor da qual vinha fugindo –, comecei a confiar em mim e na minha vida.

EQUÍVOCOS COMUNS SOBRE A ACEITAÇÃO RADICAL

Muitos não entendem a prática da Aceitação Radical, pois ela vai na contramão da nossa cultura da não aceitação. Pode parecer que estou falando sobre resignação ou permissividade, ou justificando maus comportamentos: "Estou praticando a Aceitação Radical, então não me julgue por não assumir a responsabilidade no trabalho ou por ser desagradável e insensível em casa." Como estamos tratando de uma prática poderosa, vamos examinar mais de perto essas áreas que podem gerar incompreensão.

Aceitação Radical não é resignação. O maior equívoco é achar que, se simplesmente nos aceitarmos como somos, perderemos a motivação para mudar e crescer. A aceitação pode ser mal interpretada como uma desculpa para persistir em maus hábitos ("Eu sou assim e pronto"). Ou podemos querer fazer mudanças positivas, mas concluímos: "Sou assim mesmo, nunca vou conseguir mudar." A aceitação pode sugerir que nos resignemos a ser exatamente como somos, o que geralmente significa "não ser bom o suficiente". Porém lembremos a observação seminal do psicólogo Carl Rogers: "O paradoxo curioso é que, quando me aceito exatamente como sou, aí é que posso mudar." Nossa natureza mais profunda é despertar e florescer. Descobri repetidas vezes que trazer a Aceitação Radical a qualquer parte de nossa experiência é a guinada fundamental que abre caminho para a mudança genuína e duradoura. Este livro traz muitos exemplos de como se dá essa mudança quando uma situação aparentemente sem solução ou um hábito arraigado são enfrentados com a Aceitação Radical.

Aceitação Radical não significa se definir por suas limitações. Não é uma desculpa para desistir ou deixar de fazer algo. Às vezes dizemos a nós mesmos, por exemplo, que nos faltam as credenciais ou a experiência para um emprego que desejamos e por isso nem nos candidatamos. Ou concluímos que, considerando nosso histórico, não somos feitos para relacionamentos íntimos e por isso vamos ficar solteiros mesmo. Ainda que tudo isso possa ter um fundo de verdade, a Aceitação Radical significa perceber de maneira clara e gentil nossas capacidades e limitações sem dar às nossas histórias baseadas no medo o poder de bloquear nossa vida.

O mesmo se aplica aos desafios físicos. E se fôssemos vítimas de um acidente de carro e ficássemos paralisados da cintura para baixo? Se formos informados de que nunca mais conseguiremos andar, a aceitação significa se resignar ao destino, sem esperanças? Desistimos da possibilidade de ter uma vida plena e feliz? Aceitação Radical não é negar a enorme dor de perder a liberdade de movimento. Ela honra plenamente nossos sentimentos e reações. Avaliaríamos honestamente o efeito imediato da nossa nova limitação sobre nosso trabalho, nossa sexualidade, nossos filhos, nossas tarefas domésticas. Mas Aceitação Radical também não é ignorar outra verdade importante: a criatividade e a possibilidade infinitas que existem na vida. Ao aceitarmos a realidade da mudança, reconhecendo que não sabemos como será nossa vida daqui para a frente, nos abrimos à esperança, podendo assim ir em frente com vitalidade e vontade. Seguindo o belo exemplo do ator Christopher Reeve, que ficou paralítico ao cair de um cavalo, podemos mobilizar todo o nosso espírito para a recuperação – podemos "ir à luta" na fisioterapia, em relacionamentos gratificantes, em crescer e aprender com qualquer experiência. Reeve, com seu esforço, descobriu um nível de recuperação antes considerado impossível. Ao abordarmos nossa experiência real com a clareza e a gentileza da Aceitação Radical, descobrimos que em quaisquer circunstâncias permanecemos livres para viver criativamente e amar plenamente.

Aceitação Radical não é autoindulgência. Ela não diz "Aceito que tenho esse desejo, portanto vou satisfazê-lo". Embora seja importante não negar nem suprimir nossos desejos, também é importante estar atento ao que nos motiva e às consequências do nosso comportamento. Se somos viciados em nicotina, por exemplo, a Aceitação Radical não significa que acendemos um cigarro toda vez que dá vontade de fumar. Pelo contrário, trazemos a visão clara e a compaixão ao desejo e à tensão que sentimos quando "precisamos fumar mais um". Observamos as histórias que nos convencem de que precisamos desse alívio para o estresse. Sentimos a agitação no corpo e provamos a lembrança do tabaco na boca. Lemos o rótulo de advertência no maço sem negar a verdade de que fumar nos prejudica. Se realmente vamos lá e acendemos mais um cigarro, não nos entregamos a justificativas ou à culpa. Observamos que elas surgem e as aceitamos com atenção plena. Enfrentar todo o processo de fumar com a lucidez e a gentileza da Aceitação Radical pode nos levar a escolhas mais sábias.

A Aceitação Radical não nos torna passivos. Uma amiga minha que é ativista ambiental comentou comigo que, se ela *aceitasse* a degradação do meio ambiente, deixaria de ser uma agente ativa da mudança. Uma mulher vítima de violência que fazia terapia comigo contou que, se *aceitasse* a forma como o marido a tratava, deixaria de cuidar de si mesma. Estudantes costumam me desafiar: a Aceitação Radical significa aceitar o genocídio promovido por Hitler ou simplesmente deixar que exista racismo, guerra e fome no mundo? A Aceitação Radical significa não reagir ao sofrimento no mundo?

Quando nos sentimos indignados com as atrocidades humanas ou desesperados com a degradação do meio ambiente, somos levados, de forma poderosa e legítima, a fazer algo a respeito. Quando vemos como nosso comportamento ou o dos outros causam sofrimento, somos naturalmente compelidos a iniciar a mudança. No decorrer da vida, essas reações fortes nos levam a buscar práticas espirituais e terapias, a escolher afiliações políticas, a decidir com quem passar o tempo, quais projetos realizar e como educar nossos filhos. Contudo, existe uma diferença entre ações e decisões que surgem da Aceitação Radical e aquelas que brotam automaticamente da ânsia por certos resultados e do medo de certas consequências.

A Aceitação Radical reconhece nossa experiência neste momento como o primeiro passo da ação sábia. Antes de agir ou reagir, nos permitimos sentir e aceitar nossa revolta com a poluição, nossa raiva pela destruição da vida selvagem, nossa vergonha por termos sido maltratados, nosso medo do que vão pensar de nós, nossa culpa pela nossa insensibilidade. Não importa a situação, nossa experiência pessoal imediata é o domínio fundamental da Aceitação Radical. É aí que cultivamos a lucidez e a bondade genuínas que servem de base para a ação eficaz.

Alguns dos ativistas sociais mais reverenciados do mundo basearam seu trabalho na Aceitação Radical. Gandhi na Índia, Aung San Suu Kyi na Birmânia, Nelson Mandela na África – todos passaram pelo sofrimento da prisão e encararam a impotência, a solidão e o desconforto da opressão. Com clara compreensão, viram o potencial sofrimento da reatividade raivosa e permaneceram conscientes da intenção de fazer o bem. Ao aceitarem seu sofrimento em vez de negá-lo ou reagir, libertaram-se para trabalhar pela paz e pela justiça sem amargura ou autocomiseração. Esses e muitos outros exemplos mostram o poder de colocar a Aceitação Radical no centro do esforço para aliviar o sofrimento.

Aceitação Radical não significa aceitar um "eu". Quando falo com estudantes de budismo sobre se aceitar e se amar, às vezes eles me perguntam como isso se enquadra no ensinamento budista de *anatta,* ou não-eu. A própria ideia da autoaceitação não afirma que há uma noção equivocada do eu? Como ensinou o Buda, nossa percepção habitual do eu é uma construção mental – a ideia de uma entidade que faz as coisas acontecerem, que é vitimizada, que controla o espetáculo. Quando dizemos "Eu me aceito como sou", não estamos aceitando uma história sobre um eu bom ou mau. Pelo contrário, estamos aceitando as experiências mentais e sensoriais imediatas que interpretamos como eu. Estamos vendo as carências e os temores familiares, os pensamentos julgadores e planejadores como parte do fluxo da vida. Aceitá-los desse modo nos permite reconhecer que a experiência é impessoal, nos libertando da armadilha de nos identificarmos como um eu deficiente e limitado.

Gosto de lembrar aos alunos que *radical* deriva da palavra latina *radix* e significa "ir à raiz ou origem". A Aceitação Radical nos permite retornar à raiz, à origem de quem somos, à fonte do nosso ser. Quando somos gentis e presentes de modo incondicional, dissolvemos diretamente o transe da indignidade e da separação. Ao aceitar as ondas de pensamentos e sentimentos que vêm e vão, percebemos nossa natureza mais profunda, nossa natureza original, como um mar ilimitado de lucidez e amor.

NO CAMINHO DO BUDA: DESCOBRINDO A LIBERDADE DA ACEITAÇÃO RADICAL

Contrariando a noção ortodoxa de ascender em busca da *perfeição*, Carl Jung descreve o caminho espiritual como um desenrolar para a *plenitude*. Em vez de tentarmos suprimir ondas de emoções e nos livrarmos de um eu intrinsecamente impuro, damos meia-volta e aceitamos esta vida em toda a sua realidade: incompleta, confusa, misteriosa e vibrante. Ao cultivar a presença incondicional e acolhedora, não estamos mais lutando contra nós mesmos nem mantendo nosso eu selvagem e imperfeito numa gaiola de julgamento e desconfiança. Em vez disso, estamos descobrindo a liberdade de nos tornarmos autênticos e plenos de vida.

Embora a aceitação que atingi no retiro do deserto tenha me levado a confiar muito mais em mim mesma, integrar essa experiência foi um processo gradual. De volta ao meu lar, o *ashram* na Costa Leste, eu me sentia como se estivesse enxergando a vida com mais nitidez, mas ainda levaria quase dois anos até enfim me sentir pronta para partir. Aqueles homens, mulheres e crianças eram minha família espiritual, e desistir da comunidade seria uma tremenda perda.

À medida que eu diminuía meu envolvimento com o *ashram*, passei a ver com mais clareza como minha vida ali havia reforçado minha tendência a buscar a perfeição e ocultar minhas deficiências. Além disso, como agora eu não estava mais duvidando tanto de mim nem me criticando, não podia mais negar os problemas na comunidade que eu vinha evitando encarar. Meu marido já se desiludira com a vida no *ashram* e, juntos, enfim concordamos que estava na hora de ir embora. Quando formalmente pedi dispensa ao professor, ele me alertou de que, se eu me afastasse e deixasse o caminho espiritual, seria estéril pelo resto da vida. Quis o destino que, dias após anunciarmos nossa decisão e desistirmos dos nossos mantos, eu ficasse grávida de novo. Embora eu estivesse prevendo o nascimento de Narayan com grande felicidade e nunca questionasse nossa decisão de partir, a dor de tamanha perda permaneceu comigo por anos.

Ao olhar para trás, vejo que faz todo o sentido que os ensinamentos do Buda me guiassem por essa transição dolorosa. Ao sentir meu distanciamento do *ashram*, comecei a ler livros sobre outras tradições espirituais. Eu me senti particularmente atraída pelo budismo e comecei a experimentar a meditação budista de atenção plena chamada *vipassana*, que significa "ver com clareza" em páli, a língua do Buda. Trata-se de uma prática baseada em ensinamentos que reconhecem explicitamente o sofrimento que eu estava sentindo e oferecem um meio de despertar.

No *ashram*, nossa meditação era dirigida para cultivar um estado de paz, energia ou arrebatamento. Acalmávamos a mente nos concentrando na respiração ou em uma frase sagrada em sânscrito. É um treinamento valioso, mas constatei que, quando eu estava me sentindo agitada, aquelas meditações apenas encobriam temporariamente minha inquietude, na melhor das hipóteses. Eu estava manipulando minha experiência interna em vez de estar com o que realmente acontecia. Já as práticas budistas de atenção plena me ensinaram a simplesmente me abrir e permitir que o fluxo inconstante da experiência corresse por mim. Quando um autojulgamento hostil aparecia, eu podia reconhecê-lo como um simples pensamento passageiro. Esse autojulgamento podia até ser um visitante assíduo, mas *perceber que não era verdade era libertador.* Quando me perdia na insegurança ou na solidão, descobri que as meditações de bondade amorosa e compaixão podiam me orientar de volta àquela ternura que eu havia sentido no retiro do deserto. Não estava mais lutando para me livrar da dor, mas aprendendo a cuidar do sofrimento sentido. Desde o princípio, essas práticas me conduziram a uma consciência amorosa, aberta e receptiva que parecia ser minha verdadeira natureza.

Após vários anos meditando só, participei do meu primeiro retiro silencioso na Insight Meditation Society em Massachusetts. Percebi que havia chegado ao lugar certo. Ao final de uma das palestras noturnas, algo dito pelo professor me tocou profundamente. Ele abordou a essência do sofrimento que eu vinha combatendo havia tanto tempo. As palavras que recordo são: *O limite do que podemos aceitar é o limite da nossa liberdade.* Durante o silêncio que se seguiu, me vieram à mente lembranças que revelavam de quantas coisas na minha experiência de vida eu vinha me defendendo. Eu sentia as muralhas que havia erguido contra as pessoas que eram diferentes de mim, as que me intimidavam ou as que exigiam muito de mim. Reconheci minha aversão ao desconforto físico, a sentir medo e solidão. Percebi como não me perdoava por magoar os outros, por julgar, ser obsessiva, egoísta.

Depois que o professor e a maioria dos alunos deixaram o salão, permaneci no lugar, em silêncio. Queria saber qual seria a sensação se todas as barreiras se dissolvessem e eu apenas deixasse a vida fluir por mim. Ao relaxar e me abrir, minha mente se encheu de ternura para com tudo que parecia tão doloroso e errado em mim. Percebi que todo embate que eu tinha com a vida – de uma ligeira autocrítica à total angústia da vergonha – me separava do amor e da consciência que são meu verdadeiro lar.

Desde então, especialmente quando a tensão ou o autojulgamento me dominam, muitas vezes eu paro e me pergunto: *Como seria se eu pudesse aceitar a vida – aceitar este momento – exatamente como é?* Independentemente do filme mental projetado, a simples intenção de aceitar o que estou vivendo começa a aprofundar minha atenção e a amolecer meu coração. Ao me tornar mais íntima das ondas reais da experiência passando por mim, os comentários constantes na minha mente perdem força e a tensão no meu corpo começa a se dissolver. Cada vez que recomeço, permitindo, atenta, que a vida seja como é, experimento essa viva sensação de *chegada*, de reentrar no fluxo dinâmico da experiência. Esse "deixar estar" é o portão de entrada para eu me encher de maravilhamento e me sentir plenamente viva. Nas palavras do escritor Storm Jameson:

> Só existe um mundo, o mundo que se impõe a você neste minuto. Só existe um minuto em que você está vivo, este minuto aqui e agora. A única forma de vivê-lo é aceitar cada minuto como um milagre irrepetível.

Todos somos capazes de aprender a Aceitação Radical – as duas asas, do reconhecimento claro e da presença compassiva, são expressões de quem somos intrinsecamente. No entanto, como caímos no transe tão naturalmente, precisamos de uma resolução sincera e de práticas eficazes que despertem nosso coração e nossa mente. Os ensinamentos e meditações deste livro são parte de uma rica herança espiritual que há séculos tem guiado aqueles que buscam paz e liberdade genuínas. Na trilha sagrada da Aceitação Radical, em vez de buscar a perfeição, descobrimos como nos amar de modo a alcançar a plenitude.

MEDITAÇÃO GUIADA:
A prática de *vipassana* (atenção plena)

A prática budista de desenvolver atenção plena chama-se *vipassana*, que significa "ver claramente" ou "insight" em páli, a língua do Buda. O que se segue é uma introdução simples a essa prática. Você pode gravá-la ou pedir que alguém a leia para você até que se torne familiar.

Sente-se e encontre uma posição que lhe permita ficar alerta – coluna ereta, mas não rígida – e ao mesmo tempo relaxado(a). Feche os olhos e repouse as mãos de um jeito confortável, sem esforço. Permita que sua consciência percorra seu corpo e, na medida do possível, suavize e libere áreas óbvias de tensão física.

Por nos perdermos tão facilmente em pensamentos, vipassana *começa com atenção à respiração. Usar a respiração como âncora básica da atenção plena ajuda a tranquilizar a mente de modo que você possa ficar presente com o fluxo dinâmico da vida que se move através de você.*

Respire fundo algumas vezes e depois deixe a respiração seguir naturalmente. Observe em quais partes do corpo você detecta mais facilmente a respiração. Você talvez sinta o ar entrando e saindo pelo nariz; talvez sinta o toque da respiração ao redor das narinas ou no lábio superior; talvez sinta o movimento do tórax ou o subir e descer do abdômen. Dirija sua atenção à área em que a sensação de respirar é percebida mais claramente.

Não há necessidade de controlar a respiração, de se agarrar ou se fixar nela. Não existe uma forma "certa" de respirar. Com uma consciência relaxada, descubra como a respiração é uma experiência impermanente de sensações.

Você vai constatar que a mente naturalmente se perde em pensamentos. Os pensamentos não são o inimigo e você não precisa esvaziar sua mente. Pelo contrário, você está desenvolvendo a capacidade de reconhecer quando os pensamentos estão ocorrendo sem se perder na narrativa. Quando tiver consciência do pensamento, você pode usar um rótulo mental suave e amigável: "Pensando, pensando." Depois, sem nenhum julgamento, suavemente retorne à qualidade imediata da respiração. Deixe a respiração ser sua base, um lugar de plena presença. Embora você possa observar outras experiências – os sons de carros passando, sensações de calor ou frio, fome –, é possível deixá-las em segundo plano, sem ser arrastado por elas.

Se uma ou mais sensações se tornam fortes e chamam sua atenção, permita que elas, em vez da respiração, se tornem o foco central da sua atenção plena. Você pode sentir calor ou calafrios, formigamento, dor leve, tontura, dor lancinante, vibração. Com uma consciência suave e aberta, simplesmente observe as sensações como elas são. São agradáveis ou desagradáveis? Quando você presta plena atenção nelas, ficam mais fortes ou vão embora? Observe como elas mudam. Quando as sensações deixarem de ser fortes, volte a direcionar a atenção plena à respiração. Ou, se as sensações são tão desagradáveis que você não consegue encará-las com algum equilíbrio ou equanimidade, sinta-se livre para repousar sua atenção de novo na respiração.

Você pode fazer o mesmo para trazer a atenção plena a emoções fortes como medo, tristeza, felicidade, excitação, luto. Receba cada experiência com uma presença gentil e clara, não se apegando a ela nem resistindo ao que está surgindo. Qual a sensação dessa emoção no seu corpo? Onde você a sente mais forte? Ela é estática ou se move? Qual é seu tamanho? Seus pensamentos estão agitados e vivos? São repetitivos e sem graça? Sua mente se sente contraída ou aberta? Ao prestar atenção, observe como a emoção muda. Fica mais forte ou mais fraca? Muda para um estado diferente? Da raiva para a dor? Da felicidade para a paz? Quando a emoção já não for mais envolvente, volte sua atenção novamente para a respiração. Se a emoção parecer esmagadora ou se você não souber onde repousar sua atenção, relaxe e volte à respiração.

As sensações, as emoções e os pensamentos específicos que surgem quando praticamos atenção plena não são tão importantes. É a disposição de ficar quieto e prestar atenção na experiência, seja qual for, que planta as sementes da Aceitação Radical. Com o tempo, desenvolvemos a capacidade de perceber nossa experiência passageira, quer na meditação ou no dia a dia, com clareza e gentileza profundas.

TRÊS

A PAUSA SAGRADA: DESCANSANDO SOB A ÁRVORE *BODHI*

Suficientes. Estas poucas palavras são suficientes.
Se não estas palavras, esta respiração.
Se não esta respiração, este estar sentado aqui.

Esta abertura à vida
que temos recusado
repetidas vezes
até agora.

Até agora.

DAVID WHYTE

Na década de 1950, alguns pilotos altamente treinados da Força Aérea americana receberam uma missão de vida ou morte: voar em altitudes nunca antes tentadas. Ultrapassando a atmosfera mais densa da Terra, descobriram, para seu horror, que as leis normais da aerodinâmica não mais existiam. Como descreve Tom Wolfe em *The Right Stuff* (A coisa certa): "... um avião podia entrar em parafuso, como uma tigela de cereais num balcão de fórmica encerado, e aí começar a despencar – não girando e mergulhando, mas despencando sem controle."

A reação dos primeiros pilotos a enfrentar esse desafio foi tentar freneticamente estabilizar os aviões, aplicando uma correção após outra. Quanto mais furiosamente manipulavam os controles, mais o voo se descontrolava. Berrando desesperados para o controle terrestre "O que faço agora?", mergulhavam para a morte.

Esse trágico drama ocorreu diversas vezes até que um dos pilotos, Chuck Yeager, sem querer, chegou a uma solução. Quando seu avião começou a tombar, Yeager foi lançado violentamente no interior da cabine e nocauteado. Inconsciente, despencou rumo ao solo. Onze quilômetros depois, o avião reentrou na atmosfera mais densa do planeta, onde as estratégias padrão de navegação podiam ser implementadas. Yeager voltou a si, estabilizou o aparelho e aterrissou com segurança. Havia descoberto a única solução possível naquela situação desesperadora: *não fazer nada*. Retirar as mãos dos controles. Essa solução era, nas palavras de Wolfe, "a única opção que se tinha". Contrariava todos os treinamentos e até os instintos de sobrevivência básicos, mas funcionava.

Na nossa vida, muitas vezes nos vemos em situações que não conseguimos controlar, circunstâncias em que nenhuma das nossas estratégias habituais funciona. Impotentes e confusos, tentamos freneticamente controlar o que está acontecendo. Se nosso filho tira notas baixas na escola, fazemos uma ameaça após outra para que ele estude. Se alguém nos ofende, contra-atacamos rapidamente ou recuamos. Se cometemos um erro no trabalho, tentamos disfarçá-lo ou compensá-lo. Entramos em confrontos ensaiando nervosamente e formulando estratégias. Quanto mais tememos o fracasso, mais nosso corpo e nossa mente atuam. Preenchemos nossos dias com movimento contínuo: planejamento mental, preocupação, conversa habitual, consertar, escrever, ajustar, telefonar, lanchar, descartar, comprar, olhar-nos no espelho.

Como seria se, no meio dessa atividade toda, retirássemos as mãos dos controles conscientemente? Chuck Yeager teve que ficar inconsciente para interromper a compulsão por controle. E se, intencionalmente, parássemos com os cálculos mentais e a correria e, por um ou dois minutos, simplesmente observássemos o que acontece dentro de nós?

Aprender a pausar é o primeiro passo na prática da Aceitação Radical. Uma pausa é uma suspensão da atividade, um momento de desligamento temporário em que não perseguimos nenhuma meta. Ao contrário dos pilotos desesperados, paramos de perguntar "O que faço agora?". A pausa pode ocorrer em praticamente qualquer atividade e pode durar um instante, algumas horas ou períodos da vida. Podemos fazer uma pausa das nossas responsabilidades permanentes sentando para meditar. Podemos parar no meio da meditação para soltar os pensamentos e refrescar nossa atenção à respiração. Podemos fazer uma pausa quebrando a rotina para ir a um retiro, passar um tempo na natureza ou tirar um ano sabático. Podemos pausar nossa fala numa conversa, deixando de lado o que íamos dizer a fim de generosamente ouvir e estar com a outra pessoa. Podemos pausar quando nos sentimos subitamente emocionados, empolgados ou entristecidos, permitindo que os sentimentos perpassem nosso coração. Em uma pausa, simplesmente interrompemos o que estávamos fazendo – pensando, conversando, andando, escrevendo, planejando, temendo, comendo – e ficamos plenamente presentes, atentos e, geralmente, parados. Você pode tentar agora: pare de ler e fique aí sentado fazendo "coisa alguma", simplesmente observando o que está vivenciando.

Uma pausa é, por natureza, limitada no tempo. Retomamos nossas atividades, mas o fazemos com mais presença e maior capacidade de fazer escolhas. Em uma pausa antes de mergulharmos os dentes numa barra de chocolate, por exemplo, podemos reconhecer o frêmito empolgado da antevisão e talvez uma nuvem de fundo de culpa e autojulgamento. Podemos então optar por comer o chocolate, saboreando plenamente as sensações do paladar, ou decidir deixá-lo de lado e, em lugar de comê-lo, sair para correr. Quando pausamos, não sabemos o que vai acontecer a seguir. Mas, ao interromper nossos comportamentos habituais, abrimo-nos à possibilidade de novas e criativas formas de reagir às nossas carências e aos nossos temores.

Claro que há ocasiões em que não é apropriado fazer uma pausa. Se nosso filho está correndo em direção a uma rua movimentada, não pausamos. Se alguém vai nos atacar, não ficamos parados repousando no momento – pelo contrário, achamos logo um meio de nos defender. Se estamos quase perdendo um voo, corremos para o portão de embarque.

Mas grande parte do nosso ritmo agitado e do controle habitual no cotidiano não serve à sobrevivência, muito menos ao nosso florescer. Eles surgem de uma ansiedade vaga de que tem algo errado ou faltando. Mesmo quando sentimos medo diante do fracasso real, da perda ou (como os pilotos da Força Aérea) da morte, a tensão e o esforço instintivos costumam não adiantar nada ou ser tolos.

Afastar as mãos dos controles e pausar é uma oportunidade de ver claramente as carências e os temores que estão nos impelindo. Durante a pausa, tomamos consciência de como a sensação de que algo está faltando ou está errado vive nos empurrando para o futuro, a caminho de outro lugar. Isso nos dá uma escolha fundamental de como reagir: podemos continuar nossas tentativas fúteis de controlar nossa experiência ou podemos enfrentar nossa vulnerabilidade com a sabedoria da Aceitação Radical.

Durante minha pausa no retiro do deserto, comecei a ver que estava completamente paralisada nas histórias e no sofrimento do transe. Ao ficar quieta no lugar e não me ocupar de outras atividades, encarei a vergonha e os temores de que vinha fugindo havia anos. Na verdade, pausar e aceitar a intensidade de meu sofrimento foi a única forma de conseguir me libertar do domínio do transe.

Muitas vezes o momento em que mais precisamos pausar é exatamente quando isso parece intolerável. Pausar num momento de raiva, ou quando estamos imersos na tristeza ou repletos de desejo, pode ser a última coisa que queremos fazer. Tal como os pilotos de grandes altitudes, soltar os controles parece ir contra nossos instintos. Pode dar a sensação de queda livre – não temos ideia do que vai acontecer. Temos medo de ser engolfados pela crueza da raiva, da dor ou do desejo. Porém a Aceitação Radical não é possível sem nos abrirmos à experiência real do momento.

Charlotte Joko Beck, escritora e professora do Zen, ensina que o "segredo" da vida espiritual é a capacidade de "... retornar àquilo de que nos escondemos a vida toda, repousar na experiência corporal do momento presente – ainda que seja o sentimento de ser humilhado, de fracassar, de abandono, de injustiça". *Por meio da arte sagrada da pausa, desenvolvemos a capacidade de parar de nos escondermos, parar de fugir da experiência.* Começamos a confiar em nossa inteligência natural, em nosso coração naturalmente sábio, em nossa capacidade de nos abrirmos ao que surge.

Como o despertar de um sonho, no momento da pausa nosso transe retrocede e a Aceitação Radical se torna possível.

FUGIR APROFUNDA O TRANSE

Conta a lenda que certo homem uma vez se assustou com a própria sombra e tentou fugir dela. Ele acreditava que, se conseguisse deixá-la para trás, seria feliz. O homem ficou cada vez mais contrariado ao ver que, por mais rápido que corresse, nunca se livrava de sua sombra. Recusando-se a desistir, ele correu até cair morto de exaustão. Se ao menos tivesse se sentado para descansar, sua sombra teria desaparecido.

Nossa sombra pessoal é composta por aquelas partes do nosso ser que nossa vivência nos fez ver como inaceitáveis. A família e a sociedade nos informam desde cedo quais qualidades da natureza humana são valorizadas e quais são desprezadas. Como queremos ser aceitos e amados, tentamos criar e apresentar um eu que atraia os outros e garanta nosso pertencimento, mas uma vez ou outra expressamos involuntariamente nossa agressividade, nossa carência ou nosso medo naturais – partes de nossa constituição emocional que costumam ser tabus – e as pessoas importantes em nossa vida reagem a isso. Seja ouvindo uma repreensão, sendo ignorados ou sofrendo uma rejeição traumática, em algum nível somos magoados e repelidos.

A sombra se torna uma força em nossa psique conforme exilamos regularmente as emoções que oferecem o risco de provocar rejeição a nós. Podemos soterrar e esquecer nossa empolgação pueril, ignorar nossa raiva até transformá-la em nódulos de tensão no nosso corpo, encobrir nossos temores com autojulgamento e culpa incessantes. Nossa sombra tem raízes na vergonha e é alimentada pela sensação de deficiência intrínseca.

Quanto mais falhos e detestáveis nos sentimos, mais fugimos das garras da sombra. *Mas, quando corremos daquilo que tememos, alimentamos a escuridão interior.* Sempre que rejeitamos uma parte do nosso ser, estamos confirmando para nós mesmos nossa indignidade fundamental. Por baixo de "Eu não deveria me irritar tanto" reside um "Tem algo errado comigo se eu me irritar muito". Como se ficássemos presos em areia movediça, nossos esforços frenéticos por nos afastarmos da nossa insuficiência nos afundam ainda mais. Ao lutar para evitar a sombra, solidificamos nossa identidade como um terrível eu deficiente.

Quando Laura me procurou para fazer terapia, seu método de se esconder da sombra quase destruíra seu casamento. Ela havia se tornado o que seu marido, Phil, chamava de "mina terrestre pronta para explodir a qualquer tropeço meu". Quando começaram a namorar, a sensibilidade e o jeito meio dramático de Laura o atraíram. Laura era enfermeira, e Phil, assim como os pacientes dela, adorava seu toque reconfortante e a preocupação que ela demonstrava com seu bem-estar. Laura se divertia com Phil, gostava da inteligência e da presença de espírito dele, mas, após alguns meses de casamento, a mente aguçada e o humor cáustico dele passaram a dar a Laura a sensação de que eram uma arma apontada para ela. Quando Phil comentava sobre o jeito dela de dirigir ou de guardar a louça, Laura se sentia magoada e humilhada. Tudo dentro dela começava a degenerar na sensação de que era totalmente incompetente. Com frequência sua raiva por estar sendo julgada chegava ao paroxismo e ela tinha uma explosão de raiva. Passar para o ataque era a estratégia padrão de Laura para fugir de sua sombra de vergonha.

A intimidade já havia quase desaparecido do casamento – eles mal conversavam. Phil, como advogado, era tão exímio com as palavras que conseguia fazer com que tudo parecesse culpa da esposa. Quando isso acontecia, Laura acabava berrando com ele e se afastando, indignada. Na época em que me procurou, ela havia concluído que "nem vale a pena tentar conversar. Ele é o Sr. Racional e eu sempre saio perdendo".

Na noite anterior à nossa primeira sessão tinha acontecido algo que era típico da dinâmica deles. Laura tivera uma discussão acalorada naquele dia com sua supervisora no hospital e havia abandonado o emprego. No jantar, enquanto contava a Phil o ocorrido, ele pareceu impaciente. Então o telefone tocou, ele atendeu e foi para seu escritório. Laura foi atrás dele e ficou na porta, esperando. Depois de desligar, Phil ligou a TV. Laura o criticou com sarcasmo:

– Você está interessado em tudo quanto é notícia, menos nas *minhas*.

Phil contra-atacou, irritado:

– Era o Nathan, ele me ligou pedindo que eu visse uma coisa que está passando na Fox Five. Por que você tem que interpretar cada comportamento meu como uma falha pessoal? Se é isso que você vinha fazendo com sua supervisora, ela deve ter ficado contente por você ir embora.

Com uma expressão furiosa e os olhos em chamas, Laura gritou:

– Eu sei o que você está pensando. Por que não diz logo, Phil? *Você ficaria feliz se eu fosse embora. É isso ou não é?* – Laura pegou um livro de direito na estante e o arremessou em direção à TV, berrando: – Você só quer se livrar de mim! Talvez consiga o que quer!

O livro seguinte chegou ainda mais perto de atingi-lo na cabeça. Naquela noite, os dois dormiram em quartos separados mais uma vez.

Durante a infância, Laura aprendeu a se defender de sua mãe instável e crítica. Elas podiam estar felizes juntas num minuto e no minuto seguinte a mãe a acusava de nunca arrumar o quarto ou de ficar horrível de franja. Quando chegou à adolescência, a mudança drástica nos hormônios e na química do corpo tornou impossível controlar a dor e a raiva de Laura. Quando a mãe a repreendia pelo seu modo de se vestir, por não ter postura, por escolher amigos fracassados, por não ser capaz de entrar para uma boa faculdade, Laura berrava de volta, xingava e passava a noite na casa de uma amiga. Passava o máximo de tempo fora de casa para evitar as constantes acusações da mãe de que ela "não fazia nada direito". Quando estava em casa e elas discutiam, Laura ficava surpresa com a intensidade da própria raiva. Sentia-se como se houvesse dentro de si um demônio, que, dada a chance, podia ferir e matar. Partir para o ataque se tornou seu modo de vida.

Nas nossas primeiras sessões de terapia, Laura me contou que ficava na defensiva e se magoava fácil na maioria dos relacionamentos – com amigos, familiares, colegas de trabalho. Havia sempre um drama acontecendo em algum lugar. Se sentia que alguém a criticava, evitava essa pessoa ou tinha um ataque de raiva que esfriava o relacionamento, às vezes destruindo-o para sempre. Quando sua supervisora a chamou e fez perguntas incisivas sobre a tensão entre Laura e outra enfermeira no seu setor, Laura se defendeu com uma hostilidade manifesta. A supervisora sugeriu que ela se acalmasse para que pudessem ter uma conversa construtiva, e foi quando Laura se demitiu.

Em todo tipo de situação, quando os sentimentos brutos de não ser "boa o suficiente" eram desencadeados, Laura era lançada de volta à infância, quando era impotente e só o que podia fazer era se defender. Qualquer um de nós, quando nosso ponto de insegurança ou mágoa específico é tocado, facilmente regride para a plenitude do transe. Nessas ocasiões, parece não haver escolha para o que sentimos, pensamos, dizemos ou fazemos. Pelo contrário, "entramos no piloto automático", reagindo da maneira habitual para nos defendermos, para encobrir a crueza de nossa dor.

Como acontece em qualquer vício, os comportamentos com que tentamos afastar a dor apenas alimentam o sofrimento. Não apenas nossas estratégias de fuga ampliam a sensação de que algo está errado conosco como impedem que atentemos para as partes de nós que mais precisam de nossa atenção para a cura. Nas palavras de Carl Jung em um de seus grandes insights, *as partes não enfrentadas e não sentidas de nossa psique são a fonte de todas as nossas neuroses e sofrimentos.* Os ataques de Laura a impediam de entrar em contato com a vergonha e a mágoa que sentia, porém essa "defesa" apenas fazia com que se sentisse ainda mais envergonhada por se descontrolar tanto. Presa em um círculo vicioso, quanto mais envergonhada se sentia, mais era levada a atacar a fim de se proteger e ocultar sua vergonha. Quando aprendemos a encarar e sentir o medo e a vergonha que habitualmente evitamos, começamos a despertar do transe. Nós nos libertamos para reagir às circunstâncias de modo a trazer a paz e a felicidade genuínas.

QUANDO PARAMOS DE FUGIR: TORNANDO-NOS DISPONÍVEIS À VIDA DO MOMENTO

Sidarta Gautama, aquele que viria a ser o Buda, era filho de um rei abastado que governava um belo reino aos pés do Himalaia. Quando ele nasceu, os conselheiros do rei previram que ou ele abandonaria o mundo e se tornaria um homem sagrado, ou seria um grande rei e governante. O pai de Sidarta estava determinado a fazer com que o filho seguisse seus passos. Sabendo que ver a dor do mundo voltaria o príncipe para a busca espiritual, cercou-o de beleza física, riqueza e distrações constantes. Somente pessoas gentis e bonitas tinham permissão para cuidar dele.

Claro que o projeto do rei de proteger o filho do sofrimento falhou.

Segundo o relato tradicional, aos 29 anos Sidarta insistiu em fazer várias incursões fora das muralhas do palácio com seu auriga Channa. Percebendo a intenção do filho, o rei ordenou que seus súditos se preparassem para o príncipe, limpando e embelezando as ruas e ocultando os doentes e pobres. Mas os deuses, vendo ali uma oportunidade de despertar Sidarta, tinham outros planos. Apareceram para ele sob o aspecto de uma pessoa doente, uma pessoa velha e um cadáver. Quando Sidarta percebeu que tal sofrimento era parte intrínseca de estar vivo, sua visão de mundo confortável foi abalada. Determinado a descobrir como os seres humanos poderiam encontrar a felicidade e a liberdade em face de tais sofrimentos, abandonou os palácios luxuosos, os pais, a esposa e o filho. Partindo nas trevas da noite, Sidarta começou sua busca de verdades que libertassem seu coração e seu espírito.

A maioria de nós passa anos tentando se enclausurar dentro dos muros do palácio. Vamos atrás do prazer e da segurança em que esperamos achar a felicidade duradoura. Mas, por mais felizes que estejamos, a vida inevitavelmente nos surpreende com uma crise: divórcio, morte de um ente querido, uma doença grave. Buscando evitar a dor e controlar nossa experiência, nos afastamos da intensidade dos nossos sentimentos, com frequência ignorando ou negando nossas necessidades físicas e emocionais genuínas.

Como Sidarta estava tão extasiado pelo prazer, de início o caminho da negação pareceu que levaria à liberdade. Ele se juntou a um grupo de ascetas e pôs-se a praticar a austeridade, privando-se de comida e sono e seguindo rigorosas disciplinas de ioga. Após vários anos, Sidarta viu-se emaciado e doente, mas não se aproximara da libertação espiritual que almejava. Abandonou os ascetas e dirigiu-se à margem de um rio próximo. Jazendo ali quase morto, Sidarta exclamou: "Com certeza deve haver outro caminho para a iluminação!" Ao fechar os olhos, veio-lhe uma lembrança semelhante a um sonho.

Era a celebração anual da aradura da primavera e suas amas o haviam deixado repousando sob um jambo-rosa à margem de um campo. Sentada à sombra fresca da árvore, a criança observava os homens trabalhando, o suor escorrendo pelo rosto. Viu os bois puxando o arado com dificuldade. Na relva cortada e no solo recém-revolvido, viu insetos morrendo, seus ovos espalhados. A tristeza assomou em Sidarta pelo sofrimento de todos os seres vivos. Na ternura de sua compaixão, Sidarta se sentiu profundamente aberto. Erguendo o olhar, impressionou-se com o azul brilhante do céu. Pássaros mergulhavam e ganhavam altura livre e graciosamente. O ar estava repleto da doce fragrância das flores de jambo. No fluxo e no sagrado mistério da vida havia lugar para a imensidão da alegria e da tristeza. Sentiu-se em plena paz.

A lembrança deu a Sidarta uma compreensão muito diferente do caminho para a liberação. Se uma criança nova e sem instrução conseguia provar a liberdade de maneira tão fácil e espontânea, então tal estado deve ser parte natural do ser humano. Talvez ele pudesse despertar cessando a luta e, como fizera quando criança, enfrentando tudo na vida com uma presença suave e aberta.

Quais condições haviam possibilitado aquela experiência infantil de presença profunda? Se olharmos nossa vida, veremos que tais momentos de presença ocorrem em ocasiões de quietude ou solidão. Saímos da correria normal para a abertura e a clareza de um "tempo fora do tempo". Se Sidarta estivesse ouvindo a conversa distrativa das amas ou brincando com outras crianças, não estaria tão atento e aberto à sua experiência mais profunda. Nos momentos de pausa e repouso sob o jambo-rosa, não estava buscando o prazer nem afastando o sofrimento do mundo. Ao pausar, relaxou em uma lucidez e uma liberdade interior.

Inspirado pela experiência da infância, Sidarta começou sua busca final da liberdade duradoura. Após se banhar no rio, aceitou o arroz-doce oferecido por uma moça da aldeia e depois dormiu um sono com sonhos assombrosos. Ao despertar, restaurado e fortalecido, de novo buscou a solidão sob um fícus religioso – conhecido agora como árvore *bodhi* – e resolveu permanecer quieto ali até alcançar a liberação completa.

A imagem do Buda sentado sob a árvore *bodhi* é um dos grandes símbolos míticos que representam o poder da pausa. Sidarta não estava mais se agarrando ao prazer ou fugindo de qualquer parte de sua experiência. Estava se tornando totalmente disponível ao fluxo mutável da vida. Essa postura de não repelir nem se apegar a qualquer experiência passou a ser conhecida como o Caminho do Meio e caracteriza a presença engajada que despertamos na pausa. Na pausa, nós, à semelhança de Sidarta, nos tornamos disponíveis a tudo que a vida nos traz, inclusive às partes não encaradas nem sentidas de nossa psique.

Quando o futuro Buda resolveu pausar sob a árvore *bodhi*, ficou face a face com o lado sombrio da natureza humana, representado pelo deus Mara. Em sânscrito, *mara* significa "delusão", a ignorância onírica que nos enreda no desejo e no medo e obscurece nossa natureza iluminada. Histórias tradicionais se referem a Mara como aparecendo de várias formas: tempestades violentas, mulheres tentadoras, demônios furiosos, exércitos gigantescos. Quando a sedutora apareceu, Sidarta pôde certamente reconhecer a enorme força de sedução, mas ficou imóvel, nem repelindo nem se agarrando ao desejo que surgiu em seu corpo e sua mente. Quando Mara transformou-se em um gigantesco demônio com garras e presas, que mergulhou no ar para atacá-lo, Sidarta, com coragem e atenção plena, abriu-se ao medo que sentiu, sem fugir nem tentar se defender. Ao prestar atenção em vez de reagir, viu além da ilusão do eu separado que nos aprisiona no sofrimento.

No decorrer da noite, Sidarta foi atacado pelos exércitos de Mara e cumulado de flechas de ganância e ódio. Ao recebê-las com um coração aberto e afável, elas se transformaram em florescências que caíram suavemente aos seus pés. Com o passar das horas, o monte de pétalas perfumadas cresceu e Sidarta se tornou cada vez mais pacífico e puro.

Ao se aproximar o amanhecer, Mara fez seu maior desafio, exigindo que Sidarta defendesse seu direito de ocupar o assento da liberdade. Em resposta, o futuro Buda tocou no chão, pedindo à terra que fosse testemunha de seus milhares de vidas de compaixão. A terra tremeu em violenta afirmação e trevas e trovões encheram os céus. Aterrorizado, Mara fugiu e junto dele desapareceram os últimos vestígios de ilusão. Desse modo, quando a estrela da manhã surgiu qual diamante cintilante no horizonte, Sidarta ganhou sua liberdade. Percebeu sua natureza pura – consciência amorosa e radiante – e tornou-se Buda, o Desperto.

A prática da Aceitação Radical começa com a pausa sob a árvore *bodhi*. Assim como o Buda voluntariamente se abriu ao encontro com Mara, nós também podemos pausar e nos tornar disponíveis ao que a vida está oferecendo a cada momento. Desse modo, nas palavras do monge vietnamita Thich Nhat Hanh, "cumprimos nosso compromisso com a vida".

PAUSAR NA FRENTE DE MARA

Durante a terapia, Laura começou a se referir à mãe como "o dragão", devido ao fogo abrasador de suas palavras. Em uma sessão, após falarmos sobre sua mãe, fizemos uma visualização guiada. Em sua imagística, Laura achou-se envolvida em uma luta contra um dragão real. Viu-se rastejando no chão, esquivando-se atrás de rochas, subindo em galhos de árvore para se esconder. Reptiliano e feroz, o dragão a encontrava em todos os esconderijos. Evitando seus olhos, Laura lutava o tempo todo para escapar de seu hálito feroz. Imersa naquele drama, contou-me que se sentia fraca e exausta pelos esforços para escapar e pequena demais para contra-atacar. Perguntei o que ela queria fazer.

– Desistir, parar de fugir.
– O que acontece se você fizer isso?
– Não sei, talvez eu morra, vai doer muito.
– O que vai doer tanto?

Laura ficou em silêncio por um bom tempo, até que respondeu:
– Vou ver que não tenho mais uma mãe, o que é verdade. Ela realmente é um dragão. Não tenho ninguém que me ame... Sou ruim demais para ser amada.

Percebendo que ela vinha acalentando a esperança de que o dragão fosse substituído por sua mãe real, a mãe que se importava com ela, Laura começou a soluçar. Tinha sido melhor fugir do que ser queimada pela verdade, do que sentir que era uma pessoa ruim e desprezada. Mas agora, com a esperança eliminada, Laura estava retornando aos sentimentos dos quais passara a vida se escondendo.

Enquanto não paramos a agitação mental, as atividades incessantes, não temos como conhecer nossa experiência real. Assim como Laura, no fundo sabemos como evitá-las. Mas parar pode ser aterrorizante – é preciso ter coragem e determinação para se sentar sob a árvore *bodhi* e enfrentar as flechas de Mara. Laura precisaria de ambas para se livrar dos padrões que vinham arruinando sua vida. Encerrei a sessão indagando se ela sabia como o dragão era realmente. Em vez de lutar ou fugir, alguma vez ela tinha encarado o dragão ao se sentir atacada?

Na sessão seguinte, contei a Laura que ela podia aprender a encarar o dragão de um local de força interior mediante o que eu denominava a arte de pausar. Quando o medo ou a raiva assomassem, ela poderia parar toda a atividade externa e simplesmente prestar atenção no que vinha sentindo por dentro. Expliquei que, se ela conseguisse pausar em vez de berrar ou fugir correndo de encontros dolorosos, com o tempo acharia recursos internos para orientá-la na reação sábia. Começamos a praticar a pausa em nossas sessões de terapia.

Pedi a Laura que fechasse os olhos e trouxesse à mente o confronto recente no hospital, lembrando o mais claramente possível como se sentira quando a supervisora deu a entender que ela estava errada. Quando sugeri que imaginasse como seria fazer uma pausa em meio àquelas sensações intensas e não fazer nem dizer nada, sua boca se retesou e seu queixo começou a tremer. Notando como seu corpo se enrijeceu, sussurrei suavemente que era bom respirar fundo algumas vezes.

– Quais pensamentos estão passando por sua mente? – perguntei.

Sem hesitar, Laura respondeu:

– Ela é uma escrota. Por que foi achar que eu é que estava causando o problema? Ela nem sabia o que tinha acontecido! – Ficou em silêncio por um momento e acrescentou, com amargura: – Ela me fez sentir como se eu estivesse estragando as coisas, como minha mãe. Eu estava errada de novo.

Quando perguntei o que estava percebendo agora no seu corpo, ela respondeu:

– Meu rosto está queimando... sinto um enorme inchaço pressionando meu peito, como se fosse explodir.

Perguntei se ela podia continuar a pausa e sentir aquelas emoções. Ela explodiu:

– Isso não está certo. O que devo fazer? Ficar sentada com um alvo na testa e deixar as pessoas me humilharem?

Laura abriu os olhos e lágrimas começaram a surgir.

– Tara, quando alguém me critica, não consigo lidar com isso. Eu perco o controle. É como se eu *tivesse* que lutar com a pessoa. Tenho medo de desmoronar se fizer uma pausa. – Laura chorou com o rosto entre as mãos. – Tenho tanta vergonha de mim! Não sou quem eu gostaria de ser.

Quando praticamos pela primeira vez a pausa, podemos facilmente ser dominados pelos sentimentos brutos que têm determinado nosso comportamento por tantos anos. É importante relaxar aos poucos, se possível com o apoio de outra pessoa. Como Laura vinha fazendo em nossas sessões, é uma boa praticar imaginando uma situação recente ou provável. No entanto, se estamos envolvidos em uma situação carregada, uma boa forma de começar é fazer uma "interrupção" e achar um local quieto e seguro para praticar a pausa. Sempre é bom começar com algumas respirações profundas, conscientemente relaxando o corpo e a mente.

Em nossas sessões, Laura começou com pausas que não duravam mais que um minuto. Com o tempo, aprendeu a permanecer presente, com ondas de sentimento intenso, quando a insegurança que vinha evitando havia anos vinha à tona. No entanto, precisou de várias sessões para que a pausa começasse a parecer um refúgio real – um lugar onde pudesse estar consciente da dor sem se sentir dominada ou esmagada por ela. No final, a pausa permitiu que ela se entendesse de forma íntima e honesta.

Na tourada existe um conceito interessante da pausa como um local de refúgio e renovação. Acredita-se que, durante a luta, o touro possa achar sua área de segurança na arena. Ali ele recupera a força e o poder. Esse lugar e esse estado interno são chamados de sua querência. Enquanto o touro permanece enfurecido e reativo, o toureiro está no controle; mas, quando acha a querência, o animal recupera a força e perde o medo. Da perspectiva do toureiro, nesse ponto o touro é mais perigoso, pois se conectou com seu poder. A cada vez que Laura se sentia provocada e partia para o ataque, mais desequilibrada ficava, mais era dominada pelo medo e pela vergonha. As forças de Mara, o toureiro de Laura, permaneciam no controle. Ao aprender a achar a querência fazendo uma pausa, ela pôde reagir às suas circunstâncias de forma mais equilibrada e construtiva.

Um dia Laura me contou que algo havia mudado. Num jantar de aniversário com a família do irmão, sua mãe começou mais uma vez a provocá-la, querendo saber quando ela começaria a procurar um novo emprego. Sem nem dar à filha a chance de responder, a mãe se inclinou para a frente e disse, ríspida e sarcástica:

– Não me diga, já sei: você está esperando cair do céu.

Como se o silêncio de Laura fosse um sinal verde para continuar, a mãe ampliou o ataque:

– Quer que Phil sustente você a vida inteira?

Com o coração martelando no peito, Laura fez a pausa e respirou fundo. Sentiu um calor abrasador no peito, como se tivesse sido apunhalada, e tudo nela queria gritar de raiva. Em vez disso, ela disse simplesmente:

– Não sei, mãe.

E se recostou na cadeira.

– Certo – sua mãe retrucou, talvez surpresa por receber tão pouco combustível para seu fogo, e virou-se para conversar com o filho.

Laura não sabia o que ia acontecer a seguir. Ao manter a pausa, sentiu o corpo tremer. Parecia que seu peito ia se abrir. Ela observou a confusão de histórias turbilhonando por sua mente: "Laura, aquela que estraga tudo." "Laura, a louca furiosa." Em meio ao tumulto, ouviu uma voz interior sussurrar: "A sensação é horrível... mas eu consigo lidar com ela." Ela havia sentido aquela agitação muitas vezes nas nossas sessões de terapia e sabia que era suportável e que ia passar. Ao relaxar, Laura sentiu uma amplitude se abrindo devagar no peito e na garganta. A dor aguda começou a se dissolver e em seu lugar surgiu um profundo sentimento de pesar. Ao permitir que todos aqueles sentimentos se desenrolassem, sentiu-se como se estivesse gentilmente cuidando dos locais feridos dentro de si.

Não mais aprisionada no transe, Laura podia agora imaginar algumas escolhas. Podia permanecer até o fim da reunião ou ir para casa. Podia confrontar a mãe e contar por que não havia encontrado um novo emprego ou deixar de lado o incidente. Qualquer que fosse sua atitude, surgiria agora de uma nova forma de reagir ao próprio eu. A pausa lhe permitiu aceitar tudo que vinha sentindo, e restaram um calor humano e uma gentileza surpreendentes. Ao olhar para a mãe, Laura sentiu aumentar a ternura. Viu uma mulher aprisionada na própria insegurança, palavras descontroladas, punhos fechados. Quando se despediram, altas horas da noite, ela conseguiu olhar a mãe nos olhos, tocá-la, sorrir.

Laura havia enfrentado o dragão, tanto na mãe como em si própria. Por baixo do exterior feroz da mãe havia encontrado uma pessoa ferida. O dragão de Laura também vinha montando guarda sobre sua vulnerabilidade, seu medo de ser má, sua vergonha. Sob as camadas das escamas afiadas, achou seu coração suave e bondoso. O poeta Rainer Maria Rilke expressou uma profunda compreensão dos dragões que todos nós enfrentamos:

"Como poderíamos esquecer aqueles mitos antigos que estão nos primórdios de todas as raças – os mitos sobre dragões que, no último momento, transformam-se em príncipes? Talvez todos os dragões na nossa vida sejam apenas príncipes aguardando que ajamos, uma só vez, com beleza e coragem. Talvez tudo que nos assusta, na essência mais profunda, seja algo indefeso que deseja nosso amor."

A PAUSA SAGRADA: TERRENO FÉRTIL PARA A AÇÃO SÁBIA

Tendo aprendido a pausar, Laura estava pronta para explorar os tipos de estratégia que poderiam vir depois da pausa para ajudar a salvar seu casamento. Embora soubéssemos que ela levaria algum tempo para romper o hábito de reagir, em nossas sessões exploramos diversas coisas que ela poderia fazer quando se percebesse criticada por Phil. Caso notasse que ia explodir, ela poderia pausar, informar que precisava de um tempo e sugerir que conversassem depois. Então poderia ir até outro cômodo da casa e observar em que narrativa estava aprisionada e como estava se sentindo. Caso reagisse e eles começassem a discutir, ela poderia optar por interromper a briga com uma pausa e, após um momento, tentar dizer a Phil o que estava sentindo. Poderia perguntar o que ele estava sentindo. Chegamos a imaginar uma época em que ela poderia estar tão à vontade após uma pausa que poderia pegar na mão dele e ficar em silêncio por um momento.

Na primeira vez que ela tentou, após uma pausa, contar a Phil o que estava sentindo, ele não estava preparado. Acostumado com suas comunicações em forma de ataques de raiva, interrompeu-a no meio da frase: "Laura, estou cheio dos seus eternos dramas. Vamos ter que passar por isso de novo?" Sem esperar por uma resposta, ele apanhou o jornal e se afastou. Naquela semana, Laura me perguntou: "Tara, como isso pode funcionar se sou a única a fazer?" Claro que mudar os padrões do casamento não dependeria só de Laura, mas poderia começar por ela.

Uma única pessoa num relacionamento que pratique a pausa e a abertura com Aceitação Radical já tem o potencial de libertar ambos de um impasse doloroso. Pausar interrompe padrões arraigados de interação. Quando a espiral descendente de julgamentos e mal-entendidos é interrompida, ainda que por um breve tempo, torna-se possível reconhecer as crenças e os sentimentos inconscientes que estão por trás do problema. Tal consciência leva naturalmente a escolhas mais sábias. Quando um parceiro opta por evitar comentários ofensivos ou escutar com mais atenção, o outro pode ficar mais relaxado, menos defensivo. Mesmo não sendo garantia de salvar um relacionamento abalado, a pausa vai sempre levá-lo a alguma resolução.

Para Laura, pausar abriu a porta para a comunicação real com seu marido. O ponto de virada ocorreu uma noite em que Phil contou que não poderia tirar uma semana de folga para passarem as férias juntos. Eles logo entraram numa de suas discussões típicas, mas no meio dela Laura se lembrou de pausar. Lenta e tranquilamente, ela disse:

– Estou sentindo o mesmo medo de novo: de que você não quer estar perto de mim. Quando me sinto assim, preciso de um sinal de que você se importa comigo.

De início, Phil ficou aborrecido.

– Veja bem, Laura, sinto que, se não faço das tripas coração para tratar do seu eu frágil do jeito que você exige, você vai explodir. Não quero ficar refém da sua raiva.

Suas palavras apenas pairaram no ar, Laura não interveio para se defender. Então algo pareceu mudar em Phil. Após um momento, com uma voz mais suave, ele acrescentou:

– É difícil para mim ser afetuoso a pedido. Quando você precisa que eu a tranquilize, que retire um comentário crítico, bem… eu me sinto manipulado. Mas, sinceramente, Laura, eu me odeio por ser tão mesquinho com você.

Essa última parte não foi algo que Laura teria imaginado. Ela conseguiu contar que se sentia humilhada quando explodia com ele. Após um longo silêncio, acrescentou:

– Phil, nem sei dizer como tem sido difícil isso… estarmos tão distantes.

Ao final da conversa, eles haviam decidido procurar terapia de casal.

Com o tempo, Phil e Laura conseguiram resgatar uma afeição calorosa e divertida. Liberta dos vínculos sufocantes de sua raiva, Laura sentiu sua sensualidade despertar e eles voltaram a ter uma intimidade vibrante. Laura atribuiu a renovação de seu casamento ao poder da pausa. A atmosfera de pausar foi convidativa: quando Phil também reduziu suas reações, começou a notar e aceitar o que vinha realmente sentindo. Para ambos, as palavras e ações que emergiram da abertura da pausa revelaram uma ternura e uma confiança crescentes.

MOMENTOS PRECIOSOS DE LIBERDADE

Aprendemos a Aceitação Radical praticando a pausa repetidas vezes. Bem no momento em que vamos partir para o ataque verbal, não atacamos. Quando nos sentimos ansiosos, em vez de ligar a TV, telefonar para alguém ou ficar remoendo as situações, nos sentamos quietos e sentimos nosso desconforto ou nossa inquietude. Nessa pausa, abandonamos o pensamento e a ação e ganhamos intimidade com o que está ocorrendo em nosso corpo, nosso coração e nossa mente.

Pausar como uma técnica pode parecer estranho, esquisito ou contrário ao nosso modo de vida habitual, mas existem muitos momentos – ao tomar banho, andar, dirigir – em que liberamos nossas preocupações e estamos simplesmente atentos e deixando a vida fluir. Podemos pausar ao ver a nova vegetação na primavera ou ao observar a inocência no rosto de uma criança no supermercado. Quando enfim entendemos um problema que vínhamos enfrentando, nossa pausa pode ser um suspiro enquanto nosso corpo e nossa mente relaxam. Ao final de um longo dia, podemos experimentar uma pausa natural quando nos deitamos na cama e relaxamos de tudo.

Podemos também fazer uma pausa proposital durante atividades regulares. Eu com frequência faço uma pausa antes de sair do meu carro e simplesmente sinto o que está ocorrendo dentro de mim. Às vezes, após desligar o telefone, fico sentada na minha escrivaninha apenas respirando, atenta aos sons, em vez de ir direto fazer a próxima tarefa. Ou posso parar de limpar a casa por um momento e ouvir a música que liguei para me fazer companhia. Podemos optar por pausar no alto de uma montanha ou no metrô, enquanto estamos acompanhados ou meditando sozinhos.

Ajahn Buddhadasa denomina esses intervalos de pausa natural ou propositada "nirvanas temporários". Alcançamos a liberdade que é possível em qualquer momento em que não estamos nos agarrando à experiência ou resistindo a ela. Ele escreve que, sem esses momentos de pausa, "os seres vivos morreriam ou ficariam loucos. Em vez disso, sobrevivemos porque existem períodos naturais de calma, de plenitude e sossego. Na verdade, eles duram mais do que as fogueiras de nossa fixação e nosso medo. É o que nos sustenta".

As pausas em nossa vida tornam nossa experiência plena e significativa. Certa vez perguntaram ao renomado pianista Arthur Rubinstein: "Como você consegue ser tão bom com as notas?" Sua resposta foi imediata e entusiasmada: "Existem muitos outros tão bons com as notas quanto eu, mas com as pausas... Ah! É ali que reside a arte." Como uma nota de repouso numa partitura musical, a pura quietude de uma pausa forma o pano de fundo que permite ao primeiro plano tomar forma com clareza e frescor. O momento que emerge da pausa pode, como a nota bem soada, refletir a genuinidade, a integridade, a verdade de quem somos.

Pausar é o portão de entrada para a Aceitação Radical. Em meio a uma pausa, damos espaço e atenção à vida que está sempre fluindo por nós, à vida que costuma passar despercebida. É nesse repouso sob a árvore *bodhi* que percebemos a liberdade natural do nosso coração e da nossa consciência. Tal como o Buda, precisamos, em vez de fugir, apenas nos comprometer a chegar, aqui e agora, com uma presença dedicada.

REFLEXÃO GUIADA:
A pausa sagrada

A pausa sagrada nos ajuda a nos reconectarmos com o momento presente. Especialmente quando estamos enredados no esforço e na obsessão e voltados ao futuro, pausar nos permite reentrar no mistério e na vitalidade que só se encontram aqui e agora.

Escolha um momento em que esteja envolvido numa atividade orientada para uma meta – lendo, trabalhando no computador, fazendo faxina, comendo – e explore pausar por um minuto ou dois. Comece interrompendo o que está fazendo, sentando-se confortavelmente e permitindo que seus olhos se fechem. Respire fundo algumas vezes e a cada exalação solte quaisquer preocupações ou pensamentos sobre o que vai fazer a seguir. Solte qualquer rigidez no corpo.

Agora observe o que está sentindo enquanto habita a pausa. De quais sensações está consciente em seu corpo? Você se sente ansioso(a) ou inquieto(a) ao tentar sair de suas narrativas mentais? Sente-se arrastado(a) a retomar sua atividade? Consegue simplesmente permitir, neste momento, o que está acontecendo dentro de você?

Você pode incorporar a pausa sagrada ao seu dia a dia pausando por alguns minutos a cada hora ou ao começar e encerrar atividades. Você pode pausar sentado(a) ou deitado(a). Mesmo em movimento – caminhando ou dirigindo – você pode pausar internamente, olhos abertos e sentidos despertos. Sempre que achar que está paralisado(a) ou desconectado(a), você pode renovar sua vida naquele momento pausando, relaxando e prestando atenção à sua experiência imediata.

Experimente escolher uma coisa que você faz todo dia e assumir por uma semana o compromisso de pausar antes de iniciar essa atividade. Pode ser escovar os dentes, dar um telefonema, sair do carro, tomar um gole de chá, ligar o computador. A cada vez, tire alguns minutos para pausar, relaxar e trazer consciência ao que está ocorrendo dentro de você. Depois de completada a pausa, observe se algo mudou quando retornar à atividade.

QUATRO

AMIZADE INCONDICIONAL: O ESPÍRITO DA ACEITAÇÃO RADICAL

O ser humano é como uma hospedaria.
Toda manhã, uma nova chegada.

Uma alegria, uma depressão, uma
  mesquinhez.
Uma consciência momentânea
chega qual visitante inesperado.

Acolha e entretenha a todos! [...]

O pensamento sombrio, a vergonha, a
  malícia,
receba-os à porta sorrindo
e convide-os a entrar.

Seja grato a quem vier
porque todos foram enviados
como guias do além.

Rumi

Com quase 70 anos, Jacob se encontrava no estágio intermediário do mal de Alzheimer. Psicólogo clínico e meditador havia mais de 20 anos, ele tinha plena consciência de que suas faculdades mentais vinham se deteriorando. Às vezes dava um branco total em sua mente: por alguns minutos, não lhe vinha nenhuma palavra e ele ficava totalmente desorientado. Muitas vezes esquecia o que estava fazendo e precisava de ajuda nas tarefas básicas, como cortar o bife, se vestir, tomar banho, se deslocar.

Com a ajuda da esposa, Jacob participou de um retiro de meditação de 10 dias que eu estava conduzindo. Alguns dias após o início do curso, ele teve sua primeira entrevista comigo. Esses encontros que os alunos têm regularmente com o professor são uma oportunidade de fazer contato e receber orientação personalizada na prática. Jacob e eu conversamos sobre como andavam as coisas no retiro e em casa. Sua postura em relação à sua doença era de interesse, tristeza, gratidão, até bom humor. Intrigada com sua resiliência, perguntei o que lhe permitia aceitá-la tão bem. Ele respondeu: "Não tenho a impressão de que há algo errado. Sinto pesar e algum medo do que está acontecendo, mas sinto que é a vida real." Depois ele me contou uma experiência que teve em um estágio anterior da doença.

Jacob havia ocasionalmente dado palestras sobre budismo a grupos locais e aceitou o convite para falar em um encontro de mais de 100 alunos de meditação. Chegou ao evento sentindo-se alerta e ávido por compartilhar os ensinamentos que adorava. Tomando seu lugar na frente do salão, Jacob olhou para os rostos cheios de expectativa e, subitamente, não soube o que dizer ou fazer. Não sabia onde estava nem por que estava lá. Tudo que sabia era que seu coração batia furiosamente e sua mente girava, confusa. Juntando as mãos sobre o coração, Jacob começou a dizer em voz alta o que estava acontecendo: "Com medo, constrangido, confuso, sentindo que estou falhando, impotente, vacilante, sensação de estar morrendo, afundando, perdido." Por alguns minutos, ficou apenas sentado, a cabeça ligeiramente inclinada, continuando a descrever sua experiência. Quando seu corpo começou a relaxar e sua mente se acalmou, também disse isso em voz alta. Enfim Jacob ergueu a cabeça, olhou lentamente ao redor para as pessoas reunidas e pediu desculpas.

Muitos dos estudantes ficaram em lágrimas. Como disse um deles: "Ninguém nunca nos ensinou desse jeito. Sua presença foi o ensinamento mais profundo." Em vez de repelir a experiência, o que só pioraria sua agitação, Jacob teve a coragem e o treinamento de simplesmente descrever o que estava percebendo e, o mais importante, se submeter à experiência. Ele não tornou adversários os sentimentos de medo e confusão. *Não fez nada errado.*

Praticamos a Aceitação Radical pausando e depois acolhendo o que estiver ocorrendo dentro de nós com esse tipo de amizade incondicional. Em vez de direcionar pensamentos ciumentos ou raivosos ao inimigo, prestamos atenção de forma que nos permita reconhecer e contactar qualquer experiência com carinho. Nada está errado – aconteça o que acontecer, trata-se da "vida real". Tal amizade incondicional é o espírito da Aceitação Radical.

Uma das minhas histórias preferidas do Buda mostra o poder de um coração desperto e amigável. Vou contá-la aqui. Embora Mara tenha fugido, desorientado, na manhã da iluminação do Buda, parece que foi desencorajado apenas por um tempo. Mesmo depois de o Buda se tornar profundamente venerado por toda a Índia, Mara continuou fazendo aparições inesperadas. O leal assistente do Buda, Ananda, sempre alerta a qualquer dano que pudesse advir ao seu mestre, informou, desanimado, que o "Maligno" retornara. Nesses momentos, em vez de ignorar Mara ou expulsá-lo, Buda calmamente reconhecia sua presença, dizendo: "Estou vendo você, Mara." Então o convidava para um chá e servia-o como um convidado de honra. Oferecendo a Mara uma almofada para que pudesse se sentar confortavelmente, Buda enchia duas xícaras de cerâmica com chá, colocava-as na mesa baixa entre eles e só então se sentava. Mara ficava um pouco e depois ia embora, mas o tempo todo o Buda permanecia livre e sereno.

Quando Mara nos visita, na forma de emoções perturbadoras ou histórias assustadoras, podemos dizer "Estou vendo você, Mara" e reconhecer com clareza a realidade do desejo e do medo que vivem em todo coração humano. Ao aceitarmos essas experiências com o calor da compaixão, oferecemos chá a Mara em vez de o expulsarmos. *Vendo o que é verdade, tratamos o que é visto com gentileza.* Trata-se da amizade incondicional que Jacob corajosamente demonstrou ao se submeter à sua confusão.

Expressamos tal lucidez do coração cada vez que reconhecemos e aceitamos nossos temores e mágoas.

Temos o hábito arraigado de ser falsos amigos de nós mesmos – de expulsar ou ignorar nosso lado sombrio. Mas, assim como um relacionamento com um bom amigo é marcado por compreensão e compaixão, podemos aprender a trazer essas mesmas qualidades à nossa vida interior. Pema Chödrön, uma monja americana e professora altamente respeitada do budismo tibetano, diz que, pela prática espiritual, "estamos aprendendo a fazer amizade conosco, com nossa vida, no nível mais profundo possível". Somos amigos de nós mesmos quando, em vez de resistir àquilo pelo qual estamos passando, abrimos nosso coração e de bom grado convidamos Mara para o chá.

"ESTOU VENDO VOCÊ, MARA": AS PRÁTICAS DA INVESTIGAÇÃO E DA NOMEAÇÃO

Carl, um bom amigo meu, teve oito meses de encontros contundentes com Mara depois que seu negócio fracassou. Formado em uma universidade de elite e com um MBA, ele dedicou anos de esforço árduo ao desenvolvimento de uma bem-sucedida empresa de software. Quando dois sócios de longa data acenaram com uma oportunidade que prometia um nicho lucrativo no mundo on-line, em expansão vertiginosa, Carl converteu em dinheiro os ativos e o patrimônio de sua empresa e resolveu participar. Nos três primeiros anos do seu site de varejo, os sócios obtiveram um lucro líquido de 20 milhões de dólares. Durante seu quarto ano, o mercado de ações despencou e a empresa ruiu. Aos 45 anos, casado, com dois filhos pequenos e uma grande hipoteca por amortizar, Carl se viu pedindo falência.

Embora estivesse ciente de que muitas outras pessoas também estavam fracassando devido às flutuações do mercado, Carl se sentiu pessoalmente responsável pelo prejuízo desastroso. Outros haviam percebido que a economia ia desabar e que as empresa pontocom eram um negócio arriscado. Por que ele não percebera? A ganância tinha atrapalhado? Como alguém ia respeitá-lo agora? Nos seus momentos mais baixo-astral, Carl não conseguia acreditar que mesmo sua esposa e seus amigos ainda o amassem.

Quando nossa vida construída com tanto cuidado vai por água abaixo, como a de Carl, nos torturamos e nos repreendemos com histórias de como somos fracassados, o que poderíamos ter feito melhor, que ninguém se importa conosco. Essa reação certamente só nos mergulha ainda mais fundo no transe. Influenciados por nossos julgamentos, nem sequer conseguimos reconhecer a dor bruta de nossas emoções. A fim de começar o processo de despertar, precisamos aprofundar nossa atenção e tocar nossa experiência real.

Uma ferramenta de atenção plena que pode penetrar nosso transe entorpecente é a investigação. Fazer perguntas a nós mesmos sobre o que estamos vivenciando é uma maneira de envolver nossa atenção. Podemos começar escaneando nosso corpo, observando o que estamos sentindo, especialmente na garganta, no tórax, no abdômen e no estômago, e depois indagar: "O que está acontecendo?" Podemos também perguntar: "O que está exigindo minha atenção neste momento?" Ou: "O que está pedindo aceitação?" Depois, prestamos atenção com interesse e cuidado genuínos, ouvindo o coração, o corpo e a mente.

A investigação não é um tipo de escavação analítica – não estamos tentando descobrir a resposta a "Por que sinto esta tristeza?", pois isso só instigaria mais pensamentos. Em contraste com a abordagem da psicologia ocidental, em que poderíamos examinar mais histórias para entender o que causou uma situação, a intenção da investigação é despertar para nossa experiência exatamente como é no momento presente. Embora possa expor julgamentos e pensamentos de que o que sentimos é errado, a investigação tem como foco os sentimentos e sensações imediatos.

Posso estar me sentindo uma mãe ruim porque reclamei com Narayan por me interromper demais no trabalho. Quando pauso e me pergunto o que quer ser aceito, descubro que por trás disso há cansaço e ansiedade. Posso sentir meu estômago se contrair, meu rosto se retesar. É um sentimento familiar: medo. Ao me sentar com ele, tomo consciência de que estou com medo de me faltar energia para realizar todas as coisas, medo de falhar. Esse medo que endureceu meu coração é o que necessita da minha atenção. No momento em que reconheço Mara, parte do poder desse medo diminui e, com isso, se reduz o autojulgamento. Não fico tão envolvida em minha suposta identidade como uma pessoa estressada, esforçada e potencialmente deficiente. Embora minhas preocupações possam não desaparecer, se Narayan ousar aparecer de novo, estarei mais propensa a recebê-lo com afeição do que com irritação.

É importante fazer a investigação com amizade incondicional. Se, ao me perguntar o que exige minha atenção, eu estiver com uma postura de aversão, por menor que seja, só vou aprofundar meu autojulgamento. Pode exigir certa prática aprender a se questionar com a mesma gentileza e o mesmo carinho que teríamos com um amigo em dificuldade.

Um dia fui até a casa de Carl ver como ele estava. Seu corpo magro tinha uma postura de abandono na cadeira e ele falava com um ceticismo exaurido. Eu o ouvi por um tempo e então, vendo-o preso na amargura do passado e no medo do futuro, perguntei gentilmente:

– Carl, o que está acontecendo neste momento? O que dentro de você precisa de atenção?

Ele ergueu o olhar para mim, talvez um pouco surpreso, mas então disse, simples e claramente:

– Estou me sentindo um completo fracasso.

Ele então descreveu a ansiedade que vinha dominando seu corpo e sua mente: pensamentos acelerados, suores frios, súbitas pressões no coração.

– Não passa nunca, Tara. Todas as noites acordo com isso. Estou completamente atado... agora mesmo minhas entranhas estão atadas.

Conversamos por alguns minutos e ele agradeceu meu interesse:

– É bom dizer isso em voz alta.

Nomear ou rotular é outra ferramenta da prática de atenção plena tradicional que podemos aplicar, como fez Carl, quando estamos perdidos. A nomeação, assim como a investigação, ajuda a reconhecer, com carinho e gentileza, o fluxo passageiro de pensamentos, sentimentos e sensações. Se estou me sentindo ansiosa ou desconectada antes de dar uma palestra, por exemplo, pauso e me pergunto o que está acontecendo ou o que está pedindo minha atenção. Com um suave murmúrio mental, nomeio o que estou percebendo: "Medo, medo, tensão, tensão." Se noto que estou achando que minha palestra vai ser sem graça, simplesmente continuo nomeando "História de que vai ser ruim, medo da rejeição", depois "Julgando, julgando". Se, em vez de notar, eu tento ignorar esse medo, levo-o comigo à palestra e acabo falando de forma artificial. Só nomear o aumento da ansiedade antes da minha palestra já abre minha consciência. A ansiedade pode não ir embora, mas o cuidado e a vigília que cultivo ao nomeá-la permitem que eu me sinta mais à vontade.

Assim como a investigação, rotular é uma oportunidade de comunicar amizade incondicional à nossa vida interior. Se o medo surge e nós o atacamos com um nome – "Medo! Te peguei!" –, estamos apenas criando mais tensão. Nomear uma experiência não é tentar agarrar ou expulsar algo desagradável. É uma forma suave e gentil de dizer "Estou vendo você, Mara". Essa atitude de Aceitação Radical cria um ambiente seguro para que nossas partes assustadas e vulneráveis possam se deixar conhecer.

Em culturas tradicionais, nomear desempenha um papel importante no processo de cura. Acredita-se que, por mais poderosos que sejam os espíritos causadores da doença, se o xamã consegue nomeá-los, eles são subjugados. Já não conseguem controlar sua vítima, permitindo assim a cura. De forma semelhante, a psicologia ocidental sustenta que aspectos da nossa psique que não são vistos nem nomeados conscientemente exercem controle sobre nossa vida. Ao nomear as forças de Mara quando surgem, já não estamos mais possuídos ou dominados por elas. O próprio ato de sermos amistosos com elas, em vez de demonstrar medo, diminui seu poder.

As práticas de investigar e rotular são na verdade maneiras de nos fazer despertar para o sofrimento que está acontecendo em nós. Ficamos tão envolvidos nas nossas histórias que podemos até mesmo negar a realidade da própria experiência. Às vezes passo dias sendo impaciente comigo até parar e prestar atenção nos sentimentos e crenças que estavam me desconectando do meu coração. Quando faço uma pausa e olho o que está ocorrendo, percebo que caí no sofrimento da ansiedade.

Tenho contato com muitos clientes e alunos que alcançam um limiar crítico quando enfim registram quanta dor estão sentindo. É algo bem diferente de autopiedade ou de reclamar da vida. É diferente de só ficar pensando nos problemas que temos. Pelo contrário: ver e sentir o grau de sofrimento em que estamos vivendo nos reconecta ao nosso coração.

Vi isso acontecendo com Carl no dia em que fui visitá-lo. Depois que ele descreveu o peso de sua ansiedade, falei para ele o que vi:

– Carl, a dor que você está sentindo seria difícil para mim... para qualquer pessoa. Seu corpo está dominado pela ansiedade. Você está cheio de fracasso e vergonha, tanto que não consegue achar consolo nem na sua família. É uma dor enorme. Eu vejo como dói.

Ele estava começando a se permitir reconhecer a intensidade de sua dor. Seus olhos se encheram de lágrimas.

– É verdade – disse ele, baixinho. – Está doendo. Muito.

Então, pela primeira vez em meses, Carl se permitiu chorar.

Reconhecer que estamos sofrendo é libertador. O autojulgamento desaparece e conseguimos nos enxergar de forma gentil. Quando Carl parou de chorar, seu rosto estava tranquilo, e seu corpo, relaxado. Não havia mais amargura em sua voz.

– Ando tão zangado por fracassar... Eu não imaginava que o sucesso era tão importante para mim e não tinha me dado conta de como tem sido difícil o fracasso.

Quando oferecemos a nós mesmos a mesma cordialidade incondicional que ofereceríamos a um amigo, paramos de negar nosso sofrimento. Quando nos sentamos ao nosso lado, figurativamente, e indagamos, ouvimos e nomeamos nossa experiência, vemos Mara com clareza e abrimos o coração com ternura ao sofrimento à nossa frente.

CONVIDAR MARA PARA O CHÁ: A PRÁTICA DE DIZER SIM

Alguns anos atrás, em um retiro *vipassana* de uma semana, me vi mergulhada na negatividade. Eu reagia com aversão a tudo. Os mestres estavam falando demais, o tempo frio e nublado era frustrante, meus colegas não tinham a menor consideração ao espirrarem na minha cara quando eu já estava com uma sinusite irritante. Nada estava bem, muito menos eu. Cansada disso, decidi que, em vez de resistir a tudo, eu concordaria com tudo. Comecei a saudar o que surgia em minha consciência murmurando um "sim" bem baixinho. Sim à dor na perna, sim aos pensamentos de culpabilização, sim aos espirros, à irritação e ao céu cinza feio.

No início, meu sim era mecânico e relutante, mas mesmo assim eu conseguia sentir algo relaxar em mim cada vez que o dizia. Em pouco tempo comecei a experimentar algo novo. Refletindo que eu, assim como o

Buda, estava convidando Mara para o chá, pretendia não apenas aceitar o que estava sentindo, mas acolhê-lo ativamente. Comecei a pronunciar o sim em um tom mais suave e amigável. Até sorria de tempos em tempos – todo o meu drama começou a parecer bobo. Meu corpo e minha mente ficaram cada vez mais leves e abertos. Até a pressão nos meus seios nasais melhorou. A nuvem escura do "não" foi substituída pelo céu expansivo de um "sim" que tinha um espaço infinito para o mau humor e a irritação. Comentários críticos continuaram surgindo, mas, com o sim, continuaram indo embora. Quando minha mente insinuava que eu estava usando um artifício que não funcionaria por muito tempo, dizer sim a isso fez com que também esse pensamento se dissolvesse. Eu não estava resistindo a nada nem me agarrando a nada. Estados de humor, sensações e pensamentos passavam pelos céus amigáveis da Aceitação Radical. Sentia a liberdade interior que advém de concordar incondicionalmente com a vida. Estava convidando Mara para o chá.

Damos vida ao espírito da Aceitação Radical quando, em vez de resistir à dor emocional, somos capazes de dizer sim à nossa experiência. Pat Rodegast (transmitindo os ensinamentos de Emmanuel) escreveu o seguinte: "Então caminhe com seu peso, dizendo sim. Sim à tristeza, sim ao desejo sussurrado. Sim ao medo. Amor significa pôr de lado muros, cercas e destrancar portas e dizer sim. [...] Pode-se estar no paraíso simplesmente dizendo sim a este momento." No instante em que concordamos em sentir medo ou vulnerabilidade, ganância ou agitação, estamos aceitando nossa vida com um coração incondicionalmente amigável.

Quando apresento a prática do sim aos alunos, eles costumam reagir com objeções ou perplexidade. Será outra versão superficial do "pensamento positivo", uma forma de fingir que a realidade não é tão difícil assim? Não podemos dizer sim a tudo que vivenciamos, objetam eles. E se quisermos prejudicar alguém? Ou se estivermos em depressão profunda? Dizer sim não alimentaria essas coisas ruins?

Dizer sim não significa aprovar pensamentos raivosos ou afundar em qualquer sentimento. Não estamos dizendo sim a agir com base nos nossos impulsos prejudiciais. Nem estamos dizendo sim a circunstâncias externas que possam nos prejudicar: se alguém está nos tratando mal, claro que é preciso dizer um não bem forte e criar limites inteligentes para nos protegermos no futuro. Mas, mesmo nesse caso, podemos dizer sim à experiência do medo, da raiva ou da dor que está surgindo dentro de nós. Dizer sim é uma prática interna de aceitação em que permitimos de bom grado que nossos pensamentos e sentimentos venham e se vão naturalmente.

Os alunos às vezes levantam esta questão: "Se estamos cheios de pensamentos de ódio contra nós mesmos, nossas tentativas de aceitação amigável não vão encobrir o que realmente sentimos?" Essa é uma boa pergunta. Como sabemos a partir dos relacionamentos com outros, podemos agir amigavelmente quando na verdade abrigamos uma tremenda reprovação. O desafio nessas ocasiões é: podemos trazer uma atenção amigável a quão hostis nos sentimos? Podemos ver claramente o que estamos vivenciando e dizer sim à enorme força do não? E, se não conseguimos isso, podemos ao menos *pretender* ser amistosos?

Também é fácil considerar equivocadamente o sim como uma técnica de se livrar de sentimentos desagradáveis para nos sentirmos melhor. Dizer sim não é um meio de manipular a experiência, mas uma ajuda para nos abrirmos à vida como ela é. Embora possamos, como senti no retiro, dizer sim e nos sentir mais leves e felizes, não é necessariamente isso que acontece. Se dizemos sim a um sentimento de tristeza, por exemplo, ele pode se avolumar até se tornar um sofrimento total. Mas, independentemente de como se desenrola a experiência, ao concordar com o que está aqui, oferecemos espaço para isso se expressar e passar por nós.

Eu alerto meus alunos, porém, de que nem sempre é sensato dizer sim à experiência interna. Se sofremos algum trauma no passado, velhos sentimentos de terror podem ser desencadeados. Podemos não ter o equilíbrio ou a resistência necessários, em dado momento, para receber nossa experiência com amizade incondicional, e, nesse caso, nossas tentativas de dizer sim poderiam acabar nos inundando de medo. Seria melhor procurar um meio de aliviar o medo, talvez buscando conforto junto a um amigo, praticando um exercício físico vigoroso ou tomando uma medicação. Por enquanto, dizer não ao que parece demasiado e sim ao que simplesmente funciona para nos manter equilibrados é a resposta mais compassiva que podemos nos oferecer.

Existem muitas formas de enviar a mensagem do sim à nossa vida interior. Podemos sussurrar "tudo bem" ou mesmo um acolhedor "oi" – em silêncio ou baixinho – em resposta a uma emoção dolorosa. O sim poderia também ser uma imagem ou um gesto. Uma amiga minha se visualiza mentalmente unindo as palmas das mãos e fazendo uma mesura para o que apareceu. Quando sente as garras da ansiedade, da raiva ou da culpa, imagina-se fazendo uma mesura para elas com respeito genuíno. Eu às vezes levo a mão ao coração e envio uma mensagem de aceitação e carinho ao que está surgindo em mim.

Thich Nhat Hanh chama essa prática do sim de "ioga do sorriso". Ele sugere abrir um sorriso breve mas genuíno muitas vezes ao longo do dia, quer estejamos meditando ou simplesmente parados no sinal vermelho. "Um pequeno broto de sorriso nos seus lábios", escreve Thich Nhat Hanh, "alimenta a consciência e acalma milagrosamente [...] seu sorriso trará felicidade a você e àqueles à sua volta." O poder de um sorriso para nos abrir e nos relaxar é confirmado pela ciência moderna. Os músculos usados para formar um sorriso de fato enviam uma mensagem bioquímica ao sistema nervoso de que é seguro afrouxar a reação de fuga, luta ou congelamento. Um sorriso é o sim da amizade incondicional que acolhe a experiência sem medo.

Quando Thich Nhat Hanh visitou o Centro Zen de San Francisco, encontrou os alunos profundamente dedicados a uma disciplina espiritual rigorosa. Quase ao final da visita, eles se reuniram para pedir a orientação dele sobre sua prática. Com um pequeno sorriso, ele disse: "Vocês deveriam se levantar um pouco mais tarde... e sorrir mais."

DIZER SIM À VIDA

A prática de dizer sim não se limita à experiência imediata. Podemos dizer sim a toda a vida. Sim às nossas amizades, a como criamos nossos filhos, a nossa aparência física, nossa personalidade, nosso trabalho, nosso caminho espiritual. Porém, como estamos sempre buscando a perfeição, quando recuamos para dar uma olhada em "como estamos nos saindo", muitas vezes nos sentimos como se nossa vida não estivesse dando muito certo. Mara aparece, lançando uma sombra sobre o que fazemos de bom.

O mestre zen Ed Brown é um cozinheiro brilhante e fundador do Greens, em San Francisco, restaurante famoso por sua culinária de alimentos naturais. Mas no início de sua carreira, no centro de retiro na montanha Tassajara, Ed teve um problema. Por mais receitas que tentasse, e mesmo variando os ingredientes, não conseguia acertar nos tradicionais *biscuits*, que são pãezinhos salgados. Seu padrão inalcançável, como ele descobriu, havia sido fixado anos antes: ele havia "feito" e adorado pãezinhos Pillsbury.

> Finalmente um dia eu pensei: não estavam "bons" comparados com quê? Ah, meu Deus, eu estava tentando fazer pãezinhos da marca Pillsbury! Depois veio um momento lindo de realmente provar meus pãezinhos sem comparar com algum padrão (antes oculto). Tinham gosto de trigo, eram folheados, amanteigados, "solares, terrestres, reais" (como proclama o soneto de Rilke). Eram incomparavelmente vivos, presentes, vibrantes – na verdade, bem mais satisfatórios do que qualquer lembrança.
>
> Esses momentos podem ser tão incríveis, tão liberadores, quando você percebe que sua vida está ótima como é. Apenas a comparação insidiosa com um produto belamente preparado, belamente embalado, fez com que parecesse insuficiente. Tentar produzir um pãozinho – uma vida – sem vasilhas sujas, sem sentimentos confusos, sem depressão, sem raiva, era frustrante. Depois saborear, realmente saborear o momento presente da experiência – bem mais complexo e multifacetado. Quão insondável...

É maravilhosamente libertador dizer sim a toda a nossa vida imperfeita e confusa. Um mero vislumbre dessa possibilidade já leva nossa alegria às alturas. Mas, se tentamos fazer "pãezinhos Pillsbury" a vida inteira, os hábitos do perfeccionismo não afrouxam facilmente nosso controle. Quando a desconfiança se insinua, podemos ser tentados a recuar da aceitação incondicional da nossa vida. É preciso ter prática para aprender a nos recuperar sempre que somos derrubados pelo que parece estar errado. Mas, como observa Ed, quando paramos de nos comparar com algum suposto padrão de perfeição, os "pãezinhos de hoje" – esta vida que estamos vivendo agora – podem ser saboreados e explorados, honrados e apreciados plenamente. Quando abandonamos ideias de como a vida deveria ser, somos livres para dizer sim, de todo o coração, à vida como ela é.

MEDITAÇÃO GUIADA:

O poder do sim

~

Sentado(a) tranquilamente, feche os olhos e respire fundo algumas vezes. Pense em uma situação pela qual você esteja passando que lhe desperta raiva, medo ou dor. Pode ser uma rixa com seu(sua) parceiro(a), a perda de um ente querido, uma disputa de poder com seu filho, uma doença crônica, uma conduta da qual você se arrependa. Quanto mais plenamente você entrar em contato com a essência da história, mais prontamente vai conseguir acessar os sentimentos em seu coração e as sensações em seu corpo. O que nessa situação provoca os sentimentos mais fortes? Você pode ver mentalmente uma cena específica, ouvir palavras que foram ditas, reconhecer uma crença em como essa situação se reflete em você ou o que significa para seu futuro. Esteja atento(a) especialmente às sensações no estômago, no peito e na garganta.

Para ver em primeira mão o que acontece quando você resiste à experiência, comece tentando dizer não. Ao se conectar com a dor sentida na situação que você escolheu, direcione mentalmente um fluxo de não para os sentimentos. Não para a sensação desagradável de medo, raiva, vergonha ou dor. Deixe a palavra carregar a energia do não – rejeitando, afastando o que você está sentindo. Ao dizer não, observe qual a sensação dessa resistência no seu corpo. Rigidez, pressão? O que acontece com os sentimentos dolorosos enquanto você diz não? O que acontece com seu coração? Imagine como seria sua vida se, nas próximas horas, semanas e meses, você continuasse se movendo pelo mundo com os pensamentos e sensações do não.

Respire fundo algumas vezes e solte-se relaxando o corpo, abrindo os olhos ou mudando um pouco a postura. Agora dedique alguns momentos a rememorar mais uma vez a situação dolorosa que você escolheu, lembran-

do as imagens, palavras, crenças e os sentimentos ligados a ela. Dessa vez, permita-se ser o Buda sob a árvore bodhi, *o Buda convidando Mara para o chá. Direcione um fluxo da palavra* sim *para sua experiência. Concorde com a experiência com o sim. Deixe os sentimentos flutuarem, mantendo-os no ambiente do sim. Tudo bem se houver ondas de não – medo ou raiva que surgem da situação dolorosa ou mesmo deste exercício. Deixe essas reações naturais serem recebidas no campo maior do sim. Sim à dor. Sim às partes de nós que querem que a dor vá embora. Sim a quaisquer pensamentos ou sentimentos que surgirem. Observe sua experiência enquanto diz sim. Percebe abrandamento, abertura e movimento no seu corpo? Há mais espaço e abertura em sua mente? O que acontece com a sensação desagradável quando você diz sim? Ela fica mais intensa? Mais difusa? O que acontece com seu coração quando você diz sim? Como seria sua experiência nas próximas horas, semanas e meses se você pudesse trazer o espírito do sim aos desafios e pesares inevitáveis da vida?*

Continue sentado(a), liberando pensamentos e repousando em uma consciência alerta e relaxada. Deixe que sua intenção seja dizer um SIM gentil a quaisquer sensações, emoções, sons ou imagens que possam surgir em sua consciência.

MEDITAÇÃO GUIADA:
Enfrentando a dificuldade e nomeando o que é verdade

A nomeação aprofunda a atenção, aumentando nossa capacidade de acolher emoções dolorosas e sensações intensas com uma presença lúcida e curativa.

~

Sentado(a) confortavelmente, feche os olhos e respire fundo algumas vezes. Existe algum problema que você esteja enfrentando? Você pode pensar em um conflito interpessoal, uma dificuldade financeira ou uma tensão no trabalho. Pergunte a si mesmo(a) "Como me sinto em relação a isso?" e traga uma presença receptiva ao seu corpo. Preste atenção especial à garganta, ao peito e ao estômago. Sente rigidez, pressão, calor? Consegue pensar em uma palavra que descreva sua experiência – triste, inquieto(a), agitado(a), com medo? Não precisa percorrer um dicionário mental inteiro para achar a palavra "certa", apenas observe qual surge na sua consciência e repita-a mentalmente em tom suave. Às vezes não existe um rótulo que se aplique ao mix de sentimentos que há em você. Nesse caso, você pode nomear apenas um dos elementos dominantes. O objetivo não é definir com exatidão, e sim ficar prestando atenção na sensação do que é real neste momento.

Após nomear sua experiência, pergunte gentilmente a si mesmo(a) enquanto presta muita atenção nas sensações no seu corpo: "Isso é verdade? Essa palavra descreve o que estou sentindo agora? Caso não o faça, existe outra palavra que descreva melhor?" Continue assim – fazendo notas mentais do desenrolar de sua experiência e checando seu corpo para ver o que é mais verdadeiro a cada momento.

Você pode se perder em pensamentos por um tempo. Quando perceber isso, registre suavemente "Planejando, obcecando, fantasiando" e volte sua atenção ao corpo. De novo, sinta e nomeie quaisquer emoções ou sensações fortes de que tome consciência.

≈

Lembre que rotular sempre fica em segundo plano (5%), com a grande maioria da sua consciência (95%) prestando atenção na sua experiência real. Quando feito de forma suave, o rótulo mental pode criar um estado de espírito gentil e receptivo.

MEDITAÇÃO GUIADA:
Abraçando a vida com um sorriso

O Buda compassivo é muitas vezes visto, em estátuas e figuras, com um ligeiro sorriso enquanto abraça as 10 mil alegrias e tristezas. Quando meditamos com o espírito de um sorriso, despertamos nossa capacidade natural de amizade incondicional.

Sentado(a) confortavelmente, feche os olhos e deixe o ritmo natural da respiração ajudá-lo(a) a relaxar. Dedique alguns momentos a eliminar locais nítidos de rigidez e tensão. Agora, ouvindo os sons e percebendo o espaço à sua volta, permita que a imagem de um sorriso apareça em sua mente. Observe como surgem gentileza, bondade, abertura e conforto com a ideia de um sorriso. Sinta o sorriso relaxado preencher sua mente e se estender para fora no espaço.

Agora imagine um sorriso no canto de seus olhos e sinta as sensações que surgem ali. Permita que sua testa fique lisa, e a pele ao redor de seus olhos, suavizada e relaxada. Você pode sentir seus olhos flutuando suavemente como que numa piscina de água morna. Continue relaxando toda a área ao redor dos olhos. Consegue perceber um brilho relaxado ali?

Agora traga um sorriso leve mas real aos lábios – o semissorriso do Buda – e deixe a sensação relaxar os músculos do seu rosto. Deixe a mandíbula ficar solta e a ponta da língua tocar de leve o céu da boca. Sinta agora como os olhos estão sorrindo... a boca está sorrindo...

Traga a imagem de um sorriso à sua garganta e observe o que acontece. Talvez surjam relaxamento e abertura. Se sentir rigidez, permita que seja acolhida pela sensação do sorriso. Sinta de novo o canto dos olhos sorrindo, a boca sorrindo, a garganta sorrindo.

Deixe o sorriso descer para seu peito. Imagine a forma e a sensação de um sorriso se espalhando pela área do seu coração. Permita que quaisquer sentimentos que lá estejam flutuem na abertura e na gentileza de um sorriso. Continuando a relaxar, sinta o sorriso em seu coração enviando ondas de conforto por seu corpo – pelos ombros, ao longo dos braços e descendo para o tronco e as pernas. Consegue sentir a abertura e a vibração de um sorriso no umbigo, nos genitais, na base da coluna?

Permita-se repousar na consciência espaçosa e bondosa que é gerada por um sorriso. Quando pensamentos, sensações ou emoções surgem, você consegue sentir como são aceitos com amizade incondicional? Se sua mente divaga ou você está enrijecendo, pode suavemente restabelecer o sorriso na mente, nos olhos, na boca e no coração.

Com a prática, você descobrirá que o sorriso é um meio simples e poderoso de redespertar o coração a qualquer momento do dia. Em vez de um "sorriso descendo", completo, como acabamos de descrever, você pode simplesmente adotar o semissorriso do Buda sempre que lembrar.

CINCO

VOLTANDO PARA O NOSSO CORPO: A BASE DA ACEITAÇÃO RADICAL

> *Existe algo que, quando cultivado e praticado regularmente, leva à profunda intenção espiritual, à paz, à atenção plena e à compreensão clara, à visão e ao conhecimento, a uma vida feliz aqui e agora, e à culminância da sabedoria e do despertar. E o que é isso? É a atenção plena centrada no corpo.*
>
> O Buda, no *Satipatthana Sutra*

Na metade do oitavo ano letivo do meu filho, Narayan, nós dois vivemos um impasse doloroso e exasperado. As notas dele estavam caindo e todo dia discutíamos as regras sobre jogos no computador, dever de casa, hora de usar o telefone, hora de dormir. Quanto mais eu monitorava, repreendendo-o e lembrando-o dos seus deveres, mais Narayan se fingia de surdo ou ficava na defensiva e mal-humorado. Quando eu me continha, ele não hesitava em fazer tudo como queria. Seu quarto estava se tornando uma sala de jogos e um ponto de encontro permanente dos seus amigos. Ao menos eu não tinha a preocupação de eles serem má influência – gostava deles e muitos eram alunos exemplares na escola. Mas isso só intensificava a minha frustração com Narayan.

Minha raiva se infiltrava em todos os momentos do nosso dia a dia. Se Narayan me deixasse esperando por alguns minutos quando eu ia buscá-lo na casa de um amigo seu, eu ficava fervendo de raiva no carro. Se ele esquecesse de dar comida para o cachorro ou de limpar a caixa do gato, eu o chamava de irresponsável. Quando ele me perguntava se podia pedir pizza, eu respondia de forma vingativa: "Se você não arrumou o seu quarto, por que eu deveria pedir pizza?"

Totalmente imersa em uma história de certo e errado, eu invadia o quarto de Narayan, furiosa, toda vez que ele infringia uma das minhas regras. As demandas e ameaças que emergiam desse roteiro só nos distanciavam cada vez mais. Claramente, meu método não estava funcionando.

Certa noite, deitada mas ainda acordada, comecei a pensar sobre como os anos passavam rápido e que num piscar de olhos meu filho estaria saindo de casa. Então fui recordando sua adolescência e vendo como os desentendimentos devoraram nosso tempo juntos. A dor dessa perspectiva me deixou abalada. Eu precisava tentar algo diferente. Eu usava a arte da pausa regularmente, mas nas últimas semanas estava tão envolvida em minhas reações que acabei esquecendo de aplicá-la. Então resolvi praticar a pausa da próxima vez, esperando que isso me ajudasse a ser mais presente e mais generosa quando estivéssemos juntos.

Na noite seguinte, mais ou menos meia hora depois do horário combinado para os deveres de casa, fui até o quarto dele. Através da porta fechada ouvi os sons abafados de "Everquest", o jogo de computador preferido de Narayan. A raiva começou a se instalar dentro de mim conforme eu o visualizava com os olhos grudados na tela brilhante e os dedos se mexendo agilmente. Percebi que ele já estava naquilo havia horas, de novo descumprindo o nosso acordo. Eu me imaginei jogando uma pedra gigante na tela do computador. Era uma fantasia recorrente.

Em vez disso, simplesmente esperei, e nessa pausa comecei a perceber os sentimentos e sensações no meu corpo. A raiva era como uma pressão crescente no peito e na garganta. Meus ombros e mãos estavam tensos, meu maxilar estava cerrado. Eu sentia o coração batendo forte, o calor no rosto. Era extremamente desconfortável – teria sido muito mais fácil botar para fora a raiva e invadir o quarto dele.

Todas as nossas estratégias de tentar controlar a vida acusando ou recuando visam nos afastar da experiência bruta de determinada circunstância. Na pausa, em vez de nos perdermos em nossos pensamentos e ações reativos, tomamos consciência direta do que está acontecendo no nosso corpo. Nesse momento, começamos a ver como nossa mente e nosso corpo estão interconectados. Com a raiva, o corpo se enrijece, o peito se enche de uma sensação explosiva de pressão. Com o medo, podemos sentir a contorção de nós no estômago, a contração no peito ou na garganta. Se a vergonha surge, nosso rosto queima, nossos ombros despencam, sentimos um impulso físico de nos retrairmos, nos escondermos. As sensações no corpo são o marco zero, o local onde experimentamos diretamente todo o desenrolar da vida.

Naquela noite, enquanto eu estava diante da porta de Narayan sentindo e "deixando estar" o que acontecia dentro de mim, as sensações lentamente começaram a mudar. A pressão no meu peito que queria explodir de raiva sutilmente deu lugar a uma dor interna profunda, como se alguém apertasse meu coração. "Estou com medo de alguma coisa", percebi. Logo em seguida as palavras surgiram na minha mente: "Tenho medo de que Narayan não se dê bem na vida, não se realize, acabe sendo infeliz. É por minha culpa que ele se viciou em TV, vídeos e computador. Eu falhei com ele, não o orientei nem o inspirei a viver de forma saudável."

Percebi que a velha história de falhar como mãe começava a me dominar. Em outra época, eu poderia facilmente ter me perdido nesse transe, mas estava determinada a permanecer desperta no meu corpo. Pouco antes de conseguir focar minha atenção na pontada de vergonha no meu peito, outra parte da história se afirmou: "Tentei fixar limites, orientá-lo... mas ele não ouve. É por culpa dele que me sinto assim." Enquanto ondas de calor e pressão desciam pelos meus braços como ondas, eu quase invadi o quarto de Narayan, mas consegui voltar minha atenção novamente às sensações tumultuosas no meu corpo.

Comecei a sentir que estava afundando, uma pressão forte contra meu coração. Quando essa dor ficou mais aguda, meus olhos se encheram de lágrimas. A história já não era sobre o que estava errado com ele ou comigo. Eu percebi o que acontecera entre nós. Minha aversão à atração que ele sentia, por causa da testosterona, por videogames e filmes violentos havia criado um abismo entre nós. Ao me abrir à dor crescente, percebi que as histórias de culpa e fracasso recuavam. Em seu lugar havia uma ternura crescente e uma compreensão de que o que mais importava, acima de tudo, era amá-lo. Eu não sabia o que aconteceria quando abrisse a porta, mas queria trazer essa consciência, essa presença aberta e terna, aos meus momentos com Narayan. Queria encontrá-lo com um coração acolhedor.

Após bater na porta e ouvir uma resposta murmurada, entrei devagar no quarto. A atenção dele ainda estava fixa na tela do computador, mas quando me viu ali, observando-o, ele ergueu um olhar culpado.

– Eu só estava relaxando, mãe. Que horas são?

Informei a ele, obviamente notando o relógio sobre a cômoda e não no seu pulso. Mais silêncio. Agora seu olhar era questionador.

– Você está zangada? Foi mal... Perdi a noção da hora. Mas vou fazer meu dever, sério. Não tem muito.

Apanhei uma cadeira e me sentei ao lado dele.

– Tudo bem, querido, mas a gente precisa conversar.

O que eu disse para ele – sobre seus hábitos de estudo, sobre honrar nossos compromissos – não foi novidade. Mas *eu* me sentia diferente. Estava consciente da minha respiração, da minha postura, de onde minhas mãos estavam repousando. Notei que meu rosto se enrijeceu quando pareceu que a atenção dele estava oscilando. Quando ele falou, prestei atenção. Ouvi como ele se sentia por dominar o jogo que estava jogando. Entendi suas frustrações por ter que ir dormir quando não estava nem um pouco cansado. Habitar meu corpo me permitiu estar presente com Narayan, ser respeitosa. Quando beijei o alto de sua cabeça e saí do quarto, havia uma sensação calorosa entre nós.

Trazer a Aceitação Radical à nossa vida começa neste nível bem básico: conscientizar-nos das sensações que ocorrem constantemente em nosso ser físico. Henry David Thoreau escreveu: "More o mais perto possível do canal onde sua vida flui." Ao habitar meu corpo com consciência, eu estava descobrindo as raízes da minha reatividade. Eu vinha evitando as sensações desagradáveis que constituem o medo e o pesar. Ao me abrir, com atenção plena, ao jogo das sensações, o domínio da minha raiva e das minhas histórias naturalmente se afrouxou.

É assim que uma presença incorporada nos desperta de um transe: *Nós nos libertamos, no nível fundamental, da reatividade que perpetua nosso sofrimento.* Quando acolhemos com a Aceitação Radical as sensações que surgem, em vez de nos perdermos na resistência, começamos o processo de nos libertarmos das histórias que nos separam. Provamos a alegria de estar plenamente presentes, vivos e conectados com toda a vida. Esta foi a promessa do Buda: a atenção plena ao corpo leva à felicidade nesta vida e à plenitude do despertar espiritual.

APRENDENDO A HABITAR NOSSO CORPO

Tudo que vivenciamos é através do nosso corpo, quer estejamos conscientes disso ou não. Mas costumamos estar tão fascinados por nossas ideias sobre o mundo que perdemos grande parte da experiência sensorial direta. Mesmo quando estamos conscientes de sentir uma brisa, o tamborilar da chuva no telhado, uma fragrância no ar, raramente permanecemos com a experiência por tempo suficiente para habitá-la plenamente. Em quase todos os momentos, temos um diálogo interior sobreposto que comenta o que está ocorrendo e planeja o que iremos fazer a seguir. Poderíamos receber uma amiga com um longo abraço, mas nossos momentos de contato físico são toldados por nossos cálculos de quanto tempo abraçar ou do que iremos dizer no final. Abraçamos às pressas, sem uma presença plena.

Um homem idoso num de meus workshops de fim de semana se descreveu como "vivendo do pescoço para cima". Muitas pessoas estão tão acostumadas à falta de contato com o corpo que vivem inteiramente em sua cabeça. Elas até podem achar difícil acreditar que corpo e mente estão interconectados. Numa aula que dei num presídio feminino, uma mulher contou que só tinha consciência do corpo quando sentia dor ou raiva. A não ser que as sensações sejam dolorosamente invasivas ou, como no sexo, extremamente agradáveis ou intensas, as sensações físicas podem parecer fugidias e difíceis de reconhecer. Esta é a característica básica de estar em transe: só estamos parcialmente presentes à experiência do momento.

Hameed Ali, escritor e mestre espiritual contemporâneo, nos lembra que, se não vivemos com consciência do nosso corpo, não estamos plenamente vivos:

> Explore sinceramente: você está aqui ou não? Você está em seu corpo ou esquecido dele, ou apenas ciente de partes dele? Quando eu digo "Você está em seu corpo?", quero dizer: "Você está preenchendo completamente o seu corpo?" Quero saber se você está em seus pés ou se apenas tem pés. Você mora neles ou apenas os usa para andar? Você está na sua barriga ou apenas sabe vagamente que tem uma barriga? Ou ela só serve para comida?
>
> Você está realmente em suas mãos ou as mexe de longe? Você está presente em suas células, habitando e preenchendo seu corpo? Se você não está em seu corpo, que significado há em sua experiência neste momento? Você está se preparando para poder estar aqui no futuro? Você está fixando condições dizendo a si mesmo "Quando isto e aquilo acontecer, terei tempo, estarei aqui"? Se você não está aqui, para que está se guardando?

Eu descobri pela primeira vez que meu corpo estava vivo com um universo de sensações durante uma aula introdutória de ioga que tive em meu segundo ano na faculdade. Perto do final da aula, a professora pediu que nos sentássemos em silêncio com as pernas cruzadas no chão, cuidando para que nossas mãos repousassem com facilidade e conforto no colo ou nas pernas. Ela nos disse para respirarmos fundo algumas vezes, explicando que a respiração oferece um caminho natural para fora da mente e para dentro do corpo.

Ela então nos orientou a explorar a vivacidade de nosso corpo. "Deixem toda a sua consciência estar em suas mãos. Relaxem e soltem as mãos, sentindo-as *por dentro*." Ela nos orientou a sentir devagar cada dedo por dentro, cada palma, cada dorso, cada pulso. Percebi primeiro o formigamento, depois as áreas pulsantes de pressão e calor. Enquanto relaxava para perceber as sensações em minhas mãos, notei que não havia limite distinto, nenhuma sensação definida. Tudo que pude perceber foi um campo de energia em mutação que parecia pontos de luz em movimento no céu noturno. De repente me ocorreu que essa vivacidade vibrante estava sempre acontecendo sem minha consciência estar consciente. Eu vinha perdendo grande parte da vida.

Nossa professora então nos convidou a explorar essa presença e essa vivacidade em todo o nosso corpo. Notei os nós em meus ombros e, em alguns momentos, eles relaxaram simplesmente em resposta à minha atenção. Eu pude sentir um formigamento quente se espalhar pelos meus braços. À medida que eu trazia a consciência para a rigidez e a tensão em meu estômago, essa área também afrouxou. Senti a energia subindo pelo peito e descendo pelas pernas. Todo o meu corpo era um campo vivo de energia que respirava. Senti uma onda de gratidão – em um instante meu mundo se tornou nitidamente maior e incrivelmente vivo. Embora eu não soubesse na época, minha professora havia me apresentado à meditação.

As práticas de meditação de todas as tradições tipicamente usam posturas, como sentar de pernas cruzadas, como fizemos na aula de ioga, permitindo assim ao corpo ficar estável e parado. Quando estamos quietos, fica mais fácil observar nosso fluxo dinâmico de experiência: de vibração, pulsação, pressão, calor, luz, sabores, imagens e sons. Porém, como logo descobrimos ao fechar os olhos para meditar, esse mundo interior costuma estar recoberto por ondas de emoções – empolgação ou ansiedade, agitação ou raiva – e um fluxo incessante de comentários e julgamentos, lembranças e projeções, preocupações e planos.

O Buda chamou nossa persistente reatividade emocional e mental de "cachoeira", porque somos facilmente arrancados da experiência do momento presente por sua força irresistível. Tanto o budismo quanto a psicologia ocidental explicam como isso acontece: a mente, de modo instantâneo e inconsciente, avalia o que vivenciamos como agradável, desagradável ou neutro. Um pensamento empolgante ou uma sensação prazerosa: agradável. Um mau cheiro ou um som muito alto: desagradável. Observar nossa respiração: geralmente neutro. Quando sensações agradáveis surgem, nosso reflexo é nos agarrarmos a elas e tentar conservá-las. Em geral fazemos isso via planejamento e com as energias emocionais do entusiasmo e do desejo. Quando experimentamos sensações desagradáveis, nos contraímos, tentando evitá-las. De novo, o processo é o mesmo: nos preocupamos e criamos estratégias, sentimos medo, irritação. Neutro é o sinal para nos desligarmos e voltarmos nossa atenção para algo diferente, o que geralmente significa uma experiência mais intensa e estimulante.

Todas as nossas reações a pessoas, situações e pensamentos são na verdade reações *ao tipo de sensação que surge em nosso corpo*. Quando ficamos presos à inépcia de alguém e explodimos de impaciência, estamos reagindo às nossas sensações desagradáveis. Quando somos atraídos por alguém e ficamos cheios de saudade, estamos reagindo a sensações agradáveis. Todo o nosso turbilhão de pensamentos, emoções e comportamentos reativos resulta dessa base de reagir a sensações. Quando essas sensações não são reconhecidas, nossa vida se perde na cachoeira da reatividade: nos desconectamos da presença viva, da consciência plena, do nosso coração.

Para acordar desse transe, o Buda recomendou a "atenção plena centrada no corpo". Aliás, ele chamou as sensações físicas de primeira aplicação da atenção plena, por serem intrínsecas aos sentimentos e pensamentos e serem a base do próprio processo de consciência. Como nossas sensações agradáveis ou desagradáveis provocam tão rápido uma reação em cadeia de emoções e histórias mentais, uma parte central do nosso treinamento é reconhecer o surgimento de pensamentos e retornar repetidas vezes à experiência sensorial imediata. Podemos, por exemplo, sentir um incômodo na base das costas e ouvir uma voz interior preocupada dizer: "Quanto tempo isso vai durar? Como fazer para que vá embora?" Ou sentir um formigamento agradável, um relaxamento no peito, e nos perguntarmos, ávidos: "O que fiz para chegar a este estado? Espero conseguir repetir." Para praticar, basta ver as histórias, abandoná-las e mergulhar nas sensações vivas em nosso corpo.

Não podemos penetrar em nossa cadeia de reações se não estivermos plenamente atentos às sensações. S. N. Goenka, um professor de meditação *vipassana* contemporâneo, alerta que, enquanto prestamos atenção apenas a pensamentos passageiros, "bem no fundo, uma parte da mente continua reagindo. *Porque com o pensamento existe também uma sensação. Você não pode deixar essa raiz passar despercebida*".

As instruções de meditação básicas dadas pelo Buda eram de atenção plena ao fluxo dinâmico de sensações, sem tentar se apegar a nenhuma delas, mudá-las ou resistir a elas. O Buda deixa claro que estar plenamente atento às sensações não significa se manter afastado e observar como uma testemunha distante. Pelo contrário, quando estamos atentos experimentamos diretamente o que acontece no nosso corpo. Por exemplo, em vez de ver nossa mão como um objeto externo, sentimos a energia que é nossa mão a qualquer dado momento. *Treinamos para sentir o corpo de dentro para fora.*

Digamos que, em vez de experimentar diretamente as sensações, percebemos que estamos com dor nas costas. Talvez tenhamos um mapa mental do nosso corpo e de certa área que chamamos de costas. Mas o que são as "costas"? O que acontece quando abandonamos nossa imagem e entramos direto naquela parte do nosso corpo com consciência? De forma semelhante, o que acontece com a dor quando não a rotulamos como tal?

Com a atenção plena, podemos investigar e descobrir como é realmente nossa experiência momento após momento da dor. Talvez você sinta uma pressão que parece localizada em uma pequena área e, ao prestar mais atenção, note calor ou rigidez. Talvez perceba uma pulsação, uma súbita sensação aguda ou de puxão e torção. Talvez as sensações não se localizem mais numa região só e comecem a se espalhar e diminuir. Ao continuar prestando atenção, você poderia se conscientizar de sensações fluidas surgindo, se diferenciando, mesclando, desaparecendo, surgindo em outra parte.

Ver essa fluidez em nossa experiência é uma das percepções mais profundas e singulares que surgem quando nos tornamos atentos às sensações. Reconhecemos que não há absolutamente nada sólido ou estático no que vivenciamos. O domínio das sensações está em constante mutação – sensações vêm e vão, mudam de intensidade, de textura, de local. Quando prestamos bastante atenção, vemos que nossa experiência física não para por um momento sequer. O que, de início, pode ser desconfortável, até assustador.

Cada vez que abandonamos nossa história, percebemos que não há nenhuma base para nos apoiarmos, nenhuma posição que nos oriente, nenhuma maneira de esconder ou evitar o que está surgindo. Um aluno em um retiro de meditação me disse certa vez: "Quando fico atento às sensações por mais do que apenas alguns segundos, começo a ficar ansioso. Sinto que deveria estar alerta, me precavendo de algo ruim que possa acontecer. Parece que há coisas importantes que estou esquecendo e nas quais deveria estar pensando." É fácil sentir que algo ruim vai acontecer se não mantivermos a vigilância habitual, pensando, julgando, planejando. No entanto, é esse hábito que nos mantém presos em resistir à vida. Somente quando percebemos que não podemos nos agarrar a nada podemos começar a relaxar nossos esforços de controlar a experiência.

As sensações estão sempre mudando e se movendo. Se habitualmente interrompemos e restringimos seu processo natural de desenvolvimento e transformação, resistindo ou tentando nos agarrar a elas, enrijecendo o corpo em resistência ou contando histórias para nós mesmos, é como se represássemos ou desviássemos o curso de um rio. É fácil deixar o rio fluir quando as sensações são agradáveis. Mas quando não são, quando sentimos dor emocional ou física, nos contraímos, nos afastamos. Ver isso e aprender a enfrentar a dor com Aceitação Radical é uma das práticas mais desafiadoras e libertadoras.

REAGINDO À DOR COM MEDO: "TEM ALGUMA COISA ERRADA"

Quando engravidei pela primeira vez, meu marido e eu decidimos fazer o parto em casa, sem medicação e com a ajuda de uma doula. Considerávamos o nascimento de um filho um processo natural e, como eu não era de alto risco, queria estar no aconchego do nosso lar, não num hospital. Tinha o desejo de estar o mais lúcida e presente possível durante o parto, e, embora soubesse que a dor seria intensa, confiava na meditação e nas práticas de ioga para me ajudarem.

Quando o trabalho de parto começou, eu estava pronta. Sabendo que resistir à dor das contrações somente as pioraria, relaxei com elas, respirando, fazendo sons sem inibição, deixando que a inteligência do meu corpo assumisse o comando. Como qualquer animal, eu estava imersa, reagindo instintivamente ao que se desenrolava em mim, abraçando a dor como parte natural do processo.

Mas então algo mudou. Quando a cabeça do meu filho começou a surgir, o nível da dor subiu de repente. Já não era algo que eu pudesse controlar via respiração e deixar ondular por mim. Aquele nível de dor devia significar que algo estava errado, pensei. Todo o meu corpo se enrijeceu e minhas respirações lentas e profundas deram lugar à respiração superficial e rápida do pânico. Toda a minha confiança foi embora, toda a minha determinação em relaxar nas ondas de dor foi esquecida.

Assim como todo aspecto do nosso projeto evolucionário, as sensações desagradáveis que chamamos de dor são uma parte inteligente do nosso equipamento de sobrevivência: a dor é nosso corpo chamando nossa atenção para cuidarmos de nós. Jon Kabat-Zinn é famoso mundialmente por sua Clínica de Redução do Estresse na Universidade de Massachusetts, onde ensina práticas de atenção plena a pacientes com dor crônica e aguda. Ele escreve:

> Sintomas de doença ou sofrimento, mais as suas sensações a respeito, podem ser vistos como mensageiros vindo lhe informar algo importante sobre seu corpo ou sua mente. Antigamente, se um rei não gostasse da mensagem recebida, podia mandar matar o mensageiro. É o equivalente a suprimir seus sintomas ou suas sensações por serem indesejados. Matar o mensageiro e negar a mensagem ou se enfurecer contra ela não são formas inteligentes de buscar a cura. Se existe algo que não devemos fazer é ignorar ou romper as conexões essenciais que podem completar ciclos de feedback relevantes e restaurar a autorregulação e o equilíbrio. Nosso desafio real quando temos sintomas é ver se conseguimos escutar suas mensagens e realmente ouvi-las e levá-las a sério, ou seja, fazer a conexão plenamente.

Às vezes as mensagens que recebemos são chamados para uma ação imediata. Calor que queima: retiramos a mão do fogo. Fraqueza e dor de cabeça: buscamos algo para comer. Dores agudas no peito e falta de ar: chamamos a emergência. Em outras situações, a dor pede que descansemos para nos proteger de problemas maiores. No parto, a dor nos mantém totalmente focadas, participando desse processo desafiador. Quando estamos morrendo, a dor pode nos orientar a procurar um refúgio interno de tranquilidade e paz, tal como um animal que busca a solidão. Se aceitamos a dor sem a confusão do medo, podemos ouvir sua mensagem e reagir com sensatez.

Entretanto, a dor intensa, mesmo quando faz parte de um processo aparentemente saudável como o parto, é alarmante. Quando reagi com medo, acrescentei às sensações desagradáveis o sentimento de que algo estava errado. Em vez de praticar a Aceitação Radical, meu corpo e minha mente reagiram lutando contra a dor.

Embora seja uma reação humana natural, o medo da dor é ainda mais dominante na nossa cultura, que considera a dor algo ruim ou errado. Sem confiar no nosso corpo, tentamos controlá-lo da mesma forma que fazemos com o mundo natural. Tomamos analgésicos, supondo que remover a dor é sempre o certo a fazer. Isso inclui todas as dores: do parto e da menstruação, da gripe e das doenças, da velhice e da morte. No transe cultural de nossa sociedade, a dor é considerada, em vez de um fenômeno natural, um inimigo. Ela é um mensageiro que tentamos matar, não algo que aceitamos.

Naquele ponto de intensidade no parto, eu estava em plena guerra, me opondo à dor. A doula, acostumada a ver medo e resistência em reação à dor, me disse: "Não há nada errado, querida. É completamente natural, só que dói mesmo." Ela teve que me dizer isso várias vezes até que eu conseguisse entender melhor a situação e, em meio à dor ardente, à pressão explosiva, à laceração e à exaustão, me lembrasse novamente de respirar fundo e relaxar. *É apenas dor, nada de errado*. Eu me abri e a aceitei.

Estar vivo inclui sentir dor, às vezes dor intensa. E, como sabemos, a dor não termina necessariamente na alegria de um recém-nascido saudável. Às vezes nem sequer termina. Quando é sinal de uma lesão, pode nos fazer perder a capacidade de movimento de alguma parte do corpo. Pode levar à morte. Dado o relacionamento bem real entre dor e perda, não admira que acreditemos que dor significa "tem algo errado". Não admira que nossa reação seja ter medo e tentar compulsivamente controlar ou eliminar a dor.

Mas, como aprendi no parto, a dor não precisa levar ao sofrimento. O Buda ensinou que sofremos quando nos apegamos ou resistimos à experiência, quando queremos uma vida diferente da que temos. Como diz a máxima: *A dor é inevitável, mas o sofrimento é opcional*. Quando sensações desagradáveis surgem e as acolhemos com clareza e presença, conseguimos ver que a dor é apenas dor. Quando estamos plenamente atentos à dor em vez de reativos, não nos contraímos na experiência de um eu vitimizado, sofredor. Reagir a sensações com medo, percebendo-as como "erradas", inicia o transe. Como ensinou o Buda, quando nos agarramos ou resistimos a esse nível do solo da nossa experiência, desencadeamos uma cachoeira de reatividade. O medo, ele próprio composto de sensações desagradáveis, aumenta a dor – agora queremos nos afastar não apenas da dor original, mas também da dor do medo. Na verdade, o medo da dor é muitas vezes a parte mais desagradável da experiência dolorosa. Nas palavras de Jon Kabat-Zinn: "Quando você vê e sente as sensações que está experimentando *como sensações*, pura e simplesmente, consegue perceber que esses pensamentos sobre as sensações são inúteis para você *naquele momento* e que podem realmente tornar as coisas piores do que precisam ser." Quando avaliamos sensações físicas como algo a ser temido, a dor não é apenas dor. É algo errado e ruim do qual precisamos nos afastar.

Nosso medo costuma proliferar em uma rede de histórias. Durante quatro anos lutei contra uma doença crônica. Uma das partes mais difíceis foi como a doença se tornou um julgamento de quem eu era e da minha incapacidade de me cuidar "direito". Cada vez que eu passava por uma crise de fadiga ou indigestão, minha mente se inundava de histórias e interpretações: "Tem alguma coisa muito errada… talvez eu esteja gravemente doente." Eu refletia sobre como poderia ter causado o problema. "Meu sistema imunológico está frágil. Eu forcei a barra e não dormi o suficiente. Andei bebendo muito chá preto e isso deve ter afetado meu estômago." Junto de uma onda de cansaço ou de cólicas estomacais surgia o sentimento de fraqueza pessoal, de vergonha. A dor era ruim. Era minha dor e sinalizava algum tipo de falha de caráter.

Quando estamos habitualmente imersos em nossas histórias sobre a dor, nos impedimos de senti-la como o fluxo impermanente de sensações que ela é. Conforme nossos músculos se enrijecem ao seu redor e nossas histórias a identificam como o inimigo, a dor se solidifica em uma massa imóvel que se autoperpetua. A resistência pode acabar criando novas camadas de sintomas e sofrimento. Talvez os julgamentos e preocupações que enrijeceram meus músculos contra a dor tenham aumentado minha exaustão. Quando abandonamos nosso corpo para ouvir nossas histórias sobre a dor movidas pelo medo, aprisionamos a dor em nosso corpo.

Em momentos de dor aguda, nosso medo se intensifica e a sensação de que "tem alguma coisa errada" provoca uma batalha urgente e imediata contra a dor. Um amigo meu sofreu uma dor torturante quando um fragmento de disco se soltou e começou a pressionar uma parte de sua medula. "Parecia que alguém tinha jogado gasolina na minha perna esquerda e ateado fogo", descreveu ele. A dor era implacável e ele tentou tudo que era possível para escapar de sua intensidade. A certa altura, estava tomando dois narcóticos fortes, esteroides, um anti-inflamatório e dois relaxantes musculares sedativos potentes. Os medicamentos o derrubavam por um tempo, mas, quando ele acordava, ficava em agonia até a dose seguinte. "A dor tem uma qualidade singular", escreveu ele para mim. "Quanto mais forte, menor é a sua consciência do resto do mundo. Se ela for extrema, no final existem apenas você e a dor, presos em um delicado duelo."

Quando, em vez de Aceitação Radical, nossa reação inicial à dor física é de medo e resistência, a cadeia de reatividade que se segue pode ser desgastante. No momento em que acreditamos que tem algo errado, nosso mundo se encolhe e nos perdemos no esforço de combater a dor. Esse mesmo processo se desenrola quando nossa dor é emocional – resistimos às sensações desagradáveis de solidão, pesar e raiva. Seja física ou emocional, quando reagimos à dor com medo nos afastamos de uma presença incorporada e entramos no sofrimento do transe.

Quando a dor é traumática, o transe pode se tornar completo e sustentado. A vítima se afasta da dor corporal com tal intensidade temerosa que a conexão consciente entre corpo e mente se rompe. Trata-se da dissociação. Todos nós até certo ponto nos desconectamos do nosso corpo, mas, quando vivemos presos ao medo do perigo percebido e sempre presente, achar o caminho de volta pode ser um processo longo e delicado.

MEDO TRAUMÁTICO: A DISSOCIAÇÃO DO CORPO

Na infância, Rosalie sofreu graves abusos do pai. Quando bebia, ele tentava tocá-la por baixo da calcinha ou deitava na cama dela e se esfregava até atingir o orgasmo. Quando Rosalie resistia, o pai batia nela e ameaçava fazer algo pior. Quando ela tentava fugir e se esconder, ele se enfurecia, corria atrás dela e a espancava. Pouco antes de ele e a mãe dela se divorciarem, ele a estuprou duas vezes. Tal trauma grave tem um impacto emocional e físico que pode durar a vida toda. Quando Rosalie veio me ver, estava com 35 anos e começando a desenvolver anorexia. Já havia passado por várias terapias, mas continuava tentando dietas extremamente restritivas de tempos em tempos e sofrendo frequentes crises de ansiedade. Seu corpo era magro, rígido e contraído. Ela não confiava em ninguém.

Rosalie supunha que todos que pareciam gostar dela na verdade só queriam se aproveitar. Achava que uma amiga sua só saía com ela porque não queria ir às festas sozinha; outra mulher, atraente e popular com os homens, devia gostar de estar com ela porque "fazia bem para seu ego". Embora Rosalie não tivesse dificuldade para namorar, os relacionamentos nunca duravam muito. Não querendo sentir a humilhação de ser abandonada, ela terminava aos primeiros sinais de que as coisas estavam esfriando. Mantinha distância até mesmo de pessoas que conhecia havia muito tempo. Quando passava por uma crise de ansiedade, agia como se "estivesse tudo normal" ou desaparecia por um tempo.

Muitas vezes, a única forma de Rosalie conseguir passar algum tempo com as pessoas era fumando. A maconha fazia com que tudo parecesse legal enquanto durava. Mas, nos últimos tempos, ela precisava fumar todo dia antes de se deitar, pois só assim conseguia dormir a noite inteira. Se não fumasse um baseado ou tomasse algum remédio, acordava no meio da noite com uma crise de pânico. O sonho era sempre o mesmo: ela se escondia num lugar pequeno e escuro enquanto um louco tentava encontrá-la.

A neuropsicologia mostra que o abuso traumático causa mudanças duradouras, afetando a fisiologia, o sistema nervoso e a química cerebral. No processo normal de formação de lembranças, avaliamos cada situação nova em termos de uma visão de mundo coesiva que formulamos. Com o trauma, esse processo cognitivo sofre um curto-circuito pelo aumento do estímulo doloroso e intenso. Em vez de "processar a experiência" enquadrando-a em nossa compreensão de como o mundo funciona e assim aprender com ela, nós a revertemos a uma forma mais primitiva de codificação – através de sensações físicas e imagens visuais. O trauma, indigerido e travado em nosso corpo, irrompe na consciência aleatoriamente. Durante anos depois que o perigo real passou, uma pessoa que foi traumatizada pode reviver um acontecimento como se estivesse constantemente ocorrendo no presente.

A dor não processada mantém nosso sistema de autopreservação em alerta permanente. Além de súbitas lembranças intrusivas, uma grande variedade de situações, muitas não ameaçadoras, pode ativar os níveis alarmantemente altos de dor e medo armazenados em nosso corpo. Nossa parceira pode elevar a voz, irritada, e a força plena de nossas feridas passadas – todo o terror, toda a raiva ou dor que vivem no nosso corpo – pode ser liberada. Quer exista ou não um perigo atual, nos sentimos em risco e compelidos a achar um meio de nos afastarmos dessa dor.

Para conseguir suportar essa dor forte, as vítimas de trauma se dissociam do corpo, entorpecendo a sensibilidade às sensações físicas. Algumas se sentem "irreais", como se tivessem deixado seu corpo e estivessem sentindo a vida a partir de uma grande distância. Elas fazem o que podem para evitar as sensações brutas de medo e dor no corpo. Algumas partem para a agressão ou se paralisam na depressão ou na desorientação. Algumas têm pensamentos suicidas ou bebem até perder os sentidos. Outras comem em excesso, usam drogas e ficam obsessivas. Mesmo assim, a dor e o medo não vão embora. Pelo contrário: estão sempre em segundo plano e, de tempos em tempos, subitamente assumem o controle.

A dissociação cria sofrimento, apesar de seu caráter protetor. Quando deixamos nosso corpo, deixamos nosso lar. Ao rejeitar a dor e nos afastarmos da base do nosso ser, experimentamos o incômodo doentio da separação – solidão, ansiedade e vergonha. Alice Miller conta que não há como evitar o que está no corpo. Ou prestamos atenção nele, ou sofremos as consequências.

> A verdade sobre nossa infância está armazenada em nosso corpo e, embora possamos reprimi-la, jamais conseguimos alterá-la. Nosso intelecto pode ser iludido; nossos sentimentos, manipulados; nossas concepções, confundidas; e nosso corpo, enganado com medicação. Mas um dia nosso corpo vai apresentar a conta, porque ele é tão incorruptível como uma criança de espírito íntegro que não aceita

concessões ou desculpas e não vai parar de nos atormentar até que deixemos de nos esquivar da verdade.

Quando Rosalie começou a terapia comigo, era claro que seu corpo estava apresentando a conta. Durante as primeiras sessões, ela revelou sua história de vida. Embora fosse eloquente e capaz de expor com facilidade seus problemas e as causas, parecia que estava falando da vida de outra pessoa. Segundo Rosalie, enquanto conversávamos ela não estava consciente das sensações em seu corpo, mas fora da terapia às vezes era tomada pelo pânico ou pela fúria. Nessas ocasiões, as sensações físicas eram tão intensas que ela sentia vontade de morrer.

Sugeri que poderíamos trabalhar juntas para ajudá-la a, pouco a pouco, sentir-se mais segura em seu corpo e informei que aquilo poderia fazer uma grande diferença, ao contrário das terapias anteriores. Ela concordou prontamente, e nas semanas seguintes criamos a base para isso. Eu queria entender Rosalie o mais profundamente possível e ela precisava se sentir segura e à vontade comigo. Quando percebi que ela estava preparada, sugeri que fizéssemos uma jornada guiada, explorando partes de sua vida interior que pudessem estar fora de sua consciência.

No dia da jornada, convidei Rosalie a se sentar confortavelmente e fechar os olhos. Guiei-a com a imagística hipnótica de descer lentamente por uma longa escada caracol que ia dar numa porta fechada. Sugeri que a cada passo ela deixasse para trás pensamentos perturbadores e ficasse cada vez mais relaxada e interessada. Quando ela chegou ao pé da escada, seu corpo estava parado, as pálpebras, tremulando, o rosto, ligeiramente corado. Ela assentiu quando perguntei se via uma porta e sugeri que do outro lado havia algo importante para sua cura, um presente oferecido pelo seu inconsciente. Lembrei a ela que estaria segura, não importando o que acontecesse. Estávamos ali juntas e ela poderia retornar quando quisesse. Depois, falei que ela poderia abrir a porta quando estivesse preparada.

Rosalie se enrijeceu.

– O que você vê? – perguntei suavemente.

Ela respondeu, num fiapo de voz:

– Uma menininha. Está dentro de um armário... escondida.

Quando perguntei de que ela se escondia, Rosalie fez um leve sinal negativo com a cabeça. Após alguns segundos, perguntei quantos anos tinha a menina.

– Ela tem 7 anos – respondeu Rosalie, e logo acrescentou: – É o pai dela. Ele vai encontrá-la e fazer mal a ela.

Garanti a ela que a menininha estava segura agora e sugeri que, se relaxasse e apenas observasse, ela descobriria uma maneira de ajudar aquela menina. Quando a vi respirando mais calmamente, perguntei o que a menininha estava fazendo agora.

– Está rezando. Está dizendo que dói demais, que não aguenta mais.

Aguardei alguns momentos e então perguntei suavemente:

– Rosalie, o que ajudaria aquela menininha a lidar com toda essa dor?

Ela franziu o cenho.

– Ela está totalmente sozinha... Não há ninguém ali. – E continuou, devagar: – Ela precisa de alguém que cuide dela.

– Quem poderia fazer isso? – perguntei.

De novo ela ficou algum tempo em silêncio, concentrada. De repente seu rosto assumiu uma expressão de surpresa e divertimento.

– Uma fada! Estou vendo-a ali com a menininha... A fada está com ela dentro do armário. – Rosalie esperou um instante e disse: – Em volta da fada há uma luz azul cintilante e ela está agitando uma varinha dourada.

– Rosalie, a fada tem uma mensagem para a menininha, algo que ela queira dizer?

– Sim, ela está dizendo que pode ajudar. Pode fazer algo que vai permitir a ela esquecer por um tempo as coisas horríveis que estão acontecendo, para que ela possa crescer e lidar com tudo isso quando estiver mais forte.

Fiz uma breve pausa e depois, suavemente, perguntei como a fada faria aquilo. Rosalie respondeu, em tom calmo e cuidadoso:

– Ela está dizendo que vai tocar algumas partes do corpo da menina com a varinha mágica. Essas partes vão mudar e se tornar capazes de absorver todos os sentimentos terríveis no lugar dela. – Rosalie fez uma pausa, atenta ao seu interior, e continuou: – A fada está dizendo que, embora seja difícil ficar tão contida, vai ser sua maneira de sobreviver, permanecendo tranquila e controlando o que está ocorrendo dentro dela.

Após um longo silêncio, perguntei a Rosalie o que havia acontecido.

– Bem, a fada colocou a raiva e o medo da menininha dentro da barriga dela e depois amarrou para que ficasse lá. Depois pôs uma tranca mágica na pélvis e na vagina dela para que as sensações sexuais não lhe causassem mal.

Rosalie respirou de forma trêmula algumas vezes. Perguntei:

– O que mais?

Lágrimas começaram a descer pelo seu rosto.

– A fada disse que a menina teria que enrijecer o tórax para não sentir a dor do coração se dilacerando. – Rosalie se calou, depois prosseguiu, em um tom um pouco mais forte: – Disse que o pescoço dela seria uma fortaleza, com muralhas muito grossas, para impedir que ela gritasse por ajuda ou de raiva.

Rosalie então parou, e fiquei em silêncio com ela.

– Você está indo muito bem – falei. – Há mais alguma coisa que a fada quer que você saiba?

Rosalie assentiu.

– Ela está dizendo que um dia a menina não vai mais conseguir segurar tudo aquilo lá dentro e seu corpo vai começar a liberar seus segredos. Ela vai se livrar de tudo que segurou por tanto tempo... e vai fazer isso porque *no fundo, quer ser inteira e real*. – Rosalie estava chorando. – Ela disse para a menina não se preocupar. Que ela vai conhecer pessoas que se importam com ela e que vão apoiá-la enquanto ela estiver se reencontrando.

Rosalie deixou o corpo afundar na poltrona. Perguntei o que estava acontecendo agora.

– A fada está abraçando a menininha e a pondo para dormir. – Após um momento, ela continuou, sussurrando: – Está dizendo que, quando ela acordar, vai esquecer o que aconteceu, mas vai lembrar quando estiver preparada. – Rosalie estava tranquila e, quando continuou, sua voz era suave: – A fada disse apenas: "Até lá, e para sempre, eu te amo."

Como se tivesse terminado a última página de um livro querido, Rosalie se cobriu com o xale que eu deixo no meu divã e se deitou, abraçando as almofadas.

– Tudo bem se eu me deitar? – sussurrou. – Só quero descansar por alguns minutos.

Seu rosto parecia sereno, como se aquele fosse seu primeiro momento real de tranquilidade em muito, muito tempo.

Nas semanas que se seguiram à sua jornada interior, Rosalie lentamente emergiu como que de um casulo. Até se movia de um jeito mais leve, mais fluido. Perguntei se ela se importaria se eu compartilhasse sua "história da fada" em uma das minhas aulas de meditação. Ela ficou feliz com a ideia – desejava aos outros a liberdade interior que agora sentia. Quando contei a história na aula, várias pessoas choraram ao perceber que também haviam se afastado de seu corpo, que haviam trancado sua energia dentro de si e não estavam plenamente vivas. Ouvir a história de Rosalie abriu a elas a possibilidade de se perdoarem por não enfrentar as próprias feridas profundas e as ajudou a compreender que era natural buscar alívio de uma dor insuportável.

Embora existam ocasiões em que não temos opção senão nos contrairmos para evitar uma dor física ou emocional insuportável, a cura começa quando nos reconectamos com aqueles locais do corpo onde essa dor está armazenada. Para Rosalie, assim como para todos nós, aproximar-se da liberdade exigia que ela acolhesse com Aceitação Radical a dor que fora trancafiada devido ao medo. Por mais profundas que sejam nossas feridas, quando ouvimos a voz interior que nos chama de volta ao nosso corpo, à integridade, começamos nossa jornada.

CURANDO NOSSAS FERIDAS: VOLTANDO PARA A CASA DO NOSSO CORPO

A jornada de Rosalie proporcionou a ela um meio de entender o que havia acontecido – e como se libertar. Muitas das nossas sessões seguintes foram dedicadas a explorar técnicas que a ajudassem a se sentir mais em casa em seu corpo.

Primeiro, apresentei a ela uma "meditação abrangente", direcionando sua atenção lentamente para todo o seu corpo, parte por parte: pés e pernas, tronco, ombros, braços e mãos, pescoço, cabeça. Encorajei Rosalie a se imaginar inspirando energia e luz e as dirigindo para a parte em que estivesse se concentrando, e a relaxar totalmente ao exalar o ar. À medida que aprofundava sua atenção em cada área, sugeri que ela simplesmente observasse quaisquer sensações que surgissem ali, aceitando-as exatamente como eram.

Quando ela disse que estava tendo dificuldade com as sensações no estômago e na área pélvica, perguntei qual cor ela associava à cura. Ela imediatamente se lembrou do azul reluzente da fada. Sugeri que imaginasse aquelas áreas do corpo banhadas por aquele azul, deixando que a cor fluísse por elas a cada respiração. Após alguns momentos, Rosalie disse, nervosa:

– Estou sentindo um movimento, um formigamento. – E depois: – Vamos parar.

Embora não conseguisse manter a atenção naquela área recém-acordada por muito tempo, Rosalie ficou orgulhosa de seus esforços iniciais. Ela precisou de coragem para entrar em lugares que lhe pareciam tão perigosos.

Na sessão seguinte, Rosalie chegou, empolgada, com um homem que havia conhecido. Mas na semana seguinte a empolgação dera lugar à ansiedade e seu corpo parecia rígido de medo. Ela estava gostando *muito* dele e não queria se afastar.

– Se eu não conseguir fazer as pazes com esse medo, Tara, não vou conseguir ficar com ele.

Rosalie sabia que precisava acolher a experiência de seu corpo com Aceitação Radical.

Sugeri que fizesse uma pausa e, sentindo seu corpo, detectasse o que mais pedia sua atenção e sua aceitação. Aquilo era novidade para Rosalie. Até então ela só havia explorado uma presença plenamente atenta no corpo quando estava relativamente relaxada. Isso era seguro, mas sentir o medo bruto tinha muitas associações dolorosas. Ela fechou os olhos e ficou em silêncio, parada. Após cerca de um minuto, levou a mão à barriga na altura do estômago.

– Aqui dentro – disse. – Estou com muito medo. Com vontade de vomitar.

Sugeri a Rosalie que deixasse o calor de sua mão, seu toque suave, ajudar a levar sua atenção plena aos sentimentos desagradáveis. Perguntei se ela conseguia sentir aquela área por dentro e apenas observar o que estava ocorrendo.

Rosalie respirou fundo várias vezes e se deitou no divã. Por alguns minutos, ela indicou o que estava sentindo: a dor e a rigidez apertando sua barriga, o movimento de seu peito subindo e descendo a cada respiração profunda, a dissolução do nó em seu estômago, um tremor e a ansiedade espalhando-se pela barriga, o pensamento "Talvez ele seja a pessoa certa", um medo penetrante, tremores, a imagem de uma criança sozinha dentro de um armário, o pensamento "Não vou aguentar", um calor se espalhando dentro do peito e pela garganta, uma sensação de estrangulamento no pescoço, o inspirar do azul, uma abertura e um abrandamento na garganta, o afloramento da tristeza. Quando enfim terminou, seus olhos brilhavam.

– Tudo isso está acontecendo dentro de mim, e eu estou simplesmente segurando aquela menininha no colo. – Após alguns segundos, ela prosseguiu: – Sinto que consigo aceitar essa dor. Consigo enfrentar o que estou sentindo.

Tanto na psicologia budista como na terapia experimental ocidental, esse processo de experimentar e aceitar o fluxo dinâmico das sensações é fundamental na alquimia da transformação. As emoções, uma combinação de sensações físicas e das histórias que contamos para nós mesmos, continuam causando sofrimento enquanto não as experimentarmos onde residem no nosso corpo. Se prestarmos atenção constante na experiência física imediata de uma emoção, sensações passadas e histórias ligadas a ela que tenham sido trancadas no nosso corpo e na nossa mente são "desreprimidas". Camadas de dor, medo ou raiva históricos podem começar a se manifestar à luz da consciência. Assim como Rosalie, quando sentimos e liberamos a dor passada mantida no nosso corpo, nos tornamos cada vez mais livres para acolher nossos sentimentos atuais com um coração desperto e gentil. Descobrimos, nas palavras de Rumi, que "a cura para a dor está na dor".

Para percorrer sua dor de uma maneira que levasse à "cura", Rosalie precisava sentir certo grau de segurança. Uma sensação básica de confiança vinha surgindo para ela desde sua jornada. Nosso relacionamento era um refúgio para ela – ela confiava em que eu realmente me importava com ela e contou com meu apoio ao reentrar em seu corpo. Sua experiência com a fada lhe havia revelado sua sabedoria interior, seu impulso de se proteger e seu desejo de estar desperta e completa. O que criava agora as raízes mais profundas dessa confiança era correr o risco de se abrir, com atenção plena, às sensações. A cada vez que conseguia sentir o próprio corpo por dentro e aceitar as sensações que surgiam, mesmo as mais assustadoras, Rosalie sentia mais confiança na sua capacidade de estar em casa ali. Ela *conseguia* lidar com o que aflorava. Conseguia achar a cura no ato de estar com a dor.

Aprender a trazer a Aceitação Radical à experiência física costuma ser um processo gradual. Se temos um grande reservatório de medo trancado no nosso corpo, começamos como Rosalie fez, "mergulhando o dedão do pé na água", sentindo as sensações e depois recuando quando necessário. Podemos não sentir nenhuma dor, mas às vezes a dor pode ser intensa. Para estar em casa no nosso corpo, não precisamos nos concentrar por longos períodos de tempo em uma dor física ou emocional esmagadora. Principalmente se nos sentimos esgotados, é sensato fazer pausas, repousar, se concentrar em outra coisa. Se estamos meditando, podemos direcionar a bondade amorosa à dor ou ao medo (ver Capítulo dez), ou repousar nossa atenção na respiração e relaxar o corpo o mais plenamente possível. Se sensações esmagadoras surgem durante o dia, podemos ouvir música, conversar com uma amiga ou ler um livro. Se encontrarmos uma área mais difícil, talvez precisemos do apoio de uma professora de meditação ou terapeuta para ajudar a acolher nossa experiência com presença e cuidado. Com o tempo, como prometeu a fada bondosa, voltar para a casa do nosso corpo pode ser nosso rito de passagem. Ao trazermos uma atenção gentil à base das sensações, nos libertamos das histórias e emoções reativas que nos mantiveram presos ao medo. Ao habitarmos nosso corpo com consciência, recuperamos nossa vida e nosso espírito.

DEIXANDO A VIDA VIVER POR NÓS

Alguns anos após o início da minha longa doença crônica, fiz um curso de meditação *vipassana* de seis semanas. Já tinha ido a vários retiros de meditação prolongados e adorava os longos dias repletos de silêncio. Aquele retiro foi durante um glorioso outono na Nova Inglaterra e eu estava maravilhada por ter a chance de meditar em meio a tamanha beleza. Dada minha luta contra a doença, estava ansiosa por aquele período dedicado inteiramente à meditação sentada e andando. Precisava da inspiração que certamente encontraria nas palestras e instruções. Seria uma oportunidade preciosa de me tornar mais aberta e presente com meu corpo e minha mente.

Os primeiros dias foram ótimos – minha mente começou a se acalmar e logo me adaptei ao ritmo do retiro. Perto do fim de semana, comecei a ter dores no estômago e me senti tão exausta que mal conseguia me motivar a caminhar até o salão de meditação. Estava acostumada àqueles sintomas – depois de muitos exames, o mundo médico os havia rotulado com a expressão genérica "fadiga crônica" e me informado de que eu tinha a síndrome do intestino irritável. Àquela altura, era uma questão de fazer as pazes com o desconforto. "Ok", admiti, um tanto relutante, "estou aqui para lidar justamente com sensações desagradáveis."

Nas 24 horas seguintes, percebi o calor e os espasmos no estômago, a sensação opressiva nos braços e pernas, e tentei, com algum sucesso, senti-los com uma atenção acolhedora. Mas nos dias seguintes, como os sintomas não desapareceram, me vi presa nas histórias habituais e afundando no medo, na vergonha e na depressão. "Tem algo errado comigo, com a maneira como levo minha vida. Nunca vou melhorar." E, por baixo disso, estava o medo profundo: "Nunca vou ser feliz." O transe familiar ameaçava assumir o comando, e considerei aquilo um sinal para aprofundar minha atenção.

Numa tarde clara e revigorante no início da segunda semana do retiro, parti para o bosque. Caminhei até achar uma área ensolarada e me sentei apoiada numa árvore, me enrolando com o cobertor que havia levado. O solo, coberto de folhas, era um colchão firme e gentil. Era gostoso estar ali na natureza. Eu me sentia em casa na simplicidade da terra, das árvores, do vento, do céu. Estava decidida a prestar atenção na minha natureza: o fluxo transitório das sensações que percorriam meu corpo.

Após dedicar alguns momentos a liberar tensões óbvias, fiz uma rápida varredura pelo meu corpo. Observei as dores, a sensação desagradável de cansaço. Num instante estava fora dele e dentro da minha mente: "Uau, ainda me sinto bem mal." De novo observei minha mente se contrair com a ideia de que havia algo muito errado comigo. Medo. Era como se tiras de corda grossa apertassem meu pescoço e meu peito. Respirando fundo, abandonei os pensamentos sobre doença e senti apenas o medo dominante.

Decidi que acolheria qualquer experiência que surgisse com uma postura de "isto também". Ia aceitar tudo.

Os minutos foram passando e percebi que estava sentindo sensações sem desejar que fossem embora. Simplesmente sentia o peso na garganta e no peito, a dor no estômago. O desconforto não desapareceu, mas aos poucos algo começou a mudar. Minha mente já não parecia rígida ou embotada, mas clara, focada e totalmente aberta. À medida que minha atenção se aprofundava, comecei a perceber as sensações pelo meu corpo como energia em movimento – frêmito, pulsação, vibração. Agradável ou não, era tudo a mesma energia passando por mim.

Enquanto observava sentimentos e pensamentos surgirem e desaparecerem, ficou cada vez mais claro que simplesmente vinham e iam por conta própria. As sensações surgiam do nada e desapareciam também no nada. Não havia uma sensação do "eu" as possuindo. Não havia um "eu" sentindo a vibração, a pulsação, o frêmito. Nenhum "eu" sendo oprimido por sensações desagradáveis. Nenhum "eu" gerando pensamentos ou tentando meditar. A vida estava apenas acontecendo, uma exibição mágica de aparências. À medida que cada experiência passageira era aceita com a abertura do "isto também", qualquer sensação de limite ou solidez em meu corpo e minha mente se dissolveu. Como o clima, sensações, emoções e pensamentos apenas se moviam pelo céu aberto e vazio da consciência.

Quando abri os olhos, fiquei aturdida com a beleza do outono da Nova Inglaterra, as árvores altas se erguendo da terra, os amarelos e vermelhos contrastando com o vívido azul do céu. As cores pareciam uma parte sensacional vibrante da vida brincando no meu corpo. O som do vento ia e vinha, folhas caíam devagar, um pássaro ergueu voo de um galho próximo. O mundo todo se movia – assim como a vida dentro de mim, nada era fixo, sólido ou confinado. Eu sabia, sem sombra de dúvida, que fazia parte do mundo.

Quando voltei a sentir dor no estômago, consegui reconhecê-la como apenas mais uma parte do mundo natural. Ao continuar prestando atenção, senti que as dores e pressões que surgiam e passavam dentro de mim em nada diferiam da firmeza da terra, do cair das folhas. Havia apenas dor... e era a dor da terra.

Quando nos libertamos de conceitos mentais e nossos sentidos estão despertos, os sons, cheiros, imagens e vibrações que experimentamos nos conectam com a vida em toda parte. Não é *minha* dor, é a dor da terra. Não é *minha* vivacidade, é simplesmente a vida – desenrolando-se intensa, misteriosa e bonita. Ao acolher a dança mutável das sensações com Aceitação Radical, descobrimos nosso pertencimento intrínseco a este mundo. Não somos "algo" – não somos limitados a qualquer experiência passageira –, mas "tudo", pertencente à totalidade.

No poema "Hokusai Diz", de Roger Keyes, os ensinamentos de um sábio artista japonês lembram nosso pertencimento à vida e nossa capacidade de nos abrirmos à sua plenitude.

Hokusai diz olhe com atenção.
Ele diz preste atenção, observe.
Ele diz continue olhando, mantenha-se curioso.
Ele diz que não há fim ao olhar...

Ele diz que tudo está vivo –
Conchas, prédios, pessoas, peixes
Montanhas, árvores. A madeira está viva.
A água está viva.

Tudo tem sua própria vida.
Tudo vive dentro de nós.
Ele diz viva com o mundo dentro de você.

É importante que você cuide.
É importante que sinta.
É importante que observe.
É importante que a vida viva através de você...

Olhe, sinta, deixe a vida levá-lo pela mão.
Deixe a vida viver através de você.

À medida que deixamos de resistir à experiência física e trazemos a Aceitação Radical à vida que vive através de nós, despertamos do transe.

Abrimo-nos para a plenitude e o mistério da nossa vida. A cada momento em que "deixamos estar" com presença, estamos em casa. Como escreveu o grande mestre zen do século XVIII Hakuin Zenji: "Este lugar é a Terra do Lótus, este corpo, o Buda." A Terra do Lótus é o lugar de despertar querido que está sempre aqui no momento presente. Quando acolhemos a vida através do nosso corpo com Aceitação Radical, somos o Buda – o Desperto – contemplando o fluxo em constante mudança de sensações, sentimentos e pensamentos. Tudo está vivo, o mundo inteiro vive dentro de nós. Quando deixamos a vida viver através de nós, experimentamos a abertura sem limites de nossa verdadeira natureza.

MEDITAÇÃO GUIADA:
Desenvolvendo uma presença incorporada

U m escaneamento corporal com atenção plena é um caminho valioso para uma presença incorporada.

~

Sentado(a) confortavelmente, feche os olhos e respire fundo várias vezes. Em seguida, repouse no fluxo natural de sua respiração e permita que seu corpo e sua mente aos poucos se acomodem.

Com uma consciência aberta e relaxada, comece agora um escaneamento gradual de todo o seu corpo. Direcione sua atenção para o alto da sua cabeça sem procurar nada específico, apenas sentindo. Em seguida, deixe sua atenção descer e sinta a nuca, as laterais da cabeça, as orelhas. Observe as sensações na testa, nos olhos, no nariz, nas bochechas, no queixo e na boca. Seja tão lento(a) e meticuloso(a) quanto desejar.

Ao continuar o escaneamento, cuidado para não usar os olhos para direcionar sua atenção (isso só criará tensão). Em vez disso, conecte-se diretamente com as sensações, sentindo o corpo a partir de dentro. Em certas partes é comum sentir dormência ou não haver sensações perceptíveis. Deixe sua atenção permanecer relaxada nessas áreas por alguns momentos. À medida que sua atenção se aprofunda, talvez você se descubra cada vez mais consciente das sensações ao revisitar esses lugares.

Imagens ou pensamentos surgirão naturalmente. Observe-os passando e volte sua atenção suavemente para as sensações. Permita que sua intenção seja liberar todas as ideias e sentir sua vivacidade física exatamente como ela é.

Repouse sua atenção na área do pescoço e da garganta, percebendo sem nenhum julgamento quaisquer sensações que surjam. Fique atento(a) a cada um de seus ombros a partir de dentro. Em seguida, deixe sua atenção descer devagar pelos braços, sentindo as sensações e a vivacidade ali. Traga a consciência para suas mãos, cuidando para que estejam descansando de maneira fácil e sem esforço. Sinta cada dedo a partir de dentro, a palma e o dorso das mãos – percebendo formigamento, pulsação, pressão, calor ou frio. Chegue à vida do seu corpo.

Agora coloque sua consciência em seu peito, explorando as sensações em toda a área. Lentamente, permita que sua consciência afunde até o estômago. Com uma consciência suave e receptiva, dedique alguns momentos às sensações em seu abdômen.

Descanse sua atenção na parte superior das costas, percebendo as sensações na área ao redor das omoplatas. Agora desça e preste atenção no meio e na base das costas e, em seguida, em toda a coluna vertebral. Continuando a permitir que a consciência desça pelo corpo, perceba as sensações que surgem nos quadris, nas nádegas e nos órgãos genitais. Quais são as sensações reais que estão surgindo? Desça devagar pelas pernas, sentindo-as de dentro. Explore as sensações em seus pés e dedos dos pés. Nos locais onde seu corpo toca a cadeira, almofada ou chão, sinta as sensações de contato, pressão e temperatura.

Agora abra sua atenção para seu corpo de uma forma abrangente. Esteja consciente do corpo como um campo de sensações em constante mudança. Você consegue sentir o campo de energia sutil que vitaliza todas as células, todos os órgãos do seu corpo? Existe algo em sua experiência que seja sólido, imóvel? Existe algum centro ou limite para o campo de sensações? Você consegue localizar algum eu sólido que possui essas sensações? O que ou quem está consciente da experiência?

Enquanto você repousa na consciência de todo o seu corpo, se determinadas sensações chamam sua atenção, traga para elas uma atenção suave e permissora. Não controle nem manipule sua experiência, não se agarre a nada nem afaste nada. Simplesmente abra-se para a dança efêmera de sensações, sentindo sua vida de dentro para fora. Se nenhuma sensação específica chamar sua atenção, permaneça aberto(a) para sentir a energia simultaneamente em todas as partes do corpo.

Se pensamentos desviarem sua atenção, suavemente assinale "Pensando, pensando" e, em seguida, reconecte-se com o campo energético da vivacidade. Repouse na consciência de seu ser vivo, deixando a vida acontecer através de você.

O escaneamento corporal da cabeça aos pés ou dos pés à cabeça pode ser repetido várias vezes durante uma única sessão de meditação. Você pode fazer uma varredura completa, repousar na atenção do corpo inteiro por alguns minutos e depois fazer uma nova varredura. Você pode fazer uma varredura inicial lentamente e depois outras mais rápidas. Você pode optar por uma só e depois continuar sua prática prestando atenção nas sensações predominantes e, sempre que possível, em todo o campo das sensações corporais. Experimente e descubra o que mais ajuda você a manter uma presença relaxada e vigilante em seu corpo.

No dia a dia, volte à experiência do seu corpo sempre que possível. Você pode chegar facilmente ao seu corpo relaxando e suavizando os ombros, mãos e barriga. Conforme você passa pelas várias circunstâncias do seu dia, observe quais sensações surgem em seu corpo. O que acontece quando você fica com raiva? Quando você está estressado(a) e correndo contra o tempo? Quando você se sente criticado(a) ou insultado(a) por alguém? Quando você se sente empolgado(a) ou feliz? Preste atenção especialmente na diferença entre estar dentro dos pensamentos e despertar novamente para a experiência imediata das sensações.

MEDITAÇÃO GUIADA:
Aceitação Radical da dor

Cultivamos a Aceitação Radical da dor relaxando nossa resistência às sensações desagradáveis e acolhendo-as com consciência não reativa. Este exercício é especialmente útil se você estiver com alguma dor física.

~

Encontre uma posição confortável, sentado(a) ou deitado(a). Reserve alguns momentos para ficar parado(a), relaxando com o ritmo natural da respiração. Suavemente escaneie seu corpo, relaxando testa e mandíbula, deixando cair os ombros e suavizando as mãos. Tente não criar nenhuma tensão desnecessária em seu corpo.

Onde está a área de forte desconforto ou dor que chama sua atenção? Traga uma atenção receptiva diretamente às sensações desagradáveis nessa parte do seu corpo. Observe o que acontece quando você começa a estar presente com essa dor. Existe uma tentativa, embora sutil, de afastá-la? De eliminá-la, bloqueá-la, expulsá-la? Existe medo? Talvez você perceba que o corpo e a mente se fecham como um punho na tentativa de resistir à dor. Deixe que sua intenção seja permanecer presente, permitindo que as sensações desagradáveis sejam como são.

Suavize qualquer reação contra a dor, permitindo que o punho da resistência se abra. Quanto mais você se conectar com a consciência aberta e espaçosa, mais será capaz de estar presente com as sensações e permitir que se desenrolem naturalmente. Experimente sua consciência como o espaço macio que circunda a dor e permita que as sensações desagradáveis flutuem nessa consciência.

Repousando nessa abertura, traga agora uma atenção mais precisa às sensações dinâmicas na área da dor. Como é a experiência de fato? Você sente queimação, dor, torção, pulsação, dilaceração, pontada? A dor parece um nó, uma faixa que aperta? A área parece estar sendo pressionada para baixo ou esmagada por um grande peso? As sensações desagradáveis são difusas ou concentradas em sua intensidade? Como elas mudam conforme você as observa? Investigue com atenção suave e não reativa. Permita que as sensações que você talvez perceba como um bloco sólido de dor se desdobrem e se movimentem em sua dança natural de mudança.

Quando surgir resistência, relaxe novamente, restabelecendo a sensação de abertura. Fique consciente de todo o seu corpo, inclusive das áreas que não doem. Deixe o corpo se tornar como um espaço aberto, com bastante espaço para que as sensações desagradáveis surjam e se dissipem, desbotem e se intensifiquem, se movam e se transformem. Sem segurar, sem tensionar. Habite o mar da consciência e deixe quaisquer sensações dolorosas flutuarem em uma abertura acolhedora.

Tente não se julgar por reagir quando a dor parecer "simplesmente demais". Cuide-se de uma maneira que ofereça tranquilidade e conforto. Com o tempo, se você praticar a presença com atenção plena na dor, mesmo que por alguns momentos de cada vez, a equanimidade aumentará. Você será capaz de soltar mais prontamente a resistência e se abrir para sensações desagradáveis.

SEIS

ACEITAÇÃO RADICAL DO DESEJO: DESPERTANDO PARA A FONTE DO ANSEIO

> *Os homens não são livres quando fazem apenas aquilo que apreciam. Os homens só são livres quando fazem aquilo que o eu mais profundo aprecia. E é possível alcançar o eu mais profundo! É preciso mergulhar.*
>
> D. H. LAWRENCE

> *Da forma premente que os amantes se desejam à busca da verdade pelo investigador, todo movimento vem do movedor. Toda atração nos puxa ao oceano.*
>
> RUMI

Quando fui apresentada ao budismo, numa aula de estudos globais no ensino médio, não quis nem saber daquilo. Achei irrelevante para minha vida – parecia sinistra aquela preocupação com o apego e contrária ao prazer. Tudo bem, pode ser que todo mundo sofra, mas por que se fixar nisso? Era o final dos anos 1960 e para muitos o hedonismo era uma prática devocional. Éramos viciados no desejo. O budismo parecia estar mandando que eu parasse de buscar relacionamentos românticos, abrisse mão de momentos agradáveis com os amigos, evitasse o barato da maconha e desistisse de minhas aventuras na natureza. Na minha cabeça, libertar-me do desejo tiraria a graça da vida.

Anos depois, eu perceberia que o Buda nunca pretendeu fazer do desejo em si um problema. Quando ele disse que o desejo causa sofrimento, não estava se referindo às nossas inclinações naturais como seres humanos, de ter carências e necessidades, mas ao nosso hábito de nos apegarmos a experiências que, por natureza, acabarão. No meu caminho até entender isso, tropecei muito, caí e me vi repetidamente iludida e enredada. Algumas vezes o desejo me dominou como um tirano; outras vezes, travei uma batalha feroz contra ele, me endurecendo para resistir à sua força. Por fim, entendi que se relacionar sabiamente com a energia poderosa do desejo constitui um caminho para o amor incondicional.

A primeira vez que concebi essa possibilidade foi, como é de esperar, naquele que é um viveiro do desejo: o relacionamento romântico. Alguns anos após deixarmos nossa comunidade espiritual, meu marido e eu nos divorciamos. Nosso casamento havia se baseado num estilo de vida que enfatizava as disciplinas iogues, mas não encorajava o foco nos relacionamentos pessoais. Éramos bons amigos, mas não um par perfeito como parceiros íntimos. Não muito depois do nosso divórcio, conheci um homem que parecia ser exatamente o que eu buscava. Em alguns poucos encontros casuais, algo tinha dado um clique e eu estava apaixonada.

Em meio àquela empolgação inicial, parti para um retiro de meditação de uma semana, em meados do inverno. Nos seis anos em que vinha praticando a meditação budista, eu participara de uma série daqueles retiros e adorava o estado de clareza e presença que alcançava ali, mas naquela ocasião, em vez de me acomodar ainda que numa aparência de presença plenamente atenta, minha atração imediata e irresistível foi pelos prazeres da fantasia. Eu estava nas garras de um "romance *vipassana*" completo, como essas fantasias passaram a ser chamadas. No silêncio e na austeridade do retiro, a mente pode desenvolver todo um mundo erótico em torno de uma pessoa que mal conhecemos. Com frequência, o objeto de um romance *vipassana* é outro meditador que chamou nossa atenção. No espaço de tempo de poucos dias podemos viver mentalmente todo um relacionamento, cortejando, casando, constituindo uma família juntos. Eu havia trazido minha pessoa fantasiosa comigo e esse romance *vipassana* com força industrial resistiu a todas as minhas estratégias para me livrar dele e voltar ao aqui e agora.

Tentei relaxar e direcionar minha atenção à respiração, observar o que vinha acontecendo no meu corpo e na minha mente. Mal conseguia completar dois ciclos de respiração atenta antes que minha mente retornasse ao seu tema favorito. Eu me perdia em imagens de como poderíamos reconhecer a enorme atração entre nós e partir para as montanhas Blue Ridge para um fim de semana juntos. Eu nos via meditando e depois fazendo amor apaixonadamente. Imaginava que subiríamos ao alto da montanha Old Rag, nos deleitaríamos com os indícios do início da primavera e com a possibilidade de sermos almas gêmeas.

Aí, com uma pontada de culpa, eu lembrava onde estava. Às vezes olhava em volta e absorvia a serenidade e a dignidade do salão de meditação. Lembrava-me da liberdade e da alegria de permanecer presente e do sofrimento que surge de viver em histórias e ilusões. Mas isso não fazia efeito – as fantasias decolavam de novo quase imediatamente. Esperando sair de minha cabeça, eu tentava meditações andando mais longas, nos caminhos nevados em torno do centro de retiro. Como minha mente continuava se agitando implacavelmente, eu me senti autocomplacente e envergonhada pela falta de disciplina. Acima de tudo, fiquei frustrada porque senti que estava desperdiçando um tempo precioso. Aquele retiro era uma oportunidade de aprofundar minha prática espiritual e ali estava eu, imersa no desejo e imaginando o futuro.

A dor do desejo intenso era mais óbvia no retiro, mas eu estava bem familiarizada com o efeito de tamanho desejo em minha vida cotidiana. Sabia como era estar no início de um relacionamento novo e passar dias aguardando uma ligação. Sabia como era querer impressionar alguém – um aluno, amigo, professor – com minha inteligência ou espiritualidade e sair do encontro me sentindo constrangida e artificial. Sabia como era ficar adiando as brincadeiras com meu filho porque estava decidida a terminar a resenha para minha dissertação. Quantas horas da minha vida eu havia passado voltada para o futuro – lutando para obter minha licença em psicologia, ansiando por conhecer o parceiro certo, batalhando para terminar uma proposta de livro? Não que eu não pudesse ter tais aspirações, mas voltar minha visão para o futuro era uma forma desconfortável, desequilibrada de ser. Quando esses períodos estavam a pleno vapor, eu ficava tão tensa que não conseguia apreciar a beleza à minha volta, tão absorta que não me ouvia interiormente nem curtia as pessoas que amava. Ali, no retiro, onde tinha todas as oportunidades de perceber os sons, sentimentos e sensações reais surgindo no momento presente, meu eu desejoso e obsessivo ainda estava atrapalhando.

Após alguns dias, tive uma entrevista fundamental com a minha professora. Quando descrevi como me sentia, ela me perguntou: "Como você está lidando com a presença do desejo?" A surpresa veio junto da compreensão. Para mim, o desejo havia se tornado o inimigo e eu estava perdendo a batalha. A pergunta dela me encaminhou de volta à essência da prática da atenção plena: *Não importa o que esteja ocorrendo. O que importa é como nos relacionamos com nossa experiência.* Ela me aconselhou a parar de combater o que estava acontecendo e investigar a natureza da mente do desejo. Eu podia aceitar, ela me lembrou, mas sem me perder naquilo.

Embora muitas vezes seja incômodo, o desejo não é ruim – ele é natural. É um impulso que faz parte do nosso equipamento de sobrevivência. Ele nos mantém comendo, fazendo sexo, indo trabalhar, fazendo tudo que fazemos para prosperar. O desejo também nos motiva a ler livros, ouvir palestras e explorar práticas espirituais que nos ajudam a perceber e habitar a consciência amorosa. A mesma energia vital que leva ao sofrimento também fornece combustível para o despertar profundo. O desejo só se torna um problema quando domina nosso senso de quem somos.

Ao ensinar o Caminho do Meio, o Buda orientou que *não nos deixássemos possuir pelo desejo nem que resistíssemos a ele.* Estava falando sobre todos os níveis de desejo: de comida e sexo, de amor e liberdade. Estava falando sobre todos os graus de carência, das pequenas preferências às ânsias mais irresistíveis. Estamos atentos ao desejo quando o experimentamos com uma consciência incorporada, reconhecendo as sensações e os pensamentos de carência como fenômenos que surgem e passam. Embora não seja fácil, ao cultivar a visão clara e a compaixão da Aceitação Radical, descobrimos que podemos nos abrir plenamente a essa força natural do desejo e permanecer livres em meio a ela.

O QUE É O DESEJO?

O Dalai Lama começa muitas de suas palestras dizendo que todos querem ser felizes, ninguém quer sofrer. Nosso desejo de felicidade é, em termos mais fundamentais, o desejo de existir. Esse desejo se expressa na maneira como todas as coisas tomam forma por toda a natureza. A mesma força universal de atração que reúne átomos em moléculas e mantém os sistemas solares girando em galáxias também une espermatozoides a óvulos e reúne pessoas em comunidades. O monge e erudito budista Walpola Rahula fala sobre esse desejo primordial como "uma tremenda força que move vidas inteiras [...] que até move o mundo inteiro. É a maior força, a maior energia do mundo."

Como seres humanos, nosso desejo de felicidade é voltado à satisfação das nossas necessidades. De acordo com o psicólogo Abraham Maslow, nossas necessidades variam em hierarquia dos impulsos biológicos básicos às ânsias espirituais. Precisamos de segurança, alimento e sexo, reconhecimento emocional e conexão, envolvimento mental e atividade criativa, comunhão e autorrealização. Essas necessidades do corpo, da mente e do espírito nos dão satisfação e prazer quando são atendidas. Se elas são negadas, nos sentimos frustrados e incompletos. Buscamos experiências que nos permitam sobreviver, prosperar e nos realizarmos.

O problema é que, por mais gratificante que seja, toda experiência está fadada a mudar. O Buda expressou isso na primeira nobre verdade: a existência é intrinsecamente insatisfatória. Ouvi esse ensinamento pela primeira vez na escola, em sua tradução mais comum: "A vida é sofrimento." É claro que pensei que isso significava que a vida não passa de angústia. Mas a compreensão do sofrimento pelo Buda foi mais sutil e profunda. Ficamos incomodados porque tudo em nossa vida está sempre mudando: nosso estado de espírito, nosso corpo, nosso trabalho, as pessoas que amamos, o mundo em que vivemos. Não conseguimos nos fixar em nada – um belo pôr do sol, um sabor doce, um momento íntimo com alguém que amamos, nossa existência como corpo-mente que chamamos de eu – porque todas as coisas vêm e vão. Na falta de qualquer satisfação permanente, constantemente precisamos de outra injeção de combustível, estímulo, provas de amor de quem amamos, medicamentos, exercício físico e meditação. Somos constantemente impelidos a nos tornarmos algo mais, a experimentar algo diferente.

Se nossos desejos são simples e podem ser satisfeitos temporariamente, nossa forma de reagir é direta. Quando sedentos, bebemos. Quando cansados, dormimos. Quando solitários, conversamos com um amigo. No entanto, como sabemos, as coisas raramente são tão simples assim. Na maior parte do tempo, nosso desejo não é tão facilmente satisfeito. Imersos no transe da indignidade, nossos desejos se fixam em aplacar, de uma vez por todas, nossa ansiedade por causa da imperfeição. Tentamos eliminar as pendências e evitar os erros, mesmo sabendo que nenhum dos dois é possível. Queremos nos sentir "bons o suficiente" o tempo todo no trabalho, na criação dos filhos, nos relacionamentos, na saúde, na aparência e na vida. Queremos que os outros sejam de determinada maneira: sempre felizes, saudáveis, amorosos e respeitosos conosco. Contudo, como essas coisas não acontecem, somos dominados pela sensação de que algo está faltando ou está errado. Nossas carências diárias torturantes impedem que relaxemos e percebamos nossos anseios mais profundos. Perpetuamente nos voltamos para o momento seguinte, esperando que ofereça a satisfação que o momento presente não oferece.

A raiz latina da palavra *desejo*, "*desidus*", significa "longe de uma estrela". A maneira como gosto de interpretar é que as estrelas são a fonte energética de toda vida e uma expressão da pura consciência. Essa vivacidade e essa luminosidade são o que desejamos mais profundamente – desejamos pertencer à nossa estrela, perceber nossa verdadeira natureza. No entanto, como nossos desejos geralmente se restringem, fixando-se no que por natureza é passageiro, nos sentimos "longe da nossa estrela", distantes da vida, da consciência e do amor que são a essência de quem somos. Então, nos sentindo separados da fonte do nosso ser, nos identificamos com nossas carências e com as formas como tentamos satisfazê-las.

O SURGIMENTO DE UM EU CARENTE

Um cliente meu de terapia, Chris, cresceu num lar onde ninguém nunca o elogiou ou sequer disse "Muito bem". Seus pais pareciam não valorizar sua inteligência e seu humor. Mal notavam seu dom musical nato – ele conseguia tocar praticamente todo instrumento que caía em suas mãos. Chris se lembra de um incidente bem doloroso quando ele tinha 5 anos. Seus pais estavam conversando havia muito tempo na sala; sentindo-se excluído, Chris tentou chamar a atenção deles pegando seu acordeão novo na caixa de brinquedos e começando a tocar. Mas os pais ficaram aborrecidos com a interrupção e pediram a ele que fosse tocar no quarto. Chris não obedeceu, então os pais simplesmente foram para o quarto deles e fecharam a porta. Chris ficou tocando sem parar diante da porta fechada. Talvez eles estivessem tentando lhe ensinar uma lição, mas ele se sentiu humilhado e abandonado. Até que, finalmente, se encolheu no chão e dormiu ali mesmo.

Na época em que começou a fazer terapia comigo, Chris havia estudado com diversos mestres espirituais, passando de um a outro, em parte porque, segundo ele: "Nunca senti que algum deles realmente me enxergasse." Depois de certo tempo com o mais recente, um rabino, Chris se sentiu muito jovem e inseguro. Tentou conquistar sua estima tocando violão nos encontros sociais do templo e mostrando seus conhecimentos nas aulas de cabala. Sempre que possível, puxava conversa com o rabino, que era perfeitamente amigável nas respostas. Mas Chris tinha a impressão de que o rabino não se importava, de que nem perceberia se ele não aparecesse.

Chris acreditava que, caso não se destacasse como uma pessoa especial, nada valia. A necessidade de ser o "número um" se estendia a namoros, amizades e trabalho. Se não fosse o centro das atenções, sentia-se negligenciado ou rejeitado. Admitir isso em nossas sessões de terapia foi constrangedor – ele sentia que havia algo errado consigo por ser tão dependente do reconhecimento externo. Chris temia que sua carência e sua insegurança o impedissem de achar o amor em sua vida. "Essas coisas afastam as mulheres. Assim que elas sentem, desanimam." O fato de haver aprendido a evitar fazer exigências abertas ou pedir sinais de amor parecia não ajudar. "É a impressão que eu dou", ele me contou. A intensidade de seus desejos insatisfeitos fazia com que ele sentisse que era pouco atraente e merecia ser rejeitado.

Nossa noção do eu emerge do nível básico de todas as experiências: nossa reatividade ao prazer intenso ou a sensações desagradáveis. Quando queremos atenção amorosa, como Chris, estamos sentindo certas sensações no corpo – talvez a dor do desejo ao redor do coração, bem como empolgação e abertura. Quando a reação à nossa necessidade e ao nosso desejo é negativa, as sensações físicas de contração que experimentamos são intensas. Sentimos vergonha – o desejo de nos escondermos – e o perigo do medo. Quando experimentamos a frustração do desejo repetidamente, fazemos uma associação duradoura: *Nossa carência leva a medo e vergonha*. Esse agregado intenso de sentimentos reativos, trancado no corpo, forma o núcleo energético do eu carente.

Podemos identificar esses sentimentos persistentes no "egotizar" referido por Ajahn Buddhadasa. A tensão e a empolgação da carência surgem e nós as experimentamos como *meu* desejo de intimidade, *minha* ânsia por contato e atenção. Da mesma forma, trata-se de *meu* medo e *minha* vergonha quando sou rejeitado. Consolidamos nossa sensação de um eu carente ao contar a nós mesmos histórias sobre o que vem acontecendo: "Algo está errado comigo por desejar tanta coisa. Por que já não tenho o que quero? O mundo dispõe disso para mim, mas eu nunca consigo nada."

Se não tivermos que lidar com grandes ameaças à nossa sobrevivência física, o eu carente se concentra basicamente na sobrevivência e no bem-estar emocionais. Todos já sentimos, até certo grau, medo e vergonha quando nossas necessidades básicas de amor e compreensão são frustradas. Se, como Chris, nossas necessidades de conexão são sistematicamente ignoradas ou mal compreendidas, nossa carência se fortalece e buscamos atenção com mais urgência ainda. Passamos a vida tentando nos afastar das sensações dolorosas de medo e vergonha, nos desconectando do nosso corpo e entorpecendo-o, nos perdendo no autojulgamento e no pensamento obsessivo, mas isso só serve para aumentar nossa carência e nossa vergonha. Conforme o ciclo de reatividade se repete várias vezes, nossa identidade como um eu carente – fundamentalmente destituído, isolado e indigno – se aprofunda.

Quando não conseguimos satisfazer nossas necessidades emocionais diretamente, o eu carente desenvolve estratégias para satisfazê-las com substitutos. Como todas as estratégias por trás do transe da indignidade, aquelas que visam obter amor e respeito absorvem e fixam nossa atenção. Poderíamos, como Chris, ser compelidos a chamar atenção impressionando os outros com nosso talento e nossos conhecimentos. Poderíamos nos esforçar incessantemente para ganhar dinheiro e ter poder sobre os outros. Poderíamos desesperadamente buscar conquistas sexuais. Ou poderíamos nos sentir compelidos a ser úteis e prestativos, alguém de quem os outros precisam. Com frequência tentamos satisfazer nossas necessidades emocionais com os prazeres mais imediatos de comida, álcool e drogas. Quando "funcionam", essas estratégias fornecem gratificação temporária pelo aumento temporário das sensações prazerosas. Elas também entorpecem ou ocultam a dor bruta da vergonha e do medo. Mas, por não satisfazerem genuinamente nossas necessidades, nosso sofrimento continua e, com ele, nossa dependência daquilo que nos dá prazer ou alívio.

As estratégias que usamos com maior frequência para obter o que queremos também se tornam uma parte definidora da nossa noção do eu. Comer, competir e agradar às pessoas *me* caracterizam. Ao submergirmos na busca de substitutos consumistas da vida, nos alienamos cada vez mais de nossos desejos autênticos, nossos anseios mais profundos de amor e pertencimento.

PERDIDOS NA BUSCA DE SUBSTITUTOS

Desde a adolescência que meu impulso por ser produtiva é uma estratégia-chave do meu eu carente. Quando me sinto insegura, produzir – seja um artigo acadêmico, uma pilha de contas pagas ou uma cozinha limpa – é meu dispositivo mais prontamente acessível para me sentir digna. Essa produção não é um simples impulso natural de ser criativa e me manter ativa, é impulsionada por temores de inadequação e pela necessidade de mostrar minha capacidade. Quando caio nessa estratégia, recorro ao chá preto para me dar o gás que acho necessário para permanecer produtiva pelo resto do dia e, muitas vezes, noite adentro. O preço disso é que fico apressada, impaciente e distante daqueles que amo. Fico desconectada do meu corpo enquanto me incito a ir em frente incessantemente e fazer mais e mais. Sinto-me autocentrada e mal em relação a mim, pois o vício no trabalho não me desacelera. "Cumprir mais uma tarefa" me parece a forma mais confiável de obter o que quero: me sentir melhor.

Em uma conferência sobre psicoterapia de que participei, vi um cartaz que me impressionou. Nele, dois moradores de rua estavam sentados no banco de um parque e um dizia ao outro: "Eu tinha um jatinho particular, casa num condomínio em Aspen e era CEO de uma grande empresa até mudar para o café descafeinado." Não é difícil entender por que nossos substitutos são tão atraentes. Ainda que não satisfaçam nossas necessidades mais profundas, eles nos impelem e, por um tempo, nos mantêm obtendo os bens que nos dão aquelas sensações agradáveis momentâneas. Nossos esforços em busca de substitutos preocupam e perturbam nossa atenção o suficiente para nos protegerem por um tempo das sensações brutas de nos sentirmos mal amados ou indignos. Realizar coisas temporariamente *bloqueia* meus sentimentos de inadequação. Mas, por baixo, meu eu carente me impele à frente, com medo de que, se não for produtiva, eu perca tudo, como o executivo que mudou para o café descafeinado.

Embora um emprego costume ser necessário para satisfazer nossas necessidades de sobrevivência básicas, onde e como trabalhamos também é um domínio-chave para a gratificação substituta: o trabalho se torna um meio indireto de tentar conquistar amor e respeito. Podemos não ver sentido no que fazemos, odiar nosso emprego e ainda assim associar nosso desejo de aprovação e conexão ao nosso desempenho. Embora isso aconteça mais com os homens, a maioria de nós recorre ao trabalho para ajudar a compensar o medo da indignidade. Essa estratégia fornece o esperado por meio de dinheiro ou poder, por meio dos afagos que obtemos por nossa diligência e nossa competência, por meio da satisfação de "realizar algo", mas podemos nos perder nesses substitutos, ignorando que nunca chegarão a satisfazer nossos anseios mais profundos.

Mesmo quando estamos engajados em atividades que são significativas para nós, que são criativas e espiritualmente gratificantes, elas podem ser "cooptadas" para satisfazer as necessidades frustradas do eu carente. Isso acontece comigo mais frequentemente quando estou preparando palestras ou workshops para grupos de meditação ou escrevendo artigos sobre a prática budista. Quando permaneço consciente de que os ensinamentos budistas são preciosos para mim e adoro compartilhá-los, posso me entregar à minha atividade com enorme paixão. Quando a ansiedade ou a frustração surgem, consigo realizá-la com aceitação. Mas às vezes brota aquela voz da insegurança e da indignidade, e dou ouvidos a ela. Subitamente, escrever ou preparar uma apresentação se mostra algo vinculado a ganhar ou perder amor e respeito, e toda a minha experiência de trabalho muda. O eu carente assume o comando. Embora eu sempre procure fazer um esforço de todo o coração, agora esse esforço está envolto no medo. Estou lutando ansiosamente para ser "boa o suficiente" e colher as recompensas. Meu amor pelo que faço é toldado quando trabalhar se torna uma estratégia para provar meu valor.

Somos incapazes de nos entregar livremente a qualquer atividade se o eu carente está no comando. E, mesmo assim, até satisfazermos os desejos e temores básicos que energizam nosso eu carente, ele se insinuará em todas as nossas atividades e relacionamentos.

D. H. Lawrence escreveu: "Os homens não são livres quando fazem apenas aquilo que apreciam. Os homens só são livres quando fazem aquilo que seu ser mais profundo aprecia." Quando somos motivados pela gratificação imediata de fazer "apenas o que apreciamos", nos sentimos continuamente impelidos: nenhum grau de produtividade, consumo ou reconhecimento consegue romper o transe da indignidade e nos pôr em contato com o "ser mais profundo". Nas palavras de Lawrence, para fazer o que o ser mais profundo aprecia "é preciso mergulhar". Ouvir e reagir aos anseios do nosso coração requer uma presença empenhada e genuína. Quanto mais enredados estamos no mundo superficial de buscar substitutos, mais difícil fica mergulhar.

QUANDO A CARÊNCIA VICIANTE ASSUME O COMANDO DE NOSSA VIDA

Como descobri com meu "romance *vipassana*", quando o desejo se fortalece, a atenção plena vai para o espaço. Willa Cather diz o seguinte: "Só existe uma coisa grande: o desejo. E, diante dele, tudo é pequeno." Podemos honrar o desejo como uma força vital e ainda assim ver o sofrimento que causa quando assume o comando da nossa vida. Nossa fome natural de comida pode se tornar uma ânsia ingovernável por comida – sorvete, doces, batata frita –, comida reconfortante ou comida para entorpecer os sentimentos. Nossa ânsia por sexo e afeto pode se tornar uma dependência angustiada de outro ser humano para nos definir e agradar. Nossas necessidades de abrigo e roupa podem se tornar uma ganância insaciável, nos compelindo a possuir três casas e armários cheios de sapatos não usados. Nosso desejo fundamental de pertencimento e amor se torna uma ânsia insistente por substitutos.

Se fomos fortemente frustrados ou destituídos, nosso desejo fixo se torna desesperado e inextinguível. Somos possuídos pela ânsia e toda a nossa vida é sequestrada pela força dessa energia. Nós nos sentimos como um eu carente em todas as situações, com todas as pessoas, ao longo do dia. Na Índia, dizem que quando um batedor de carteiras vê um santo, ele vê apenas os bolsos do santo. Se somos dominados pela ânsia, não importa quem ou o que esteja à nossa frente, tudo que conseguimos ver é como poderia satisfazer nossas necessidades. Esse tipo de avidez contrai nosso corpo e nossa mente num transe profundo. E nos movemos pelo mundo com um tipo de visão de túnel que nos impede de aproveitar o que está à nossa frente. A cor das folhas de outono ou um trecho de um poema meramente ampliam a sensação de que existe um grande buraco em nossa vida. O sorriso de uma criança só nos lembra a dor de não termos filhos. Então nos afastamos dos prazeres simples porque nossa ânsia nos compele a buscar estímulos mais intensos ou um alívio entorpecente.

O desejo viciante é extremamente difícil de aguentar sem que representemos um papel. Nas palavras de Oscar Wilde: "Posso resistir a tudo, menos à tentação." A tentação é uma promessa emocional de que teremos o prazer pelo qual tanto ansiamos. Quem já lutou contra o tabagismo, a compulsão alimentar, drogas ou relacionamentos viciantes conhece a força irresistível desses anseios, sejam físicos ou mentais. Não queremos abrir mão do cigarro para dar um belo passeio, ouvir uma música tranquilizante ou respirar fundo. Só queremos o que queremos. Embora possamos reconhecer conscientemente que o barato é um substituto temporário, ainda assim sentimos que "precisamos dele".

Sara, uma aluna de meditação que lutava contra a compulsão alimentar havia muitos anos, chegou a um retiro budista de 10 dias com muito medo de como lidaria com a comida ali. Será que receberia o suficiente? Será que ia gostar do que seria servido? Será que comeria demais? Ela temia se sentar às longas mesas em silêncio e comer diante dos outros sem o véu reconfortante da conversa. Achava que, de algum modo, as pessoas perceberiam que ela sofria de um distúrbio alimentar. Imaginava que sentiria uma vergonha insuportável.

Durante os primeiros dias de retiro, a comida esteve no centro de sua consciência. Quando o gongo soava anunciando uma refeição, ela deixava o salão de meditação e caminhava devagar até o salão. Ela me contou que sua atenção plena era fingimento: sentia-se como se um ímã a atraísse. Enquanto aguardava ser servida na fila do almoço, era oprimida pela ansiedade. Enquanto comia o que tinha no prato, imaginava o que mais receberia. Sara achou a comida boa e farta – tanto que sempre voltava para um segundo prato, às vezes um terceiro. Quando repetia, ia comer em outro lugar do salão.

Em nossa primeira entrevista, Sara disse que se sentia "completamente dominada" pela obsessão e pelo desejo. Sentia uma vergonha terrível por ser tão fraca, tão pouco "espiritual". O mais difícil era que não conseguia se controlar, por mais que quisesse. Acima de tudo, aquelas tentativas diárias frustradas de evitar o excesso faziam com que se sentisse um fracasso.

Quando vem o desejo, é comum que desgostemos de nós mesmos, mas esse desgosto vira uma aversão total quando o desejo se descontrola e toma conta da nossa vida. Vemos como arruinamos nosso corpo e nossos relacionamentos ao nos entregarmos à comida ou ao álcool em excesso. Vemos como magoamos nossos filhos quando somos viciados no sucesso incessante. Nós nos vemos sabotando relacionamentos íntimos quando somos movidos pela carência e pela insegurança. Como um estudante descreveu: "Meu eu carente é meu pior inimigo." Quando nos odiamos por desejarmos, é porque o eu carente tomou conta de toda a nossa vida.

Desesperados por nos livrarmos da dor da autodepreciação, enviamos mensagens cruéis e implacáveis ao nosso eu carente. Podemos tentar punir nosso eu carente privando-nos de comida, descanso ou outros confortos pessoais. Podemos querer tanto destruir a parte de nosso eu que está solapando nossa vida que implacavelmente ferimos nosso corpo ou nossa mente. Assim como acontecia com Sara, nossa vergonha angustiante do vício assume o controle e nos impede de ver "o que o eu mais profundo aprecia". Perdemos o contato com o desejo de amor que impele nosso vício originalmente.

REJEITANDO O EU CARENTE

No mito bíblico do Paraíso, Deus criou o Jardim do Éden e deixou a árvore do conhecimento, com suas frutas deliciosas mas perigosas, bem no meio. Depois, colocou alguns seres humanos por perto e proibiu que essas criaturas curiosas, que adoravam frutas, provassem o fruto da tal árvore. Uma armadilha e tanto. Eva, naturalmente, comeu a maçã, e foi punida por isso.

Passamos por essa situação todos os dias dentro da nossa psique. A sociedade nos encoraja a buscar conforto, a ter razão, a consumir, a ser melhor que os outros, a ter boa aparência, a querer admiração. Ao mesmo tempo, somos informados de que devemos nos envergonhar de nosso egoísmo, de que somos ruins por sermos tão egocêntricos, de que é pecaminoso se permitir essas coisas.

A maioria das grandes religiões – judaico-cristã, budista, hinduísta, muçulmana, confucionista – ensina que desejo, paixão e ganância causam sofrimento. Embora muitas vezes isso seja uma grande verdade, os ensinamentos gerais dessas religiões sobre os perigos do desejo costumam piorar a autodepreciação. Somos aconselhados a transcender, superar ou de algum modo controlar as ânsias do nosso ser físico e emocional. Somos ensinados a desconfiar da selvageria e da intensidade das nossas paixões naturais, a ter medo de perder o controle. Audre Lorde nos diz: "Fomos educados para temer nossos desejos mais profundos. E esse medo torna suspeitos nossos desejos mais profundos, nos torna dóceis, fiéis e obedientes, e faz com que nos acomodemos com muitas facetas da nossa opressão."

Equiparar pureza espiritual a eliminação do desejo é um equívoco comum que vejo também naqueles que estudam o caminho budista. E isso não é uma questão dos dias de hoje. A dificuldade para entender a relação entre despertar e desejo no contexto dos ensinamentos budistas vem desde os tempos do próprio Buda. Um conto clássico do Zen chinês traz essa questão à luz: uma velha senhora sustentou um monge por 20 anos, deixando que ele morasse numa cabana em sua propriedade. Após tanto tempo, ela acha que o monge, agora um homem no auge da vida, deve ter alcançado algum grau de iluminação. Então decide testá-lo.

Em vez de levar sua refeição diária, a senhora pede que uma jovem bonita a entregue. Ela instrui a moça a abraçar o monge ardorosamente e depois informar como foi a reação dele. Quando retorna, a moça conta que o monge ficou paralisado. A senhora então se dirige à cabana do monge. Qual foi sua impressão, ela pergunta, quando sentiu o corpo quente da moça? Com certa amargura, ele responde:

– Como uma árvore que murcha numa rocha no inverno, sem nenhum calor.

Furiosa, a senhora o expulsa dali e queima a cabana, exclamando:

– Como pude desperdiçar todos esses anos com tamanha fraude?

Para alguns, a resposta do monge pode parecer virtuosa. Afinal, ele resistiu à tentação e até parece que arrancou o desejo pela raiz. Mesmo assim, a anciã o considerou uma fraude. Será que a forma como o monge sentiu a jovem ("Como uma árvore que murcha numa rocha no inverno") é o objetivo da prática espiritual? Em vez de apreciar o encanto da moça, em vez de observar o surgimento da reação sexual natural e seu desaparecimento sem agir com base nela, o monge se fechou. Isso não é iluminação.

Tive muitos alunos de meditação que acreditavam que sentir desejo é sinal de pouco desenvolvimento espiritual. Embora seja verdade que remover a atenção de certos impulsos pode reduzir sua força, o desejo constante de prazeres simples – comidas deliciosas, brincadeiras, entretenimento ou gratificação sexual – não precisa ser um indício constrangedor de estar aprisionado em impulsos inferiores. Esses mesmos alunos também supõem que "pessoas espiritualizadas" apelam para recursos interiores como seu único refúgio e assim raramente pedem apoio ou ajuda a amigos e professores. Conversei com alguns que têm praticado disciplinas espirituais há anos mas nunca se permitiram reconhecer que estão solitários e anseiam por intimidade.

Como mostra o monge do conto Zen, se expulsamos o desejo, nos desconectamos da nossa ternura e nos endurecemos perante a vida. Então nos tornamos como uma "rocha no inverno". Quando rejeitamos o desejo, rejeitamos a própria fonte de amor e energia vital.

"NÃO É CULPA MINHA"

Na nossa entrevista seguinte, Sara me contou que tinha participado dos Comedores Compulsivos Anônimos (CCA), um programa de recuperação em 12 passos, alguns anos antes de decidir tentar um retiro *vipassana*. Tinha feito grande progresso nos CCA. Agora, quando sentia uma ânsia muito grande por comida, ligava para seu padrinho em vez de ir direto à geladeira. Trata-se do que eu chamaria de "pausa assistida" – juntos, eles podiam examinar o que Sara estava sentindo e explorar algumas opções de como reagir. Mesmo assim, os excessos continuavam. E a cada vez que ela ia a uma reunião dos CCA e se apresentava como compulsiva, sentia-se como se estivesse vinculando ainda mais sua identidade a ser uma viciada. Sara tinha ido ao retiro na esperança de que a meditação e a oração (o 11º dos 12 passos dos CCA) a ajudassem a libertá-la das garras do vício.

Agora, vários dias após o início do retiro, Sara contou que duvidava de si mesma ainda mais. Sem as distrações cotidianas, a força do vício e a enormidade de sua vergonha pareciam mais opressivas do que nunca. Sempre que tentava parar e prestar atenção à sua ânsia por comida, ela sentia uma agitação insuportável. Cada célula de seu corpo parecia querer preencher um vazio absurdamente grande. Sara estava convencida de que havia algo tão errado com ela que jamais conseguiria ser consertado.

Pedi a Sara que fechasse os olhos e sentisse a pior parte do que vinha experimentando, o que mais pedia atenção. Ela logo disse que, naquele momento, queria que eu tivesse uma boa impressão dela. Eu a encorajei a trazer presença a como era aquele desejo, observando-o como uma sensação no seu corpo. "Sinto uma ansiedade no peito", disse Sara. Ao prosseguirmos, sugeri que ela permanecesse aberta a quaisquer emoções, imagens ou palavras que aparecessem naturalmente. Quando surgissem emoções que fossem dolorosas ou desgastantes demais, ela poderia dizer para si mesma "Isso também" e, com uma atenção gentil, se concentrar nas sensações em seu corpo.

Enquanto estávamos ali, Sara suavemente nomeou o fluxo do que vinha sentindo:

– Nervosismo no estômago. Medo: Não vou fazer este exercício direito. Raiva. Pensando: Estou fazendo você perder tempo. Outro pensamento: Você deve achar que sou uma verdadeira pilha de nervos. Dor, pressão em volta do coração. Outro pensamento: É isso que sempre sinto quando alguém presta atenção em mim ou se importa comigo. Anseio. Tremor. Quero ser amada. Tristeza.

Continuamos ali sentadas juntas por mais cinco minutos enquanto Sara dava a cada onda de julgamento ou sentimento uma atenção respeitosa. No final, ela acabou percebendo mais momentos de calma. Antes de terminar, sugeri que ela continuasse aquela prática por conta própria. Podia ser difícil de fazer quando aquele anseio esmagador surgisse, mas, se ela conseguisse permanecer atenta por apenas alguns minutos, já estaria dando início a um processo capaz de fazer uma grande diferença. Notei um brilho de esperança em seus olhos ao me agradecer e partir.

Quando chegou para a entrevista seguinte, quatro dias depois, Sara parecia mais calma. Seus olhos brilhavam. Ela me contou que um dia, no fim da tarde, estava meditando e conseguiu observar com certa constância seu fluxo interior de experiência, como fizera durante nossa entrevista. Não tinha se perdido muitas vezes em seus habituais pensamentos sobre como era uma péssima pessoa por causa do que estava sentindo. Não se perdeu nem quando ficou com água na boca ao sentir o cheiro de biscoitos sendo assados para a hora do chá. Sara havia começado a ver que mesmo os desejos mais intensos acabavam passando se ela ficasse sentada nomeando o que estava acontecendo e, em vez de desejar que fossem embora, apenas dissesse "Isso também". "De repente ficou claro que todos os meus desejos, pensamentos e sentimentos são um desfile incessante e mutante", ela relatou. Em seguida, com um olhar surpreso, acrescentou: *"Não estou fazendo isso acontecer."*

Para Sara, aquela experiência de uma realidade incontrolável e em constante mutação foi um avanço que transformou seu relacionamento consigo mesma. Ela *não* estava controlando o que acontecia dentro de si, nunca tinha controlado. Não havia pedido para sentir tanto desejo. Não tinha como impedir o bombardeio de pensamentos obsessivos. Durante aquela sessão de meditação, ela ouvira uma voz sussurrando: "Não é culpa minha. Nunca foi." Não era culpa sua estar tão cheia de medo, tão obcecada, tão envergonhada. Não era culpa sua ir atrás de comida quando os sentimentos se tornavam intoleráveis. Ao me contar aquilo, Sara começou a chorar copiosamente, lamentando ter perdido tanto tempo de sua vida se culpando por seu vício, por fingir e esconder, por se sentir insegura no meio de outras pessoas.

Muitas correntes de condicionamento dão origem ao eu carente e às formas específicas que nosso desejo assume. No caso de Sara, sua genética herdada incluía uma predisposição a alguns tipos de vício. Ela foi influenciada pelo alcoolismo da mãe, que a banhou em álcool quando ainda estava no útero. Também foi afetada por uma mãe deprimida e autodepreciativa demais para lhe dar apoio real e um pai emocionalmente distante e crítico. Além disso, vivia numa sociedade cuja cultura prometia satisfação via consumo. E, acima de tudo, é biologicamente condicionada a buscar o prazer e evitar a dor, como todo ser vivo.

Quando peço aos meus alunos que examinem a cadeia de possíveis causas de seu sofrimento, alguns questionam: Não será apenas uma forma elaborada de pôr a culpa em outra pessoa e se esquivar da responsabilidade? E daí que meus pais me negligenciaram? Isso me dá licença para ser impaciente com meus filhos, egoísta com meu cônjuge? Claro que é muito fácil dizer que agimos mal porque fomos maltratados na infância, mas é bem diferente o que acontece quando investigamos nosso condicionamento com atenção plena. Suponhamos que eu peça a uma pessoa cujos pais foram negligentes que faça uma pausa e honestamente sinta como foi essa experiência. Ela conseguiria sentir a ânsia enorme por atenção que poderia ter se desenvolvido sob tais circunstâncias? Como iria precisar ser encorajada quando outros ao seu redor estão pedindo encorajamento? Ao trazermos uma consciência clara e abrangente à nossa situação, começamos a aceitar nosso eu carente com compaixão, o que nos liberta para ir em frente, para romper velhos padrões.

Ao perceber que a compulsão alimentar não era culpa dela, Sara interrompeu a dolorosa cadeia de reatividade que vinha impelindo seu vício. Meramente reconhecer, como fizera nos CCA, que estava se apegando à comida como um substituto não fora suficiente para romper o padrão. Perdoar e aceitar a presença do eu carente foi o passo gigantesco na transformação de Sara. Embora precisasse continuar se perdoando e relaxando conscientemente quando o desejo surgia, ao parar de se culpar, sua capacidade de estar presente já não estava mais comprometida pela vergonha.

DESPERTANDO DO EU CARENTE

Nos três dias restantes do retiro, Sara praticou aceitar até mesmo os desejos e temores mais torturantes, permitindo-se senti-los diretamente no corpo. Quando surgia o medo de nunca melhorar, ela dizia "Isso também" e sentia a rigidez comprimindo o peito e a garganta. Quando duvidava que alguém pudesse amar uma pessoa tão deplorável, sentia o medo com "Isso também". Quando a sensação desesperadora de que "tem alguma coisa errada comigo" parecia dominar seu mundo, ela se permitia sentir a dor, como um balão inchando em seu coração. Quando o desejo surgia, impelindo-a ao alívio pela comida, ela permanecia quieta e reagia a essa força premente com "Isso também".

Como estava descobrindo na meditação, Sara podia sentir mesmo o desejo mais profundo sem expulsá-lo ou expressá-lo. Em vez de odiar sua experiência ou se perder num turbilhão de atividade mental, ela estava dizendo sim aos sentimentos de urgência, tensão e medo. Em vez de tentar satisfazer seu desejo, estava simplesmente deixando que se expressasse e passasse por ela.

Sara deu um passo corajoso quando levou a aceitação e a presença que havia praticado para a área de suas maiores lutas, a sala de jantar. Ela descobriu que conseguia prestar mais atenção ao desacelerar tudo que fazia: andar, pegar porções de comida, levar o garfo à boca, mastigar. Reduzir o ritmo era uma forma modificada de pausa. "Houve refeições em que uma porção foi suficiente", ela me contou. "Consegui saborear cada garfada porque estava realmente ali. Estar tão presente fez com que eu me sentisse plena."

Quando vinha o impulso de se levantar para pegar mais, ela permanecia sentada, dizendo mentalmente "Isso também", sentindo plenamente o gume afiado da tensão, a compressão da empolgação, da antecipação, da ansiedade. Às vezes o impulso passava; outras vezes, não, e a compulsão por comer e entorpecer seu tumulto interior continuava crescendo. Se a voz do julgamento surgia, ela sussurrava mentalmente: "Não é culpa minha, não é culpa minha." O lembrete a ajudava a se tornar mais gentil e aberta, mais relaxada em relação à intensidade de seu desejo. Se optava por pegar mais comida após a pausa, Sara conseguia aceitar aquela escolha com compaixão em vez de se condenar ou ficar constrangida como se tivesse falhado. Ao pausar e se perdoar por sentir o desejo, Sara abriu o caminho para a Aceitação Radical.

Quando o retiro acabou, Sara sentiu que o domínio de seu vício começava a diminuir. Embora as compulsões continuassem presentes, ela havia descoberto um meio poderoso e libertador de lidar com o problema. Após me dar um abraço de despedida, ela me contou: "Se eu conseguir lembrar, ainda que só uma vez em dez, de dizer 'Não é culpa minha', serei uma pessoa bem mais feliz e livre." Ela prosseguiu: "Se eu conseguir me perdoar e estar presente, tudo bem."

Sara e eu conversamos pelo telefone várias vezes nos meses que se seguiram ao retiro. Ela estava sendo cogitada para chefiar o Departamento de Inglês da universidade onde lecionava, um cargo que desejava havia anos. Com a aproximação do prazo para a escolha final, a tensão foi aumentando, bem como sua ânsia por lanches noturnos. Ela me contou que, um dia, passava da meia-noite e ela se viu em frente à geladeira indo pegar leite para mais uma tigela de cereais. Mas dessa vez se lembrou de pausar. Tirou a mão da porta da geladeira e caminhou lenta e deliberadamente até a mesa da cozinha, puxou uma cadeira e sentou-se com atenção plena. Sentia a agitação no peito, mas ficou sentada quietinha e enviou uma mensagem para si mesma: "O desejo de comida e a obsessão pelo cargo não são culpa minha."

Prestando atenção nos pensamentos e sentimentos de ansiedade, Sara percebeu que queria aquele cargo não apenas pelo sucesso profissional, mas também por morrer de medo da sensação de fracasso que teria caso não fosse escolhida. A pressão no peito era tão forte que ela mal conseguia respirar. Queria alívio: queria comer. Mas, enquanto continuava atenta à inquietação explosiva do desejo, a pressão começou a diminuir. Ela sentiu uma dissolução no peito, uma sensação crescente de espaço. E aquele espaço foi preenchido por uma ternura vibrante. Sara agora sentia a profundidade de seu desejo de ser aceita, valorizada, amada. Enquanto ouvia, com uma presença compassiva, sua experiência de desejo se desenrolando, ela se libertava.

No final do mês, Sara foi convidada para assumir o cargo de chefe do departamento. Ela ficou empolgada. Um sonho se realizava em sua vida profissional. Mas seu triunfo real foi uma crescente liberdade interior. Estava aprendendo que conseguia aceitar seus desejos e anseios em vez de fugir deles ou encobri-los. Ela acreditava que, quando sua ansiedade e seus julgamentos sobre seu desempenho no trabalho inevitavelmente surgissem, poderia, em vez de se voltar automaticamente para a comida, oferecer a si mesma uma presença gentil.

Muitos alunos me perguntam se, após anos de prática espiritual, ficamos livres do puxão do desejo. Querem saber se continuamos nos sentindo dolorosamente apegados a certas pessoas, compulsivos por trabalho, dependentes de chocolate, de livros de romance ou daquela cerveja a mais para encarar uma noite solitária. Embora essas tendências possam persistir, muitas vezes se desenvolvem e acabam revelando complexos de desejo e de vergonha que, à luz da atenção plena, perdem um pouco do seu poder sobre nós.

Se, como Sara, já sofremos muita privação emocional, é bem provável que hábitos de apego ou comportamentos viciantes sejam persistentes e fortes. Mesmo assim, com o tempo, embora tais desejos possam continuar surgindo, mesmo suas expressões mais irresistíveis e tenazes não precisam levar ao sofrimento. As sensações de ansiedade e desejo podem ser desagradáveis, mas, como ocorre com a dor, o sofrimento pode ser opcional. Sofremos quando nossa experiência de desejo e ânsia define e confina nossa experiência de quem somos. Se acolhemos as sensações, as emoções e os pensamentos de desejo com Aceitação Radical, começamos a despertar da identidade de um eu carente para nos reconectar com a plenitude de nosso ser.

Quer estejamos num retiro de meditação ou em nosso dia a dia agitado, a prática de trazer a Aceitação Radical ao desejo é, em essência, a mesma. Fazemos uma pausa e renunciamos à busca física ou mental de satisfação por tempo suficiente para reconhecer como nossa identidade se contraiu nos sentimentos e pensamentos de um eu carente. Nessa pausa, paramos de nos culpar pela presença do desejo e gentilmente permitimos que ele exista do jeito que é. Convidamos nosso desejo para o chá, experimentando com atenção plena as sensações no nosso corpo, nomeando com clareza as emoções e os pensamentos que surgem na nossa mente. Quando estamos assim presentes – claros, compassivos, sem nos apegarmos nem lutar –, desfazemos os padrões habituais da reatividade que mantêm nosso corpo, nosso coração e nossa mente presos ao desejo. Desse modo, alargamos nossa liberdade de escolher como vamos viver.

O QUE REALMENTE QUEREMOS

O grande iogue tibetano Milarepa viveu vários anos em isolamento numa caverna na montanha. Como parte de sua prática espiritual, Milarepa começou a enxergar o conteúdo de sua mente como projeções visíveis. Seus demônios interiores do desejo sexual, da paixão e da aversão apareciam diante dele como mulheres sedutoras e monstros coléricos. Em face daquelas tentações e horrores, em vez de se deixar subjugar, Milarepa anunciava: "É maravilhoso que vocês tenham vindo hoje, venham de novo amanhã. Precisamos conversar de tempos em tempos."

Após anos de treinamento intensivo, Milarepa aprendeu que só sofremos se somos seduzidos pelos demônios ou se tentamos combatê-los. Para descobrir a liberdade na presença deles, Milarepa precisa senti-los direta e lucidamente do jeito que são. Em uma história de suas façanhas, a caverna de Milarepa se enche de demônios. Encarando o mais persistente e dominador, Milarepa faz um movimento brilhante: enfia a cabeça na boca dele. Naquele momento de entrega completa, todos os demônios desaparecem. Tudo que permanece é a luz brilhante da consciência pura. Nas palavras de Pema Chödrön: "Quando a resistência se vai, os demônios se vão."

Sem dúvida eu vinha resistindo aos desejos que alimentavam meu romance *vipassana*. Eram demônios que, aos meus olhos, vinham consumindo minha vida espiritual. Quando enfim reconheci a batalha que estava travando, a história de Milarepa me veio à mente. Talvez meu romance de retiro não fosse, afinal, o inimigo da minha prática de meditação, mas uma experiência natural que poderia servir ao meu despertar. Como seria acolher o demônio do desejo, "conversar" com ele, como fez Milarepa? Fiquei empenhada em remover minha resistência para conseguir conhecer essa energia que vinha impelindo meu eu carente.

Nos dias seguintes, toda vez que eu me percebia perdida em um voo de ilusão romântica, rotulava aquilo como "fantasia erótica" e prestava atenção às sensações no meu corpo e às emoções que estavam surgindo. Não mais evitando a experiência imediata, eu me achava repleta de ondas de excitação, desejo sexual e medo. Agora, em vez de resistir àquelas sensações como demônios, eu simplesmente praticava aceitá-las e, com certa curiosidade, explorá-las ainda mais.

A dor no meu peito se abriu em uma profunda tristeza – tristeza por todos os momentos perdidos de amor, momentos que perdi porque estava tão ocupada que não parei e não me abri para eles. Eu oscilava entre a paixão erótica e aquela tristeza profunda por estar tão separada do que realmente desejava. Quando as sensações de desejo e tristeza ficavam muito intensas, eu tendia a me perder de novo, pensando sobre o que faltava na minha vida, fantasiando sobre formas de satisfazer meu desejo de amor. Embora não julgasse as fantasias como "ruins", eu via que me impediam de estar em contato com minha experiência real. Elas me afastavam da presença afável – o pórtico para o que eu mais desejava.

Embora eu tenha ficado menos imersa em minhas histórias, notei que continuava me agarrando, tentando controlar as energias carregadas que passavam por mim. Minhas rédeas habituais – enrijecer o corpo, tecer comentários constantes sobre o que eu estava fazendo – me impediam de relaxar na intensidade e na enormidade do desejo. Eu não sabia como me permitir amar livremente, sem conceitos ou restrições. Não sabia exatamente o que amava, mas sabia que precisava liberar a resistência que vinha estrangulando meu coração. Em vez de direcionar todo aquele desejo a uma pessoa específica, eu queria experimentar a imensidão de seu alcance.

Tarde numa noite, eu estava sentada meditando sozinha no meu quarto. Minha atenção voltou-se cada vez mais profundamente ao desejo até que senti que ia explodir. Mas ao mesmo tempo sabia que era exatamente o que eu queria: *eu queria morrer no desejo, na comunhão, no próprio amor.* Naquele momento, pude enfim deixar meu desejo ser tudo que era. Até o convidei: "Vá em frente, por favor. Seja tão pleno como você é." Estava colocando minha cabeça na boca do demônio. Estava dizendo sim, me entregando com lucidez à imensidão das sensações, entregando-me ao próprio abraço pelo qual vinha ansiando. Como uma criança enfim protegida no colo da mãe, relaxei tão plenamente que todos os limites de corpo e mente se dissolveram.

Em um instante, senti que meu corpo e minha mente se expandiam, sem limites, em todas as direções – um fluxo dinâmico de vibração, pulsação e frêmito. Nada "me" separava daquele fluxo. Entregando-me inteiramente ao arrebatamento, me senti tão aberta como o universo, loucamente viva e radiante como o Sol. Nada era sólido naquela celebração deslumbrante da energia vital. Soube então que aquela era a plenitude de amar o que amo.

Kabir, poeta sufista do século XV, escreveu: "O universo é atravessado em todas as partes por um único tipo de amor." Esse amor é o que desejamos. Quando trazemos a Aceitação Radical à enormidade do desejo, permitindo que ele seja assim como é, sem resistir nem nos apegarmos a ele, a luz da nossa consciência dissolve o eu carente em sua origem. Descobrimos que somos natural e inteiramente imersos no amor. Nada está separado ou excluído dessa consciência viva.

Nos dias seguintes, cada vez que eu me abria profundamente à força do desejo, ficava repleta de um apreço renovado e incondicional por toda a vida. À tarde, após ficar sentada, eu caminhava pelos bosques nevados e me vinha a sensação de integração com os grandes abetos, com os chapins que pousavam na minha mão para comer sementes, com os sons sobrepostos do regato fluindo ao redor de gelo e rochas. Rumi escreveu:

Uma estranha paixão agita a minha cabeça.
   Meu coração tornou-se um pássaro
      Que busca o céu.

Cada parte de mim vai em direções diferentes.
   Será verdade
Que aquele que eu amo está em toda parte?

"Aquele que eu amo" estava em toda parte, inclusive dentro de mim. Quando não nos fixamos em um único objeto limitado do amor, descobrimos que o eu carente se dissolve na consciência que é o amor amando a si mesmo.

Algumas semanas depois de voltar do retiro, fui a uma conferência e esbarrei com o homem que havia sido o objeto das minhas fantasias apaixonadas. Almoçamos juntos e pude sentir o calor marcante da atração entre nós. Mas, agora que eu estava na presença dele, consegui ver também os motivos bem gritantes pelos quais não nos tornaríamos um casal. Mesmo assim, sozinha em casa naquela noite, minha mente começou a girar de novo em torno das possibilidades de virmos a nos juntar. Como esse tipo de desejo agora era familiar, eu estava disposta a fazer uma pausa. Eu sabia que, se ignorado, apenas alimentaria meu eu carente. Designei o que estava acontecendo de "história do desejo" e me sentei na minha almofada de meditação.

Na mesma hora surgiram pensamentos sobre buscar o relacionamento e senti a contração imediata num eu incompleto e carente. Quando ativei os filmes mentais, pude voltar a sentir a vivacidade, a pulsação e a vibração, a tristeza e o desejo que estavam bem ali no momento. Como no retiro, me permiti habitar o desejo. Relaxei e deixei que vivesse plenamente através de mim. No brilho de sua chama, pude de novo sentir o resplendor de meu coração. Era verdade que eu queria estar num relacionamento romântico com alguém "lá fora". Era ainda mais profundamente verdade que a comunhão pela qual eu ansiava estava disponível naquele mesmo momento. Se eu permanecesse desperta para aquela comunhão, os desejos poderiam energizar e guiar minha atenção, mas não me cegariam para a plenitude e a beleza que já estão aqui.

O Buda ensinou que, ao percebermos o desejo, deixamos de nos identificar com ele. Com a Aceitação Radical, começamos a perder as camadas de vergonha e aversão que construímos em torno de nosso "eu deficiente e carente". Vemos através das histórias que criamos – histórias sobre um eu que é uma vítima do desejo, sobre um eu que está combatendo o desejo, sobre um eu que esbarra com desejos nocivos, sobre um eu que precisa ter algo mais, algo diferente daquilo que está bem aqui agora. A Aceitação Radical dissolve a cola que nos limita como um eu pequeno e liberta-nos para viver a partir da plenitude vibrante de nosso ser.

O desejo, sentido plenamente, conduz-nos ao pertencimento. Quanto mais percorremos esse caminho – sentindo a solidão ou o desejo e habitando sua imensidão –, mais o desejo de amor se torna uma porta para o próprio amor. Nossos desejos não desaparecem, tampouco a necessidade dos outros; mas, ao nos abrirmos para o poço do desejo – repetidas vezes –, passamos a confiar no amor ilimitado que é sua fonte.

REFLEXÃO GUIADA:

"Não fazer" quando nos sentimos arrastados pelo desejo

Embora faça parte do nosso condicionamento nos agarrarmos ao que queremos, isso nos cega para nossos anseios mais profundos e nos mantém prisioneiros do desejo. A liberdade começa quando pausamos e prestamos atenção na nossa experiência.

～

Reflita sobre uma área da sua vida em que você se sente compelido(a) por uma mente carente. Pode ser comida, cigarro, álcool, sexo, críticas, jogos de computador, trabalho ou consumo. Durante uma semana, deixe que sua intenção seja praticar pausas quando sentir o impulso de realizar esse comportamento.

Ao fazer uma pausa, fique parado e preste muita atenção à natureza do desejo. Como seu corpo se sente quando o desejo é forte? Onde você experimenta as sensações de querer mais plenamente? Você as sente como agitação no peito? Como dor nos braços? Você se sente como se estivesse inclinado(a) para a frente, caindo no futuro? Sua mente fica rígida e acelerada? Ou lenta e embotada? Observe se sua experiência muda durante aproximadamente um minuto de pausa. Você poderia se perguntar "O que está faltando neste momento?" e ouvir com seu coração. Se, após a pausa, você manifestar o comportamento, faça-o devagar e com atenção plena. Você sente tensão ou empolgação, autojulgamento ou medo? Observe com atenção clara e compassiva as sensações, as emoções e os pensamentos que podem surgir.

～

Talvez continuemos na busca do que desejamos após a pausa, mas ao menos estaremos conscientes de parte da tensão e do sofrimento que estão por trás dos nossos desejos. Como todas as experiências vivem mudando, com o tempo, mesmo desejos que pareciam irresistíveis podem acabar se dissolvendo. Embora o desejo naturalmente surja de novo, a sabedoria de ver que tudo passa é libertadora. Observar o desejo sem agir com base nele amplia nossa liberdade de escolher como viver.

REFLEXÃO GUIADA:
Descobrindo seu anseio mais profundo

Quando trazemos nossos inúmeros desejos à luz da percepção, encontramos por baixo deles um verdadeiro manancial de anseio espiritual. Essas aspirações básicas nos guiam na trilha do despertar e da liberdade.

~

Sente-se confortavelmente, de uma forma que lhe permita estar presente e à vontade. Quando se sentir bem acomodado(a), pergunte-se: "Meu coração anseia pelo quê?" Pode ser que sua primeira resposta seja ter saúde, emagrecer, ganhar mais dinheiro, encontrar um(a) parceiro(a). Repita a pergunta e ouça com atenção, aceitando tudo que surgir espontaneamente. Continue assim por alguns minutos, fazendo-se essa pergunta, pausando e prestando atenção de forma acolhedora e não reativa. Talvez sua resposta comece a se aprofundar e se simplificar. Seja paciente e relaxe – com o tempo, ao ouvir seu coração, seu desejo mais profundo vai emergir. Esse desejo pode ser expresso como o desejo de amor, presença, paz, comunhão, harmonia, beleza, verdade ou liberdade.

Quando você reconhecer o que deseja mais verdadeiramente neste momento, renda-se a esse desejo com lucidez. Diga sim, permitindo que a energia do seu desejo mais profundo preencha seu corpo e permeie seu coração e sua consciência. Como é sua experiência quando você habita totalmente seu desejo mais profundo? Continue a meditar, experimentando o desejo com uma presença aberta e incorporada.

Esta bela reflexão também pode ser praticada por duas pessoas juntas. Sentem-se confortavelmente um diante do outro. Decidam quem fará o papel de questionador primeiro e quem responderá. Depois de dar um tempo para se aquietarem e relaxar, uma pessoa pergunta gentilmente "O que seu coração deseja?" e a outra responde em voz alta a primeira coisa que lhe vem à cabeça. Qualquer que seja a resposta, a primeira simplesmente diz "Obrigado(a)", curva-se ou reconhece de outra forma a resposta e, em seguida, repete a pergunta. Isso continua por um tempo combinado. Antes de trocar de papéis, façam uma pausa de alguns momentos em silêncio para que a pessoa que vinha respondendo possa habitar sua experiência de desejo mais profundo com uma consciência plena e incorporada. Da mesma forma, depois que a segunda pessoa responder à pergunta, fiquem algum tempo em silêncio. Ao terminar a meditação, vocês podem trocar suas impressões.

A qualquer momento do dia, se você se encontrar movido pelo desejo, a pergunta "Meu coração anseia realmente pelo quê?" vai ajudá-lo a se reconectar com a pureza do anseio espiritual. Ao pausar e se perguntar a qualquer momento "O que realmente importa? O que mais importa para mim?", você desperta seu coração naturalmente afetuoso.

SETE

ABRINDO NOSSO CORAÇÃO DIANTE DO MEDO

> *Precisamos encarar a dor da qual vimos fugindo. Na verdade, precisamos aprender a repousar nela e deixar que seu poder abrasador nos transforme.*
>
> Charlotte Joko Beck

Quando Barbara me procurou para fazer terapia, a meditação havia se tornado tão desagradável que ela não sabia se deveria continuar praticando. Cenas assustadoras de sua infância haviam começado a invadir sua prática matutina, deixando-a abalada. Barbara tinha acabado de retornar de seu primeiro retiro de 10 dias e, embora viesse meditando regularmente havia pouco mais de um ano, nunca tinha acontecido nada tão perturbador assim. A meditação vinha sendo um refúgio para Barbara. Ela não queria abrir mão disso, mas não estava conseguindo lidar com o que vinha aflorando.

Ela me falou sobre uma imagem específica que sempre emergia nas sessões de meditação. Barbara e sua mãe haviam conversado sobre o incidente algumas vezes e agora, não importando se surgiam de sua memória ou de sua imaginação, as imagens estavam desencadeando um medo insuportável: Barbara era criança e a mãe estava dando banho nela numa bacia na mesa da cozinha. Ela ouvia o chapinhar da água e a mãe cantarolando baixinho. As duas estavam entretidas, se amando. De repente o pai chegou, bêbado e raivoso, berrando com a esposa: "Você só consegue pensar nisso... o bebê isso, o bebê aquilo... Não passou pela sua cabeça que eu poderia chegar em casa depois de dar duro o dia inteiro e estar com fome?" Empurrando a mãe para o lado, ele pegou Barbara e mergulhou a cabeça dela na água. Ela sentia as mãos grandes dele pressionando seus ombros e sua cabeça, sentia o puro pânico de estar se afogando.

A mãe de Barbara gritou "Não!" e correu para salvá-la. Envolveu a bebê numa toalha e, segurando-a firme, disse em voz baixa: "O jantar vai estar pronto em poucos minutos." Suas mãos tremiam violentamente ao vestir a filha. Barbara estava sozinha em seu mundo – choramingando, quase imóvel. Seu interlúdio pacífico havia sido destroçado num instante.

Durante sua infância, quer a raiva do pai se dirigisse à sua mãe ou a ela, Barbara repetidas vezes se sentiu paralisada pelos mesmos sentimentos – o domínio estrangulador do medo em torno do pescoço, a ansiedade e a sensação azeda no estômago. Mesmo quando o pai não estava em casa, Barbara se sentia ansiosa e no limite.

Crianças pequenas interpretam experiências abusivas achando que foram elas que causaram aquilo, que foram de algum modo culpadas. Barbara cresceu supondo que provocava os acessos imprevisíveis do pai. Quando ele começava subitamente a berrar com ela, Barbara pensava: "O que fiz de errado agora?" Subjacente a isso estava a crença: "Sou uma pessoa ruim. Sou muito ruim, por isso ele me odeia." Bem depois de as ondas de terror baixarem, Barbara ainda sentia uma sensação naufragante de vergonha que a fazia querer se deitar e se enrolar sob os cobertores. Quando chegou à adolescência, sua sensação mais persistente de si era de uma pessoa desajustada – impotente, assustada e totalmente sozinha.

Como adulta, Barbara teve sucesso em ocultar seus temores dos olhos do mundo. Era considerada por todos altamente capaz e responsável. Nem mesmo seus amigos sabiam que ela vivia em constante medo de ofender alguém sem querer, de cometer um erro, de fazer algo que despertasse a raiva de alguém. Sabiam apenas que ela era uma ouvinte maravilhosa e se sentiam revigorados em sua companhia. Encorajada pelos amigos a seguir uma carreira com base nessas qualidades, Barbara decidiu fazer mestrado em educação e se tornar orientadora pedagógica de alunos do ensino médio. Embora ficasse nervosa com adolescentes, esperava poder lhes oferecer um tipo de apoio que lhe faltara em sua adolescência.

Durante seu primeiro semestre na universidade, Barbara conheceu Randy, um estudante de negócios. De cara, Randy a adorou. Ela era tímida e carinhosa e parecia precisar de cuidados. Ao observá-la lidando com suas sobrinhas ou com uma amiga em dificuldade, ele decidiu que queria passar a vida com ela. Para Barbara, Randy era o homem perfeito: atencioso e gentil, não ameaçador. Foram morar juntos durante a faculdade e se casaram alguns meses depois de se formarem.

Pouco depois, Barbara foi contratada como orientadora pedagógica em uma pequena escola suburbana de ensino médio. Não levou muito tempo para perceber que não era tão espirituosa ou descontraída como os outros orientadores e que os alunos raramente paravam só para conversar. Quando aqueles que lhe eram designados vinham, o medo de fazer algo errado a deixava rígida e distante. Encontros com pais eram ainda piores. A ansiedade pelo próprio desempenho fazia com que tudo que dissessem soasse como um comentário sobre suas habilidades pessoais. Um "Não sei o que fazer com ela" dito por um pai ou uma mãe se traduzia na cabeça de Barbara em "Por que você não conseguiu nos orientar melhor?". Ou "Ele tem péssimos hábitos de estudo" significava "Você poderia orientá-lo melhor em relação aos estudos". Seu estômago se revirava e o nó na garganta crescia tanto que ela mal conseguia falar.

Barbara me contou que tentar manter seus temores à distância se assemelhava a trancar uma matilha de cães ferozes no porão. Quanto mais tempo permanecessem presos, mais famintos ficavam. Inevitavelmente, acabariam arrombando a porta e invadindo a casa. O que vinha agora ocorrendo durante a meditação tinha acontecido esporadicamente por anos. Cada vez que o medo assumia o controle, ela sentia que os cães estavam destruindo cada quarto, cada armário, cada canto, e que não podia fazer nada para detê-los.

Às vezes eles se soltavam antes do amanhecer. Deitada na cama, a forma escura do quadro pendurado na parede em frente lentamente ganhava foco. Amedrontada, ela percebia que estava acordada: "Ah, meu Deus, daqui a algumas horas vou ter que enfrentar mais um dia." Como podia continuar fingindo que sabia o que estava fazendo no trabalho? Outras pessoas conseguiam dar conta de empregos em horário integral, jantares com os sogros ou festinhas da empresa sem serem inundadas de apreensão. Para Barbara, tudo parecia difícil.

Às vezes os cães irrompiam depois que ela e Randy faziam amor. Eles ficavam deitados juntos e era tão gostoso quando ele acariciava os cabelos dela. Então subitamente o medo surgia – quando algo parecia tão maravilhoso, ela estava prestes a ser pega de surpresa. O medo aumentava enquanto sua mente começava a inventar histórias: "Talvez ele se entedie comigo, se canse de todos os meus medos. Talvez queira me deixar." Com medo, Barbara se encolhia e chorava. Randy se aconchegava a ela, tentando confortá-la, sem entender o que estava acontecendo.

Eu encontro com frequência clientes e alunos de meditação que lutam contra o medo. Alguns, como Barbara, sentem-se esmagados e às vezes paralisados por ele. Outros podem não ter sido abertamente traumatizados, mas, ao se conscientizarem mais, percebem como o medo controla sua vida. Todos temos cães negligenciados e famintos no porão. Se cometemos um erro, os cães dilaceram qualquer sensação de competência que possamos ter. Se alguém se zanga conosco, subitamente os cães estão ali, ameaçando desmantelar nosso mundo. Se nos sentimos rejeitados ou traídos, os cães nos convencem de que ninguém jamais nos amará.

Quando o medo assume o controle, somos envolvidos no que chamo de transe do medo. Ao ficarmos tensos em antecipação ao que pode dar errado, nosso coração e nossa mente se contraem. Esquecemos que existem pessoas que se importam conosco e nossa capacidade de nos sentirmos abertos e generosos. Aprisionados no transe, experimentamos a vida pelo filtro do medo.

Embora toda dor física e emocional seja desagradável, a do medo às vezes parece insuportável. Quando somos dominados pelo medo, nada mais existe. Nossa sensação mais contraída e dolorosa do eu é associada a sentimentos oriundos de histórias de medo, a nossas formas de resistir ao medo. Mas esse transe começa a perder seu poder sobre nós ao acolhermos as sensações brutas do medo com a Aceitação Radical. Tal aceitação é profundamente libertadora. Quando aprendemos a dizer sim ao medo, nos reconectamos com a plenitude de ser – o coração e a consciência que foram encobertos pela contração do medo.

O QUE É O MEDO?

Quem não sabe o que é sentir medo? Medo é acordar de noite, como Barbara, apavorado com a ideia de não conseguir prosseguir. Medo é a sensação de nervosismo no estômago, a dor e a pressão em torno do coração, a rigidez estranguladora na garganta. Medo é o coração batendo forte, a pulsação acelerada. O medo constringe a respiração, tornando-a rápida e superficial. O medo nos convence de que estamos em perigo e depois obriga nossa mente a interpretar o que está ocorrendo e descobrir o que fazer urgentemente. O medo assume o controle da nossa mente com histórias sobre o que vai dar errado. O medo nos faz acreditar que vamos perder a cabeça, o corpo, os amigos, a família, a própria Terra. *O medo é a antecipação da dor futura.*

A função básica do medo é assegurar nossa sobrevivência. Mesmo formas de vida primitivas como os répteis sentem medo. Num nível puramente fisiológico, o medo é uma sequência de reações físicas que ocorrem de forma invariável. Os psicólogos ocidentais chamam essa reação biológica à experiência de "afeto". Pode se desenrolar num instante ou perdurar por alguns segundos. Quando o afeto do medo surge, a química do corpo e do sistema nervoso muda para permitir diversas reações diferentes a situações ameaçadoras. Por exemplo, um fluxo sanguíneo maior nas extremidades do corpo prepara o antílope para fugir. O tensionamento dos músculos prepara a pantera para lutar. A imobilidade é a posição protetora que a lagartixa do meu filho adota cada vez que um ser humano mete a mão no viveiro. Quando nossos gatos sentem medo, os pelos em suas costas se eriçam, fazendo com que pareçam maiores e mais perigosos a fim de desencorajar predadores. Nosso poodle se agacha e parece diminuto. Da mesma forma, um ser humano poderia tentar parecer menor protegendo os pontos do corpo que são mais vulneráveis: deixando a cabeça pender à frente, elevando os ombros, curvando as costas e contraindo o peito. Em cada animal, enquanto o perigo persistir, o foco unidirecional na autopreservação é mantido.

Somente nos mamíferos a cognição e a memória interagem com o afeto para criar a emoção do medo. Também como parte de nosso equipamento de sobrevivência, a emoção do medo é moldada pelas experiências acumuladas de nossa história pessoal. O afeto do medo que surge em resposta a nossa experiência imediata combina-se com as lembranças de eventos passados associados e os afetos que estas desencadeiam. Por isso às vezes nos aterrorizamos com coisas que não parecem perigosas a outras pessoas. Embora o próprio afeto do medo dure poucos segundos, a emoção do medo persiste enquanto o afeto continuar sendo estimulado por pensamentos e lembranças assustadores.

A emoção do medo nos alerta para a possibilidade de feedback negativo se não dedicarmos mais tempo a uma redação para a aula ou ao relatório que estejamos preparando para o trabalho. A emoção do medo nos informa que, se não prestarmos mais atenção ao nosso casamento, poderemos acabar divorciados e solitários. A reação mais complexa ao perigo entra em ação quando avaliamos se devemos ou não buscar assistência médica para a dor no nosso peito. A emoção do medo surge diante de qualquer ameaça ao nosso bem-estar, seja físico, emocional, mental ou espiritual. Pode nos orientar a responder de forma saudável ou, como cada um de nós já sentiu, nos aprisionar no transe do medo.

A causa real do medo nem sempre é evidente. Minha ansiedade, quando surge, se associa ao que estiver ocorrendo mais imediatamente na minha vida. Posso estar na fila do supermercado com medo de não conseguir cumprir as demais tarefas porque estou desperdiçando um tempo precioso. Posso ter os sintomas iniciais de um resfriado e ficar com medo de que, caso piore, eu precise cancelar clientes ou deixar de ministrar minha aula de meditação semanal. Posso estar ajudando meu filho num trabalho escolar e temer que, se ele não completar a tarefa de forma criativa e ponderada, sua nota caia, reduzindo suas opções na escolha de uma faculdade. Quaisquer que sejam as circunstâncias externas, minha mente enrijece. Quando faço uma pausa e indago o que está realmente me incomodando, percebo que, em cada situação, estou prevendo a perda de algo que julgo essencial à minha vida e à minha felicidade.

A perda derradeira – subjacente a todas aquelas pequenas perdas de que sinto medo – é a perda da própria vida. A raiz de todo nosso medo é nosso apego à existência e nossa aversão à deterioração e à morte. Estamos sempre encarando a morte, de uma forma ou de outra. Sei que meus pais estão envelhecendo e um dia virá o aviso de que o fim está próximo.

Meu filho, o centro do meu universo, vai se formar no colégio e sair de casa. Pessoas em minha vida estão perdendo a memória e as capacidades físicas. Meu corpo está perceptivelmente envelhecendo, ficando cansado, dolorido. A vida é frágil e a perda está em toda parte. Esse medo da separação da vida que adoro – o medo da morte – está por baixo de todos os outros temores.

No entanto, sem nosso medo não seríamos capazes de permanecer vivos ou de prosperar. O problema é: a emoção do medo muitas vezes surge fora de hora. Mesmo quando inexiste uma ameaça imediata, nosso corpo pode permanecer rígido e em guarda, e nossa mente, focada no que poderia dar errado. Quando isso ocorre, o medo já não está funcionando para assegurar nossa sobrevivência. Somos enredados no transe do medo e nossa experiência de momento para momento fica presa na reatividade. Gastamos tempo e energia defendendo nossa vida em vez de vivê-la plenamente.

PRESOS NO TRANSE DO MEDO

Ficamos presos no transe do medo quando a emoção do medo se torna o pilar da nossa identidade e limita nossa capacidade de viver plenamente. O transe do medo geralmente começa na infância, quando sentimos medo no relacionamento com nossos entes queridos. Talvez nosso choro no meio da noite tenha frustrado nossa mãe exausta. Quando a víamos fazendo cara feia e ouvíamos seu tom estridente, nos sentíamos inseguros com a pessoa com quem mais contávamos para nossa segurança. Nossos braços enrijeciam, nossa garganta se contraía, nossos batimentos cardíacos disparavam. Essa reação física de medo diante da desaprovação pode ter ocorrido repetidamente nos nossos primeiros anos de vida. Talvez tenhamos tentado algo novo – vestir as roupas sozinhos, mas do avesso. Talvez tenhamos derrubado um copo de suco de uva no tapete da sala. Quando viajamos com a família para visitar a vovó, talvez tenhamos molhado a cama na primeira noite. Cada vez que o olhar reprovador e o tom de frustração da nossa mãe se voltavam para nós, sentíamos a mesma reação em cadeia de medo no corpo.

Embora o corpo de uma criança costume ser relaxado e flexível, se experiências de medo forem constantes através dos anos, ela adquire enrijecimento crônico: os ombros podem se tornar permanentemente nodosos e elevados, a cabeça pende para a frente, as costas ficam encurvadas, o peito afunda. Em vez de uma reação temporária ao perigo, ela desenvolve uma armadura permanente. Nas palavras de Chögyam Trungpa, nos tornamos "uma pilha de músculos tensos defendendo nossa existência". Muitas vezes nem reconhecemos essa armadura, de tão familiar que ela nos parece, mas a vemos nos outros. E, quando estamos meditando, podemos senti-la em nós mesmos – a rigidez, as áreas em que não sentimos nada.

O transe do medo não apenas cria uma contração habitual no corpo. Nossa mente também fica aprisionada em padrões rígidos. A concentração que antes servia para reagirmos a ameaças reais se torna uma obsessão. Nossa mente, ao fazer associações com experiências passadas, produz histórias incessantes lembrando-nos das coisas ruins que poderiam acontecer e criando estratégias para evitá-las. Através do "egotizar", o eu assume o papel central nessas histórias: algo terrível está prestes a ocorrer comigo; estou impotente; estou sozinho(a); preciso fazer algo para me salvar. Nossa mente busca urgentemente controlar a situação procurando a causa do problema. Apontamos o dedo para os outros ou para nós mesmos. Como sentia Barbara, o medo da raiva do pai era aumentado pela sensação de que a maldade dela o tornara tão malvado com ela. Poderíamos imaginar que inevitavelmente arruinaremos as coisas para nós e os outros, ou, presos na impotência da vitimização, que os outros sempre arruinarão as coisas para nós. Nos dois casos, nossas histórias nos contam que estamos em apuros e precisamos nos manter em guarda.

Sentimentos e histórias de indignidade e vergonha são talvez os elementos mais constantes no transe do medo. *Quando acreditamos que algo está errado conosco, ficamos convencidos de que corremos perigo.* Nossa vergonha alimenta o medo permanente e nosso medo alimenta mais vergonha. O próprio fato de sentirmos medo parece provar que somos fracassados ou incapazes. Quando estamos aprisionados no transe, ser medroso e mau parece definir quem somos. A ansiedade do nosso corpo, as histórias, as maneiras como inventamos desculpas, recuamos ou atacamos, tudo isso torna o eu ainda mais real para nós.

O transe do medo é sustentado por nossas estratégias para evitar sentir medo. Podemos aprender a mentir se isso nos proteger da raiva de alguém, a partir para o ataque se isso nos der uma injeção temporária de poder e segurança, a tentar ser bons se isso nos proteger da rejeição. A estratégia básica de Barbara como adulta era se afastar de situações sociais incômodas. Evitava ir à cafeteria do trabalho, por exemplo. Se estivesse com outros professores e orientadores em uma reunião sem participar do bate-papo casual, ela paralisava. Para se sentir segura, ela era um camundongo: obediente, quieta, quase invisível.

O mesmo ocorria fora do trabalho. Randy a encorajava a acompanhá-lo a jantares com amigos, sair para dançar ou ir à igreja com ele, mas Barbara geralmente recusava. Com frequência ele optava por ficar em casa com ela, mas às vezes, quando ele saía sozinho, o medo assumia uma forma diferente. Algo inesperado estava fadado a acontecer: cansado dela, Randy chegaria em casa dizendo que não a amava mais ou sofreria um acidente fatal. Quando Randy chegava, fiel e no horário, e tentava abraçá-la, Barbara enrijecia e uma voz interior lhe dizia: *Ele só está fingindo que se importa.* Ela não conseguia revelar como se sentia vulnerável – era mais seguro se proteger permanecendo calada.

Quando estamos no transe do medo, o resto do mundo passa a segundo plano. Como as lentes de uma câmera, nossa atenção se estreita para focar exclusivamente o primeiro plano de nossas histórias e nossos esforços para nos sentirmos mais seguros. Podemos estar almoçando com uma amiga ou conversando com um colega no trabalho, mas suas preocupações e seus sucessos estão fora do campo do que realmente importa para nós. Por outro lado, nos relacionamos com eles em termos de como afetam nosso nível de medo. Existe algo que tenham a oferecer – aprovação, conforto, companhia – que possa nos aliviar? Eles pioram a nossa sensação em relação a nós mesmos? Eles veem que estamos com medo? Estamos seguros com eles? Vivemos em nosso mundinho ameaçado.

Como estamos reagindo a um acúmulo de dor do passado, nossas reações são desproporcionais ao que está acontecendo no momento. Quando alguém nos critica, retrocedemos no tempo e não temos acesso à nossa compreensão adulta. Então nos sentimos como uma criança impotente, sozinha e aterrorizada. Perdemos a carteira, por exemplo, ou nos atrasamos para um compromisso e sentimos como se o mundo estivesse acabando. Nossa reação exagerada é mais uma humilhação. A última coisa que queremos é que os outros saibam como nossa vida é dominada pelos cães em nosso porão. Se os outros virem que estamos com medo, tememos parecer repulsivos – alguém de quem sentem pena, que não respeitam ou com quem não querem amizade. Mas, ao fingirmos estar bem, afundamos ainda mais na sensação de estar separados, sozinhos e ameaçados.

Como o transe do medo surge da sensação de estar tolhido nos relacionamentos, continuamos nos sentindo fundamentalmente inseguros até começarmos a sentir junto a outros um pouco do amor e da compreensão de que precisávamos quando crianças. O primeiro passo para achar uma sensação básica de segurança é descobrir nossa conexão com os outros. Ao começarmos a confiar na realidade do pertencimento, a opressão do medo perde força.

A SEGURANÇA DE PERTENCER A OUTROS

Em uma das nossas primeiras sessões, Barbara me contou como costumava cantar quando Randy estava por perto e como ele gostava. No carro, muitas vezes sintonizavam uma estação de rock clássico e cantavam juntos. Mas pouco antes havia acontecido algo que a deixara desconcertada.

Certa manhã, Randy estava à mesa do café fazendo seu imposto de renda enquanto Barbara limpava a cozinha. Ela havia colocado um CD para tocar e estava cantando junto. Talvez estivesse fazendo um pouco de barulho, mas o fato é que, de repente, ouviu Randy gritar: "Barbara, pode baixar o som para eu poder me concentrar?" Foi como se uma faca a tivesse apunhalado no peito. Ela desligou a música e saiu da cozinha. Randy foi atrás dela perguntando o que tinha feito de errado, mas Barbara foi para o quarto e fechou a porta sem responder.

Após me contar isso, Barbara começou a chorar. Aquilo não deveria tê-la assustado, mas assustou. Porque lhe lembrou algo que acontecia na sua infância. No seu aniversário de 12 anos, sua mãe a inscrevera num curso de dança de jazz. Barbara colocava a música na sala de estar e praticava durante horas. Numa tarde de sábado, a música subitamente parou e a voz beligerante do pai a arrancou do seu devaneio. Ela não via que estava perturbando sua paz? Deveria aprender a ter o mínimo de consideração ou sair de casa. Ela ficou paralisada, depois foi para seu quarto. Quando aquilo aconteceu pela segunda vez, ela abandonou a dança. Randy era bem diferente de seu pai, mas ela se sentiu tolhida da mesma forma. Talvez parasse de cantar, tal como tinha parado de dançar.

Perguntei a Barbara se ela poderia se permitir sentir no corpo o medo que sentira naquela manhã com Randy. Ela disse que sentiu a garganta rígida e que seu coração batia alto.

– O que esse medo quer ou precisa de você, Barbara?

Ela fechou os olhos e, após um momento, respondeu:

– Meu medo quer saber se pode ficar aqui.

Perguntei gentilmente:

– Então... você permite que seu medo esteja aqui agora?

Quando ela assentiu, sugeri que comunicasse aquilo ao seu medo.

Barbara ficou calada por alguns segundos. Respirou fundo e devagar algumas vezes, e notei que seus ombros relaxavam a cada vez que exalava o ar.

– Assim que mandei a mensagem dizendo "Eu aceito você", o medo se esvaziou um pouco... como um balão.

– Ok, fique com ele. Poderia perguntar ao medo o que ele teme?

Barbara pensou por um momento e então respondeu, com uma voz desanimada:

– Que não mereço Randy. Que ele é bom demais para mim.

Encorajei-a a rotular aquilo como um pensamento e lembrar que pensamentos não são a verdade.

Barbara e eu continuamos explorando como ela poderia usar melhor a meditação como ferramenta para encarar seus medos em vez de ser dominada por eles. Perguntei se ficaria à vontade praticando atenção plena comigo. Enquanto eu observasse sua experiência, ela poderia dizer em voz alta o que percebesse e, ocasionalmente, eu poderia fazer perguntas para orientá-la a aprofundar sua atenção. Barbara se empolgou com a ideia e nas semanas seguintes entremeamos nossa terapia pela "conversa" com essa prática de atenção plena.

Apoiada por minha presença, Barbara começou testemunhando o medo bruto que controlava sua vida. Quando sentia medo no corpo, notava que a garganta enrijecia e a voz ficava mais alta e fina. Passou a perceber os pensamentos que não paravam de prever o que poderia dar errado. Barbara observou que, junto com aqueles pensamentos, tinha uma sensação de afundamento no corpo e um estado de espírito de derrota e desesperança. Às vezes assomavam imagens ou pensamentos tão assustadores que interrompíamos a prática de atenção plena e só conversávamos. Eu observei nesses momentos que o olhar de Barbara se fixava no piso. Quando mencionei isso, ela reconheceu que era difícil olhar nos meus olhos quando sentia tanto medo.

Após um mês dessa dinâmica, Barbara me contou que estava sentindo uma mudança:

– Quando estou aqui com você, Tara, não é que os cães famintos vão embora, mas eles não parecem tão perigosos. Acho que, com o apoio de alguém, me sinto segura para abrir um pouquinho a porta e dar uma espiada no medo.

Falei que eu entendia como ela se sentia: é mais fácil encarar a crueza descontrolada do medo quando não nos sentimos sozinhos. Na verdade, o que perpetua o medo é a horrível dor do isolamento. Como Barbara contava com outra mente para ajudá-la a reconhecer o transe do medo, podia estar plenamente atenta e não se sentir tão em risco de ser subjugada.

Quando nos sentimos isolados e aterrorizados, podemos preparar o terreno para praticar a Aceitação Radical buscando primeiro a segurança básica do relacionamento. Barbara fez bem em buscar apoio quando estava esmagada pelo medo. A maioria de nós é vítima do medo ocasionalmente e buscar ajuda pode ser muito útil. Ao enfrentarmos um medo intenso, *precisamos ser lembrados de que fazemos parte de algo maior do que nosso eu assustado.* No porto seguro do pertencimento junto a outros podemos começar a descobrir o refúgio de paz que reside dentro do nosso ser.

"TOMAR REFÚGIO": DESCOBRINDO A FONTE INTERNA DE SEGURANÇA E PERTENCIMENTO

Barbara encontrou segurança e refúgio em nossas sessões, mas era uma segurança que dependia de algo externo. Ainda que a conexão com os outros seja essencial no caminho espiritual, a liberdade genuína só surge quando nossa experiência de pertencimento acha suas raízes lá no fundo de nós. A prática budista de "tomar refúgio" desperta e cultiva essa experiência interna de segurança e pertencimento.

No budismo, os três refúgios fundamentais são o Buda (nossa natureza desperta), o darma (o caminho) e a sanga (a comunidade dos aspirantes espirituais). Nesses refúgios encontramos segurança e paz genuínas. Neles descobrimos um lugar onde repousar nossa vulnerabilidade humana e um refúgio para o despertar de nosso coração e nossa mente. Em seu abrigo podemos encarar e despertar do transe do medo.

Na prática formal de tomar refúgio recitamos três vezes: "Eu tomo refúgio no Buda, eu tomo refúgio no darma, eu tomo refúgio na sanga." Embora exista uma fórmula, não se trata de um ritual vazio ou mecânico. A cada repetição nos permitimos nos abrir mais à experiência viva por trás das palavras. Ao fazer isso, a prática nos leva ao aprofundamento da nossa fé: quanto mais plenamente nos abrimos a cada refúgio e o habitamos, mais confiamos em nosso coração e nossa consciência. Ao nos refugiarmos, aprendemos a confiar no desenrolar da nossa vida.

O refúgio no Buda pode ser realizado em vários níveis e podemos escolher a forma mais significativa para nosso temperamento. Podemos tomar refúgio no Buda histórico, o ser humano que alcançou a iluminação sob a árvore *bodhi* 2.500 anos atrás. Quando o Buda encontrou Mara, sentiu medo – a mesma contração na garganta, no peito e na barriga, a mesma aceleração que todos nós sentimos quando o medo atinge nosso coração. Ao enfrentar de bom grado o medo com atenção plena, o Buda descobriu o destemor – a consciência aberta e clara que reconhece o surgimento e o desaparecimento do medo sem se contrair ou se identificar com ele. Tomar refúgio na verdade do despertar do Buda pode nos inspirar em nosso caminho rumo ao destemor.

Aqueles que são devotos por natureza poderiam buscar segurança e refúgio no espírito vivo do coração e da mente despertos do Buda. Assim como fazemos ao orar para Cristo ou Nossa Senhora, podemos tomar refúgio em um ser ou uma presença que se importa com nosso sofrimento. Ao tomar esse primeiro refúgio, às vezes eu digo "Eu tomo refúgio no Amado" e me entrego ao que sinto como a infinitude da compaixão. Quando estou sentindo medo, entrego-o ao Amado. Com isso não estou tentando me livrar do medo, mas adentrando um refúgio vasto o suficiente para segurar meu medo com amor.

Da forma mais fundamental, tomar refúgio no Buda significa tomar refúgio em nosso potencial de liberação. Para embarcar num caminho espiritual, *precisamos da fé em que nosso coração e nossa mente têm o potencial para despertar*. O verdadeiro poder da história do Buda, o poder que a manteve viva por todos esses séculos, repousa no fato de demonstrar o que é possível para cada um de nós. Acreditamos tão facilmente em histórias limitadoras sobre nós que esquecemos que nossa natureza – nossa natureza de buda – é consciente e amorosa. Quando tomamos refúgio no Buda, estamos nos refugiando na mesma capacidade de consciência que despertou Sidarta sob a árvore *bodhi*. Nós também podemos alcançar a bênção da liberdade. Também podemos nos tornar destemidos.

Depois de tomar refúgio no Amado, volto minha atenção para dentro, dizendo: "Eu tomo refúgio neste coração-mente do despertar." Abandonando qualquer ideia de que a natureza de buda é algo além ou fora de minha consciência, olho para a lucidez inata de meu ser, a abertura afável do meu coração. Minutos antes eu poderia estar me identificando como o fluxo de emoções e pensamentos que percorrem minha mente, mas, ao intencionalmente tomar refúgio na consciência, essa pequena identidade se dissolve e, com ela, o transe do medo. Ao dirigirmos nossa atenção à nossa natureza mais profunda, ao honrarmos a essência de nosso ser, nossa natureza de buda se torna para nós mais uma realidade viva. Estamos tomando refúgio na verdade de quem somos.

O segundo refúgio, o darma, também tem ricas camadas de significado. *Darma*, uma palavra sânscrita, significa a verdade, a maneira de ser das coisas, a lei da natureza. Tomar refúgio no darma é tomar refúgio na verdade de que tudo dentro e em volta de nós está sujeito a mudança;

na verdade de que, se tentarmos nos agarrar ao fluxo da experiência ou resistir a ele, aprofundaremos o transe do medo. Darma também se refere ao conjunto de ensinamentos e práticas que revelam a verdade. Tomamos refúgio nos "meios hábeis" que nos despertam para nossa natureza búdica e para nossa sabedoria e nossa compaixão naturais.

Para Barbara, achar o darma foi, de início, como achar uma balsa salva-vidas num mar tempestuoso. Repousar com atenção plena na respiração e nomear sua experiência lhe ofereceram um meio confiável de se estabilizar e obter um pouco de paz. Mas quando a prática parecia estar levando ao tormento, não à paz, Barbara não sabia o que fazer. À medida que nossa prática se aprofunda, camadas inevitáveis de medo soterrado são reveladas. Quando isso acontece, é importante achar um refúgio que nos forneça segurança e equilíbrio. Às vezes o caminho sensato é buscar ajuda, como fez Barbara. Outras vezes, o ideal é pôr de lado a prática de *vipassana* e cultivar a bondade amorosa por nós e pelos outros (ver Capítulo dez). Como Barbara veio a entender, o darma não é um conjunto rígido de regras ou práticas: quando tomamos refúgio no darma, nos refugiamos em quaisquer formas de atenção que nos ajudem a despertar do transe do medo e perceber nossa verdadeira natureza.

Como o darma é a lei da natureza, comungar com o mundo natural também é um meio de tomar refúgio no darma. Quando me sento às margens do rio Potomac e observo o turbilhão da corrente, quando me apoio num grande sicômoro e sinto que sua vida continuará além da minha, entendo intuitivamente como minha existência é vívida, dinâmica, vazia de qualquer eu sólido. *Ao sentirmos nosso pertencimento aos ritmos naturais da vida, a ilusão de estar separado e ameaçado começa a se dissolver.*

O terceiro refúgio é a sanga. Durante a vida do Buda, ele ensinou que a sanga – a comunidade dos monges e monjas – era um apoio essencial no caminho do despertar espiritual. Tradicionalmente, a sanga designa todos aqueles que percorrem o caminho do darma, o caminho da liberdade espiritual. Eles também acordavam no meio da noite sentindo medo e solidão. Eles também sentiam o medo abalador da perda e a certeza aterrorizante da morte. Quando sabemos que outros antes de nós romperam os padrões dolorosos do medo, temos mais fé em que também podemos despertar. Quando comparecemos a um retiro de meditação, nossos colegas praticantes e professores são a sanga que oferece segurança e apoio enquanto enfrentamos nosso medo.

À medida que o budismo foi sendo integrado ao Ocidente, o significado de sanga passou a incluir todos os nossos contemporâneos que, de várias maneiras, buscam conscientemente o caminho da iluminação. Somos acolhidos pela sanga quando fazemos terapia individual ou quando um amigo próximo permite que sejamos vulneráveis e reais. Tomar refúgio na sanga nos lembra que estamos em boa companhia. Fazemos parte de todos que anseiam por despertar, de todos que buscam os ensinamentos e práticas que levam à paz verdadeira.

Uma pastora conhecida minha que mora em Washington, D.C. contou que, desde os ataques terroristas do 11 de Setembro, tem medo de deixar em casa sua filha de 6 anos quando viaja, achando que uma delas pode ser morta enquanto estiverem distantes uma da outra. Atormentada antes de partir para um retiro de meditação de uma semana, ela achou refúgio em uma sanga grande o suficiente para acolher seus temores. "Quando imagino todas as outras mães do mundo que adoram seus filhos e neste momento temem pela vida deles, meu coração se sente diferente", ela me escreveu. "O medo continua ali, porém mais profundo é o sentimento de dor compartilhada e de compaixão. Estamos enfrentando juntas a possibilidade de uma perda imensurável." Se seu medo a havia isolado, levando-a a se sentir vulnerável, quando se tornou *nosso* medo ela já não se sentiu mais sozinha. A compaixão que surgiu em seu coração foi bem maior. Ao tomar refúgio na sanga das mães que tanto amam os filhos, ela despertou para o que os taoístas denominam "o escudo invencível do cuidado", a segurança de habitar no coração.

Gosto de tomar refúgio na sanga me lembrando das pessoas que amo, permitindo que sentimentos de calor humano e ternura preencham meu corpo, meu coração e minha mente. Esses sentimentos viscerais de união impregnam minhas demais reflexões quando trago à mente aqueles de quem não estou fisicamente tão próxima e, depois, todos os seres vivos em toda parte. Quando me sinto ansiosa, isolada ou insensível, tomar refúgio na sanga dessa forma suaviza meu coração e diminui o poder do transe. Às vezes posso até pensar no meu cão e, quando meu coração se sente confortado por nosso vínculo, me abrir gradualmente ao sentimento de comunhão com os outros.

Um dos três refúgios pode ser mais acessível e revigorante para você do que outro, pois nossos medos e necessidades tomam formas muito diferentes dependendo da pessoa. Podemos começar por aquele com o qual sentimos mais afinidade natural e, à medida que surgem sentimentos de segurança e conexão, nos abrir mais facilmente aos outros. O Buda, o darma e a sanga estão interligados – cada um naturalmente apoia, envolve e se desdobra nos outros.

Como acontece com qualquer prática espiritual, desenvolver uma sensação genuína de refúgio pode levar tempo. Com o passar dos anos, tomar refúgio alimenta uma fé profunda e libertadora em nosso pertencimento. O Buda ensinou que *nosso medo é grande, mas ainda maior é a verdade da nossa interdependência*. Tomar refúgio transforma nosso relacionamento com o medo. Quando sentimos a segurança do pertencimento, podemos começar a encarar o medo com a Aceitação Radical.

MEDITAÇÃO E MEDICAÇÃO

Eu estava confiante em que Barbara, em seu desespero, com o tempo se libertaria do domínio doloroso do medo através de terapia e meditação. No entanto, algumas pessoas, por mais que tentem, precisam de algo adicional para ter segurança e trazer seu medo a um nível controlável. Seja por conta de um trauma ou de predisposição genética, a química cerebral e o sistema nervoso de certas pessoas levam a níveis de medo intoleráveis. Para elas, medicamentos prescritos contra depressão e ansiedade podem ser uma ajuda extra, às vezes crucial, para que consigam confiar nos outros e realizar as práticas espirituais.

O uso de antidepressivos por pessoas que praticam meditação é um tema controverso. Já ouvi de alunos a pergunta: "Se eu tomo Prozac, não é o mesmo que desistir? Não estou admitindo que a meditação não funciona?" Aqueles que foram aconselhados por um médico a levar em conta a medicação me abordam, perturbados, temendo ficar dependentes e nunca mais funcionar sem ela. Alguns querem saber se tomar remédios não prejudica o despertar espiritual: "Os medicamentos não entorpecem as experiências que estamos tentando aceitar incondicionalmente?" Houve até um aluno que me perguntou: "A liberação não seria impossível se estivéssemos medicados? Difícil imaginar o Buda procurando um Prozac enquanto estava sob a árvore *bodhi*."

É verdade que alguns dos antidepressivos mais consumidos podem criar uma sensação de distanciamento da dor aguda, um grau de entorpecimento emocional. Também é possível se tornar ao menos psicologicamente dependente de qualquer substância que forneça alívio. Porém, quando o medo é esmagador, a intervenção médica, ao menos por algum tempo, pode ser a reação mais compassiva. Tal como a insulina para o diabetes, os medicamentos mudam uma química desequilibrada em prol da normalidade. Para alguns, esse pode ser um sábio passo no caminho espiritual. Vi alunos totalmente incapacitados pelo medo se tornarem enfim capazes de enfrentá-lo com atenção plena e bondade carinhosa depois que começaram a ser medicados. Nas palavras de um psiquiatra amigo meu, os remédios possibilitam a algumas pessoas "parar de agir na base da ansiedade e simplesmente ficar sentadas".

Medicação e meditação podem funcionar em conjunto. Enquanto os remédios mudam a experiência biológica do medo, a prática da atenção plena pode ajudar a desfazer o complexo de pensamentos e sentimentos reativos que sustenta o transe do medo. Um aluno meu de meditação, Seth, compositor e pianista, tomou antidepressivos após anos lutando em vão contra ansiedade, vergonha e depressão debilitantes. Seth tinha pavor de se apresentar em público e da expectativa de perfeição que cercava os shows. Ele me disse: "Saber compor e tocar é minha vida. Quando sinto que estou estragando tudo, fico bloqueado. Eu me sinto totalmente inútil." Quando Seth começou a tomar antidepressivos, seu nível de medo caiu bastante. As histórias e os autojulgamentos ainda surgiam, mas, como o medo era menos intenso, ele conseguia ver que seus pensamentos eram apenas pensamentos, não a verdade sobre as coisas. Aos poucos, à medida que aprofundava sua prática de meditação, Seth se familiarizou com uma sensação nova e diferente de si. Em vez de se rejeitar como doente e incapaz, começou a querer se cuidar e se confortar.

Após dois anos, Seth decidiu parar de tomar antidepressivos. Embora seu medo tivesse diminuído, ele também perdera certo grau de sua sensibilidade natural e sua empatia, e sua libido diminuíra. Após alguns meses sem o medicamento, Seth voltou a sentir ondas de medo agudo e, às vezes, depressão opressiva, mas agora, quando as velhas histórias surgem, ele consegue percebê-las com atenção plena em vez de se perder nelas. Tomar medicamentos atenuou o transe do medo. Embora as emoções continuassem intensas, seu medo não era alimentado por autojulgamento e vergonha esmagadores. Ele já não se identificava mais como um fracassado. Talvez de tempos em tempos precise voltar a buscar alívio nos remédios, mas agora ele tem uma força para sua prática espiritual e uma fé em si mesmo que lhe dão uma genuína liberdade interior.

Não existem receitas universais para o processo de despertar do transe do medo. Ao fazer escolhas no nosso caminho, é importante nos perguntarmos se servirão ou não ao despertar e à liberdade. As melhores respostas são encontradas quando olhamos honestamente para nossas intenções. Qual é a nossa intenção ao fazer terapia, ao tomar remédios ou ao praticar um estilo específico de meditação? Estamos usando medicamentos como um meio de escapar de relacionamentos dolorosos ou responsabilidades indesejadas? Pretendemos realmente encarar e aceitar o medo? Nossas escolhas estão nos ajudando a relaxar e ser mais gentis? Na busca de caminhos para a segurança, podemos fazer a nós mesmos essas perguntas e então testar para ver o que funciona.

AMPLIANDO AS LENTES DA ATENÇÃO: ABRINDO ESPAÇO PARA O MEDO

Com a ajuda da terapia, Barbara conseguiu voltar a meditar sozinha em casa. Ela aprendeu que, quando batia o medo, podia tomar refúgio ou praticar a bondade amorosa. Gradualmente, à medida que sua sensação de segurança se aprofundava, Barbara começou a se abrir mais diretamente ao surgimento do medo. Enquanto isso, continuamos enfrentando seu medo juntas em nossas sessões.

Um dia, Barbara chegou ao meu consultório pálida e com ar cansado. Vinha tendo dificuldade para dormir, contou. Uma das alunas que ela orientava, Marty, havia se envolvido com drogas e estava para ser expulsa da escola. Barbara tinha começado a temer os encontros com ela, duas vezes por semana. Marty era soturna e fechada e Barbara não sabia como ajudá-la a se abrir. Cada encontro fazia com que Barbara se sentisse mais incompetente.

Barbara tinha a voz tensa, as mãos fechadas. A ansiedade havia reduzido tanto seu foco que ela não tinha acesso à intuição e ao calor humano naturais que lhe permitiriam estar presente e se abrir com Marty. Eu sabia que, se ela conseguisse ampliar as lentes de sua atenção, sua perspectiva maior faria toda a diferença. Ela conseguiria acolher a própria ansiedade e o sofrimento de Marty com compaixão.

Pedi que fechasse os olhos e imaginasse seu próximo encontro com Marty. Imediatamente ela enrijeceu.

– Tente se visualizar sentada num banco de praça – sugeri. – Simplesmente nomeie qualquer experiência que surja, diga um "oi" amigável e convide-a a se sentar ao seu lado.

Barbara concordou.

– Sinto uma pressão no meu peito. Meu estômago parece todo retorcido... Ok, estão sentados comigo. – Após uma pausa, ela acrescentou: – Uma voz está me dizendo: "Você não vai conseguir... você nunca vai melhorar."

Eu lembrei a ela:

– Apenas diga "oi" a isso também e convide-o a se sentar.

Após um tempo em silêncio, perguntei o que estava acontecendo. Com uma breve risada, ela respondeu:

– Os medos estão todos ao meu lado no banco, mas pelo menos não estão em cima de mim. Tenho espaço para respirar!

Eu a encorajei a ir em frente e respirar fundo, a relaxar as mãos e liberar qualquer tensão que sentisse.

– Agora, sentada ali no banco da praça, você consegue ampliar sua atenção e incluir os sons ao redor? Observe a vastidão do céu se estendendo em todas as direções e continue ouvindo os sons que surgem e desaparecem nessa abertura. Com os medos ainda aí ao seu lado, sua mente consegue se unificar com esse grande espaço do céu?

O rosto de Barbara se suavizou e ela respirou fundo. Assentindo devagar, ela disse:

– O medo continua lá, mas agora parece muito menor.

Encorajei Barbara a relaxar naquele espaço suave e desperto que envolvia e acomodava seu medo.

– *Apenas deixe o medo flutuar na consciência.*

No final da sessão, Barbara era capaz de imaginar uma conversa com Marty, sentir a ansiedade subindo no peito e deixar que se desenredasse e começasse a se dissolver na consciência.

Para prestar atenção no medo, é preciso estar aberto e desperto. Como Barbara sentiu, *abrir sua mente* lhe permitiu estar presente sem constrição. *Estar desperta* permitiu que ela reconhecesse e sentisse plenamente o que vinha surgindo. Esses dois aspectos da atenção plena são essenciais para ampliar as lentes. Se não permanecermos despertos, a amplitude pode se tornar um distanciamento. Podemos buscar a abertura como uma forma de evitar o medo em vez de acolhê-lo com atenção plena.

Quando nos relacionamos *com o* medo, não *com* medo, nossa impressão de quem somos começa a mudar. Em vez de sermos um eu tenso e conturbado, reconectamo-nos com nossa consciência naturalmente espaçosa. Em vez de sermos aprisionados em nossas experiências e definidos por elas, reconhecemo-las como uma correnteza fugaz de pensamentos e sentimentos. Como nossa mente está acostumada a ficar contraída, ampliar as lentes requer prática regular. Enquanto cultivamos essa abertura luminosa pela meditação da atenção plena, podemos também usar a ferramenta de ampliar as lentes, como Barbara viria a descobrir, bem no meio de circunstâncias desafiadoras.

Marty chegou atrasada à sessão seguinte de aconselhamento. Sentando-se diante de Barbara, ela disse:

– Isso é perda de tempo. Ninguém se importa comigo, nem aqui nem em nenhum outro lugar.

Procurando desesperadamente algo "certo" para dizer, Barbara ficou olhando para Marty, consciente da onda crescente de pânico no corpo. De repente percebeu que em sua mente havia assinalado "pânico", dito "oi" para ele e o colocado no banco de praça ao seu lado. Então, espontaneamente, imaginou Marty no banco de praça também. Respirando fundo, olhou pela janela atrás de Marty e, ao ver o céu, lembrou-se daquele vasto espaço de consciência. Estava acomodando seu medo, o tique-taque do relógio e as cores vivas do pôster de Van Gogh na parede da sala. Poderia conter Marty também. Naqueles breves momentos, a mente de Barbara havia sido libertada do medo dominante de falhar. Quando voltou sua atenção para Marty novamente, viu uma pessoa confusa e magoada sentada à sua frente. O coração de Barbara se encheu de ternura. Com uma abertura que surpreendeu a ambas, ela pediu:

– Marty, por favor, me conte o que está acontecendo.

Marty começou a chorar, suas palavras saindo entre soluços:

– Eu sinto muito, sinto muito. Estou estragando tudo... para todo mundo.

Barbara se aproximou mais de Marty e, embora se sentisse um pouco desajeitada, pôs a mão suavemente no ombro da garota.

– Tudo bem, querida – murmurou, num tom reconfortante. – Está tudo bem. As coisas vão se ajeitar.

Ao abrir as lentes da consciência o suficiente para se relacionar com seu medo, Barbara havia aberto espaço para Marty também. Ao cultivar a Aceitação Radical do medo, vemos repetidamente como as asas da atenção plena e da compaixão estão interligadas. Para Barbara, ampliar as lentes e criar uma presença plenamente atenta deram origem ao seu carinho natural.

Ampliar as lentes torna possível uma presença plena e acolhedora. Imagine a diferença entre um bando de garanhões selvagens presos num pequeno curral e esses mesmos cavalos galopando pelas planícies abertas. Essa é a diferença entre ver a vida com um foco estreito e ampliar as lentes para uma visão mais ampla. Quando nosso campo de consciência é aberto e vasto, existe espaço suficiente para os garanhões do medo levantarem poeira ao galopar.

Quando estou meditando e percebo uma forte influência do medo, costumo dedicar alguns minutos a ampliar as lentes. Mas, depois que crio um pequeno espaço físico e mental, a única forma de aprofundar uma presença engajada é sentir diretamente o medo. Caso contrário, o conforto de me sentir espaçosa poderia me tentar a evitar as sensações desagradáveis da minha experiência imediata. *Estar genuinamente despertos em meio ao medo exige a disposição de contatar ativamente as sensações de medo.* Chamo essa forma intencional de se relacionar com o medo de "abraçar o medo".

ABRAÇAR O MEDO

Numa história didática popular, um homem está sendo perseguido por um tigre e salta de um penhasco na tentativa de escapar. Felizmente, uma árvore na encosta do penhasco amortece sua queda. Pendurado por um braço – o tigre rondando acima, rochas pontiagudas centenas de metros abaixo –, o homem berra, desesperado:

– Socorro! Alguém me ajude!

Uma voz responde:

– Sim?

O homem grita:

– Deus, Deus, é você?

De novo:

– Sim.

Aterrorizado, o homem diz:

– Deus, farei tudo que quiser, mas, por favor, me ajude!

Deus responde:

– Tudo bem, solte o galho.

O homem hesita, depois grita:

– Tem mais alguém por aí?

Em face do medo, soltar o que parece ser nossa tábua de salvação é a última coisa que queremos fazer. Tentamos evitar a boca do tigre e as rochas pontiagudas acumulando posses, nos deixando levar por nossas histórias mentais, bebendo três taças de vinho toda noite. Mas, para nos libertarmos do transe do medo, precisamos largar o galho da árvore e cair medo adentro, nos abrindo para as sensações e o jogo selvagem dos sentimentos no nosso corpo. Precisamos concordar em sentir o que nossa mente diz que é "excessivo". Precisamos concordar com a dor da morte, com a perda inevitável de tudo que estimamos.

Relaxar com o medo, aceitando-o, pode parecer contraintuitivo. No entanto, por ele ser parte intrínseca de estar vivo, resistir a ele significa resistir à vida. O hábito de evitar se insinua em cada aspecto de nossa vida: nos impede de amar bem, de apreciar a beleza dentro e em torno de nós, de estar presente no momento. Por isso a Aceitação Radical do medo está bem no centro do despertar espiritual.

Mais ou menos na metade de um retiro de 10 dias que eu estava conduzindo, um dos alunos, Eric, deparou com um medo que não conseguia evitar. Durante uma meditação no dia anterior, ele havia tido uma experiência que mudara sua vida. Começou com uma forte agitação que vinha sentindo em relação à mãe e à esposa, Julie. A mãe sofrera um derrame pouco antes e corria o risco de não voltar a andar nem falar, enquanto Julie vinha lutando contra a depressão crônica. Eric se sentia impotente para ajudá-las – e impotente para dar conta da crescente ansiedade que ameaçava dominá-lo.

Lembrando-se de meu ensinamento da véspera sobre se relacionar com o medo, Eric decidiu verificar o que estava sentindo. Atento às sensações de ansiedade no corpo, perguntou a si mesmo: "O que está realmente pedindo atenção?" De repente uma cena traumática de sua infância lhe veio à mente. Ele tinha uns 6 anos e estava brincando com o irmão bebê num deque na margem de um lago próximo à casa de veraneio da família. O irmão se aproximou demais da borda e caiu na água. Eric gritou por ajuda, sem saber o que fazer, mas a ajuda veio tarde demais. Eric passou a vida inteira acreditando que o irmão tinha se afogado porque ele não conseguiu salvá-lo. Agora, na meditação, todos aqueles sentimentos estavam vindo à tona e Eric sentia-se como se fosse explodir. Sua mente estava a mil por hora. Ele pensou sobre sua culpa, seus temores em relação à esposa, sobre como as coisas poderiam piorar. Queria urgentemente fazer algo, mas não sabia o quê. Subitamente o corpo de Eric se entorpeceu.

O entorpecimento era familiar. Eric volta e meia se via distante quando Julie dizia que não tinha nenhuma expectativa, nada que lhe desse alguma esperança. Ele se importava com ela, mas, em suas palavras, "não era capaz de estar nas trincheiras com ela. Não conseguia me identificar". Naqueles momentos, quando seu corpo parecia sem vida e seu coração parecia duro, sua mente tentava a todo custo descobrir como melhorar a situação. Agora, durante a prática de meditação, Eric entendeu que por trás daquele entorpecimento havia um profundo poço de dor. Ele temia se afogar nele caso se aproximasse. Mas Eric havia perguntado o que pedia atenção, e aquela era sua resposta. Estava pronto para se encontrar com o medo que vinha expulsando havia tanto tempo.

Voltar-se para o medo não significa perder o equilíbrio e se afogar no temor. Como nossa postura comum em relação ao medo é evitá-lo, virar e encarar o medo serve de corretivo. Ao ir ao encontro dele, estamos convidando, nos aproximando daquilo a que costumamos resistir. Ir ao encontro do medo permite tocar o tremor, a instabilidade, a rigidez tenaz que constituem o medo.

Quer seja uma sensação familiar mas vaga de ansiedade ou uma forte onda de medo, ir ao encontro dessa sensação pode nos ajudar a ficar atentos e livres em meio à experiência. Poderíamos despertar após um sonho perturbador, ou ter acabado de receber uma ligação do consultório de nossa médica sobre uma mamografia suspeita, ou ouvir rumores sobre um corte de pessoal em nossa empresa, ou ter lido um novo alerta sobre um potencial ataque terrorista. Em qualquer dessas circunstâncias, um bom meio de começar o processo é pausar e se perguntar: "O que está acontecendo agora?" À semelhança de Eric, podemos investigar: "O que está pedindo atenção?" ou "O que está pedindo aceitação?". De especial importância é voltar essa investigação às sensações na garganta, no coração e no estômago. Essas são as áreas em nosso corpo onde o medo se expressa de forma mais distinta.

Quando começamos a enfrentar o medo focando as sensações, o que costuma ocorrer é que nossa mente imediatamente produz uma história. Podemos nos perder em nossos planos de como reagir a uma situação assustadora. Ou podemos nos fixar em crenças e pressupostos amedrontadores: "Tenho medo de ser um fracasso", "Tenho medo de nunca encontrar o amor e a intimidade" ou "Tenho medo de que fulano(a) verá como sou desinteressante e me rejeite". Podemos nos lembrar de uma conversa recente em que nossa insegurança parecia óbvia e constrangedora. Ou podemos, como ocorreu com Eric, mergulhar numa lembrança em que ficamos face a face com a sensação de impotência.

O fundamental para nos livrarmos dos grilhões do medo é passar das histórias mentais ao contato imediato com as sensações de medo – a vida que comprime, pressiona, queima, tremula, se agita em nosso corpo. Na verdade, a história – desde que permaneçamos despertos e não fiquemos presos nela – pode se tornar um portão de entrada útil para o próprio medo cru. Enquanto a mente continua gerando histórias sobre o que tememos, podemos reconhecer os pensamentos pelo que são e mergulhar sob eles repetidamente para nos conectarmos com as sensações no nosso corpo.

As histórias que alimentavam a ansiedade e a impotência de Eric o haviam levado ao nível mais profundo de medo que ele vinha tentando entorpecer fazia muitos anos. Agora ele se abriu ao medo e indagou: "Qual é o seu tamanho?" Na mesma hora seus sentimentos de apreensão se intensificaram e a pressão crescente do medo explodiu em seu peito. Seu terror parecia capaz de preencher todo o salão de meditação. Em vez de recuar, Eric silenciosamente disse sim. Seu coração batia forte e ele sentia dor no estômago e uma forte náusea. Uma tensão torturante crescia em seu peito, como se uma muralha de músculos tentasse repelir o medo, tentando cercá-lo e contê-lo. De novo ele fez a pergunta: "Qual é o seu tamanho?" Como que libertado por essa pergunta, sua sensação de terror rompeu todos os limites. Poderia encher o universo. Como o horror puro que se apodera de nós se nosso filho sai correndo em direção a uma rua movimentada, a premência do medo estrangulando Eric parecia que nunca iria diminuir, nunca iria embora. "Se eu me abrir para isso", Eric pensou, "serei aniquilado. Este medo vai me matar."

Eric estava dizendo sim e lutando ao mesmo tempo, e a própria batalha ganhava intensidade. O medo estava dilacerando seu coração. Num instante Eric percebeu que o medo o mataria se ele não permitisse que existisse em sua plenitude. Lá no fundo, ele sabia que precisava soltar as rédeas. Nas palavras de Eric: "Eu finalmente só queria me render a algo maior que o medo. Queria desistir de controlar o que estava acontecendo em mim." Aquele desejo básico enfim venceu e Eric se entregou. "Parecia que meu corpo e minha mente estavam se rompendo, que eu estava perdido numa tempestade de ventos fortíssimos e que minhas cinzas estavam sendo sopradas em todas as direções."

Abraçar o medo pode ser aterrorizante, como Eric descobriu. E, mesmo quando o processo não é tão intenso, nunca é confortável. Na verdade, relaxar no medo pode parecer, nas palavras de Charlotte Joko Beck, "deitar-se num divã gelado". É extremamente difícil relaxar nessa situação. Queremos recuar porque parece que vamos morrer de dor. Mas, se conseguimos deixar que as duras arestas do medo nos pressionem, que sua agudeza nos apunhale, que sua violência nos estraçalhe, acontece algo surpreendente. "Quando o caos diminuiu", contou Eric, "minha mente estava totalmente quieta. Foi como se uma cacofonia berrante de sons parasse de repente e eu ficasse repousando em silêncio profundo. Foi um vasto e completo vazio, mas a sensação era indescritivelmente suave."

Como aconteceu com Eric, quando não tentamos mais controlar o medo e nos ater à vida, nossa armadura desaparece e sentimos uma profunda e pura liberdade. O outro lado da resistência ao medo é a liberdade. *Quando paramos de nos tensionar contra a vida, nos abrimos a uma consciência imensuravelmente grande e permeada de amor.*

Algumas semanas depois, Eric veio para meu grupo de meditação semanal. Parecia diferente – notei que seus ombros não estavam caídos e seu tórax parecia mais amplo. Ele me contou que, ao retornar do retiro, encontrou a esposa mergulhada numa onda de depressão e desesperança. Ele sentiu a ansiedade aumentando e automaticamente se tensionou, mas, em vez de se blindar contra o medo e se fechar, sentiu seu coração se abrir. "Fiquei impressionado com a tristeza que me dá ver Julie infeliz", ele me contou, "e quanto ela importa para mim. Então disse isso a ela e a abracei por um momento." Com um sorriso ligeiramente constrangido, ele acrescentou: "Veja bem, Tara, levei muito tempo para perceber que posso apenas abraçá-la sem tentar corrigi-la." Eric havia descoberto sua capacidade de permanecer aberto e gentil em face da ansiedade em vez de a repelir.

Quando surge o transe do medo, em vez de nos enredarmos na preocupação e procurar algo para comer, em vez de nos ocuparmos e tentar corrigir as coisas, podemos optar por ir ao encontro do medo. Naturalmente, existem ocasiões em que o medo é forte demais e não nos sentimos seguros para nos envolvermos com ele. Se estamos nos sentindo contraídos e pequenos, talvez precisemos primeiro ampliar as lentes da consciência antes de levar nossa atenção plena ao medo. Mas, naqueles momentos em que conseguimos corajosamente deitar no divã gelado do medo e experimentar suas arestas aguçadas, somos conduzidos ao amor e à consciência que estão além do alcance do medo.

O DOM DO MEDO

Barbara chegou a uma das nossas últimas sessões com um largo sorriso e ávida por me contar algo que tinha acabado de acontecer. Naquela manhã ela estava meditando em casa e novamente lhe tinha vindo à mente a lembrança de estar sendo forçada para baixo d'água pelo pai embriagado. Quando o medo começou a aumentar, ela se lembrou de pausar e respirar fundo. Barbara havia encarado seus temores várias vezes nos últimos meses, tanto na terapia como na meditação. Conseguia lidar com aquele agora. Quando sua garganta enrijeceu, ela evocou o coração destemido do Buda e imaginou sua presença compassiva acolhendo o medo. Quando as imagens da infância ameaçaram arrebatá-la, ela se voltou plenamente ao presente e, ouvindo os sons dos grilos e passarinhos fora de sua janela, sentiu que a natureza a estava ajudando a acolher o medo. Quando sua mente se sentiu aberta o suficiente, deixou-se ir ao encontro da dor aguda e opressora no peito. Ao final da prática, ela sentiu realmente a "calma após a tempestade". Ainda conseguia ver as imagens, mas elas não pareciam desencadear sentimentos no seu corpo.

– A lembrança pode voltar – disse ela –, mas, de algum modo, não acho que sua dor vá me dominar de novo... nunca mais.

Eu já ia comemorar quando Barbara continuou:

– De carro, passei pela igreja do meu bairro. Há sempre uma mensagem no quadro de avisos. A de hoje dizia: *O que acontece embaixo d'água? O Espírito Santo entra.*

Ficamos sentadas em silêncio por um tempo, absorvendo o poder daquela mensagem.

– Veja bem – continuou Barbara –, eu consigo ver agora que meu pai foi o primeiro a me batizar. Por estranho que pareça, foi ele quem pôs em marcha todo o meu desenvolvimento espiritual.

Falei que aquilo não parecia nada estranho.

– A dor daquela experiência e todas as vezes que ele magoou você *foram* batismos. Despertaram em você uma profunda vontade de paz, de amor... uma vontade que guiou você no caminho espiritual.

Ela assentiu devagar, os olhos marejados.

– É verdade. Talvez esse desejo seja a voz do Espírito Santo, e estou enfim aprendendo a ouvir com mais atenção.

Antes de ela ir embora naquele dia, deixei claro que respeitava muito sua dedicação à prática espiritual:

– É preciso ter coragem para ouvir profundamente, e foi o que você fez. Em vez de desistir da meditação, ou da vida, você se mostrou disposta a continuar prestando atenção.

Ficamos mais um tempo em silêncio, e percebi o que mais tinha me deixado feliz.

– Ao encarar o medo, você se abriu para um amor tão grande que conteve o seu lado amedrontado.

Quando ficamos face a face com o medo e a dor na nossa psique, estamos no portão de entrada para uma tremenda renovação e a liberdade. Nossa natureza mais profunda é a consciência, e, quando a habitamos plenamente, amamos livremente e somos íntegros. Tal é o poder da Aceitação Radical: quando paramos de combater a energia que estava envolvida no medo, ele naturalmente se solta no mar ilimitado da consciência. Quanto mais despertamos das garras do medo, mais radiante e livre se torna nosso coração.

Vários meses após encerrarmos a terapia, encontrei Barbara num workshop de meditação de um dia inteiro que eu estava ministrando. Durante o intervalo para o almoço, ela veio me mostrar algo. Era um folheto de uma academia de dança. Barbara havia se matriculado num curso de jazz de 10 semanas. Além disso, ela e Randy haviam começado a fazer aulas de swing juntos. No fim de semana anterior, ela me contou, eles tiveram "bons momentos" ao visitar os pais dela. Eu sabia que Barbara havia se aproximado do pai depois de ele ingressar nos Alcoólicos Anônimos e que sua mãe "era uma nova pessoa". Além disso, a presença de Randy ali sempre fazia com que ela se sentisse segura. Mas daquela vez uma "verdadeira revolução" havia ocorrido. Depois que os quatro terminaram de jantar, Barbara foi até a sala de estar e pôs para tocar uma gravação de sua aula de dança. Acompanhados de uma banda alta e alegre, ela e Randy deram uma demonstração viva dos passos que tinham acabado de aprender. Os pais dela bateram palmas e depois insistiram em tentar os passos! A certa altura, seu pai disse a ela: "Barb, você dançava quando era pequena. Você era boa. Por que parou?" Ela sorriu e não respondeu. Por dentro, sentiu uma pontada de tristeza, a dor de não ter sido compreendida. Mas seus velhos temores já não a impediam de dançar, e aquilo fez com que nascesse um raio de esperança dentro dela.

– Não é só a dança, Tara – disse Barbara. – É tudo. Sinto que minha vida está à minha frente e que estou livre para vivê-la.

NOSSO DERRADEIRO REFÚGIO

Enquanto estivermos vivos sentiremos medo. É uma parte intrínseca da nossa constituição, tão natural como um dia de frio intenso no inverno ou os ventos que quebram galhos de árvores. Se resistimos ao medo ou o colocamos de lado, perdemos uma grande oportunidade de despertar. Rilke escreve:

> *Oh, noites de angústia. Por que não me ajoelhei mais fundo para aceitar vocês,*
> *Inconsoláveis irmãs, e, rendendo-me, perder-me*
> *em seus cabelos soltos? Como desperdiçamos nossas horas de dor.*
> *Como olhamos além delas para a duração amarga*
> *Para ver se têm fim. Embora sejam realmente*
> *Estações nossas, nosso inverno.*

Se estamos aguardando apenas que nosso medo termine, não iremos descobrir a presença pura e amorosa que se desenrola quando nos rendemos às noites mais escuras. Só nos entregando ao fluxo de vida, perda e morte é que alcançamos essa liberdade.

Encarar o medo é um treinamento de toda uma vida em abrir mão daquilo a que nos apegamos – é treinar como morrer. Praticamos isso ao encarar nossos muitos temores diários: ansiedade com nosso desempenho, insegurança com certas pessoas, preocupações com nossos filhos, com nossas finanças, medo de decepcionar as pessoas que amamos. Nossa capacidade de acolher as perdas frequentes na vida com Aceitação Radical cresce com a prática. Com o tempo, descobrimos que conseguimos realmente lidar com o medo, inclusive aquele mais profundo, que é o de perder a própria vida.

Nossa disposição de enfrentar nossos temores nos liberta do transe e concede as bênçãos da consciência. Soltamos as camadas mais profundas e sutis de resistência até não restar nada a que resistir, até só restar a consciência desperta e aberta. Esse é o refúgio que tem espaço para a vida e para a morte. Nessa consciência radiante e imutável podemos, nas palavras de Rilke, "incluir a morte, toda a morte [...] podemos incluí-la gentilmente no coração e não [...] nos recusar a continuar vivendo". A Aceitação Radical do medo nos conduz a essa fonte de toda a liberdade, a esse derradeiro refúgio que é nosso verdadeiro lar.

MEDITAÇÃO GUIADA:

Indo ao encontro do medo com uma presença aberta e engajada

Você se beneficiará de cultivar uma presença aberta e engajada, conforme descrita neste exercício, durante os momentos em que não estiver experimentando sentimentos e sensações ligados ao trauma. Se o seu medo está relacionado ao trauma ou parece esmagador, a prática de estar com esse medo pode levar a uma sobrecarga emocional e ser inadequada. Nesse caso, em vez de enfrentar o medo sozinho(a), é importante que você busque o apoio de amigos de confiança, a orientação de um professor de meditação ou a ajuda de um psicoterapeuta.

Ache um lugar confortável para se sentar, onde a vista não o(a) distraia nem o(a) confine. Você pode olhar pela janela, para uma parede vazia ou para um espaço arrumado em sua casa. Com os olhos abertos, repouse o olhar em um ponto ligeiramente acima da sua linha de visão. Suavize seus olhos para que não foquem nada e você também receba as imagens da sua visão periférica. Relaxe a área ao redor dos olhos, deixando os globos oculares flutuarem suavemente nas órbitas. Dedique alguns minutos a fazer um escaneamento breve do corpo, liberando qualquer tensão, especialmente nos ombros, nas mãos e na barriga.

Agora, com uma consciência receptiva, comece a observar o surgimento e o desaparecimento de sons no espaço ao seu redor. Passe um ou dois minutos simplesmente ouvindo. Esteja atento(a) aos sons próximos, observando o começo e o fim deles. Observe os espaços entre os sons. Fique atento(a) a sons mais distantes, depois se abra para os mais distantes que conseguir detectar. Relaxe e abra-se para a consciência que inclui até mesmo os sons mais distantes que você detecta. Sinta como tudo que você percebe – visões, sons, sabores, sensações, estados de espírito – surge e desaparece dentro de uma consciência ilimitada.

Continue de olhos abertos, olhando para baixo, ou, se preferir, feche os olhos. Deixe sua atenção repousar suavemente na expiração, relaxando no espaço a cada exalação. Acompanhe cada respiração enquanto o ar se dissolve no espaço aberto. Sinta que seu corpo e sua mente poderiam relaxar com a expiração e se dissolver no espaço. Sinta que sua consciência está se misturando ao espaço infinito, totalmente aberto, ilimitado.

À medida que o ar entra, simplesmente permaneça na abertura, ouvindo e acordado(a), sem fazer nada. Então novamente se solte para fora com a exalação. Inspirando, permaneça na consciência receptiva e espaçosa. Exalando, relaxe na abertura. Você pode meditar com a respiração dessa forma pelo tempo que quiser.

Agora, repousando nessa abertura natural, traga à mente uma situação que evoque medo. Pergunte-se: "Qual é a pior parte desta situação? De que eu realmente sinto medo?" Embora sua investigação possa evocar uma história, se você ficar alerta às sensações que surgem em seu corpo, a história se tornará um portão de entrada para acessar seus sentimentos mais plenamente.

Prestando atenção especial nas áreas da garganta, do peito e do estômago, descubra como o medo se expressa em você. Você pode gentilmente convidar o medo: "Seja como você realmente é." Agora, ao inspirar, deixe a respiração tocar o local de maior dor e maior vulnerabilidade. Traga sua plena atenção para as sensações de medo. Ao expirar, sinta a abertura do espaço que acolhe sua experiência. Sinta o medo como que flutuando e se desfazendo nessa abertura.

Qual a verdadeira sensação do medo? Onde em seu corpo você o sente com mais força? As sensações mudam ou se movem para outras partes do seu corpo? Qual é a forma dele? Qual é a cor, se houver? Como você sente o medo em sua mente? Ela parece contraída? Está acelerada ou confusa?

A cada inspiração, sinta sua vontade de se conectar suavemente com as ondas da vida que são desagradáveis e perturbadoras. Expirando, relaxe e sinta como as ondas de medo pertencem a um mundo maior, um oceano de abertura. Você pode entregar seu medo a esse vasto e terno espaço de cura. Inspirando, você entra em contato com as sensações imediatas com uma atenção gentil e clara. Expirando, você percebe que pertence à consciência ilimitada que tem espaço para todos os medos da vida.

Se você se sentir na defensiva ou entorpecido(a), concentre-se em suas sensações físicas e contacte-as plenamente com a inspiração. Se você sentir que o medo é "excessivo", enfatize a expiração – entregando-se à abertura e à segurança. Pode ser útil recomeçar, ouvindo sons ou abrindo seus olhos. Você pode recordar a amplitude do mundo ou refletir com compaixão sobre todos aqueles que neste momento também estão sentindo medo. Você pode trazer à mente uma pessoa, uma figura espiritual ou um lugar na natureza que lhe transmita a sensação de segurança. Uma vez que sinta que pertence a um mundo maior, preste atenção novamente na maneira como o medo se expressa através do seu corpo e da sua mente. Com o tempo, você descobrirá um equilíbrio habilidoso entre tocar o medo e lembrar a abertura.

Você pode praticar ficar com o medo a qualquer hora do dia que ele surgir. Usando a respiração, permita-se tocar as sensações de medo e, exalando, libere-se à abertura. Dessa forma a energia não fica soterrada nem começa a infecionar. Em vez de reforçar um eu medroso que está fugindo da vida, você se torna cada vez mais confiante e se sente mais plenamente vivo.

OITO

DESPERTANDO A COMPAIXÃO POR NÓS MESMOS: TORNANDO-NOS O ACOLHEDOR E O ACOLHIDO

Tudo de que você precisa já está dentro de você, basta se aproximar de si com reverência e amor. A autocondenação e a falta de confiança em si são erros graves [...] tudo que lhe peço é: torne perfeito o amor por si mesmo.

Sri Nisargadatta

*Deus criou a criança, ou seja, teu desejo,
Para que pudesses chorar, de modo a vir o leite.*

*Chora! Não fiques frio e silencioso
Com tua dor. Lamenta! E deixa o leite
Do amor fluir para dentro de ti.*

Rumi

Estávamos no terceiro dia de um retiro de meditação de uma semana quando Daniel veio me ver para sua primeira entrevista. Ele afundou na cadeira à minha frente e se proclamou a pessoa mais crítica do mundo.

– Quando eu medito, não importa o que eu esteja pensando ou sentindo [...] acabo achando algo errado. Durante a prática andando ou ao comer, começo a pensar que eu deveria estar fazendo aquilo melhor, com mais atenção. Quando faço a meditação da bondade amorosa, meu coração parece de pedra.

Quando Daniel estava sentado e sentia dor nas costas, ou quando sua atenção se dispersava, ele se condenava, julgando que nunca seria bom em meditar. Daniel confessou que até se sentiu constrangido em ir para a entrevista, temendo desperdiçar meu tempo. Embora outras pessoas não estivessem livres de seu bombardeio de hostilidade, grande parte era dirigida a si mesmo.

– Sei que os ensinamentos budistas se baseiam em ser compassivo – disse Daniel, com amargura –, mas é difícil imaginar que um dia vão funcionar comigo.

Ser duro consigo mesmo, como Daniel era, é algo familiar a muitos de nós. Tantas vezes nos distanciamos da dor emocional – vulnerabilidade, raiva, ciúme, medo – encobrindo-a com o autojulgamento. Quando expulsamos partes de nós, afundamos ainda mais no transe da indignidade. Poderíamos perceber claramente as falhas e deficiências em nós e nos outros, poderíamos reconhecer que estamos julgando, poderíamos admitir que estamos presos na raiva, no apego ou no medo. Poderíamos até dizer que aceitamos o que vemos, mas a Aceitação Radical tem duas asas: compaixão e atenção plena. Não podemos aceitar nossa experiência se nosso coração se endureceu no medo e na culpa.

Nos dois últimos capítulos vimos como um grau de compaixão ajudou pessoas a usar habilmente as ferramentas da atenção plena ao enfrentar o desejo ou o medo. Quando Sarah, que lutava contra a compulsão alimentar, lembrou-se de que "Não é culpa minha" e se perdoou, seu coração se abriu e amoleceu de modo a possibilitar a presença atenta. Barbara não conseguia encarar seu medo até se refugiar no relacionamento da nossa terapia e aprender a achar um reservatório de segurança e refúgio em si mesma. Enquanto até aqui a ênfase foi em usar a asa da atenção plena para se libertar do sofrimento, neste e nos próximos dois capítulos vamos tratar de como despertar diretamente a asa da compaixão.

Se estamos presos no autojulgamento como Daniel, nosso primeiro e mais sábio passo rumo à liberdade da Aceitação Radical é desenvolver compaixão por nós mesmos. Se magoamos alguém e estamos nos culpando e nos recriminando, a compaixão por nós mesmos nos permite achar um meio sábio e curativo de fazer as pazes. Se estamos nos afogando na dor ou no pesar, despertar compaixão nos ajuda a lembrar o amor e a conexão em nossa vida. Em vez de os expulsarmos, nos libertamos acolhendo nossos locais doloridos com a ternura incondicional da compaixão.

Compaixão significa estar com, sentir com, sofrer com. Os textos budistas clássicos descrevem a compaixão como um tremular do coração, uma ternura visceral em face do sofrimento. Na tradição budista, quem realizou a completude da compaixão e vive a compaixão é chamado de bodisatva. O caminho e o ensinamento do bodisatva consistem em que, quando permitimos que nosso coração seja tocado pelo sofrimento (nosso ou de outra pessoa), nossa compaixão natural floresce. A aspiração do bodisatva é simples e poderosa: "Que todas as circunstâncias sirvam para despertar a compaixão." Quando passamos por um divórcio, tememos por nosso filho, enfrentamos uma doença, encaramos a morte, o que estiver acontecendo pode ser uma ponte para uma compaixão clara e ilimitada, que é a essência da Aceitação Radical.

Minha compreensão do caminho do bodisatva é que somos todos seres despertando, cada um de nós aprendendo a encarar o sofrimento, cada um de nós descobrindo a compaixão que expressa nossa natureza mais profunda. Ao passar a confiar no sofrimento como um portão de entrada para a compaixão, desfazemos nosso condicionamento mais profundo de fugir da dor. Em vez de lutar contra a vida, somos capazes de abraçar nossa experiência, e todos os seres, com uma presença plena e terna.

Para cultivar a ternura da compaixão, não apenas paramos de fugir do sofrimento como deliberadamente trazemos nossa atenção para ele. As práticas budistas de compaixão geralmente começam com a consciência da nossa dor, porque, uma vez que nossos corações sejam ternos e abertos ao nosso sofrimento, é mais fácil estender a compaixão aos outros. Às vezes nos conectamos mais facilmente com a ternura focando nossa atenção primeiro no sofrimento dos outros e depois trazendo-a à nossa experiência. De qualquer modo, ao sentir o sofrimento e nos relacionarmos com ele com afeto em vez de resistência, despertamos o coração da compaixão. Ao praticar responder ao nosso sofrimento com a gentileza da compaixão, nosso coração pode se tornar, como diz a professora budista Sharon Salzberg, tão vasto quanto o mundo.

ACOLHENDO-NOS COM COMPAIXÃO

Quando perguntei a Daniel há quanto tempo ele vinha se voltando tão duramente contra si, ele hesitou por um instante. "Desde que me entendo por gente", respondeu. Havia se juntado à voz da mãe em se atormentar desde bem cedo, ignorando a dor em seu coração. Quando adulto, tratava seu coração e seu corpo com impaciência e irritação. Mesmo em face de um divórcio tempestuoso e uma longa crise de dor crônica nas costas, Daniel foi incapaz de reconhecer a realidade e a intensidade de seu sofrimento. Pelo contrário, criticava-se por ter arruinado seu casamento e por não ter o bom senso de se cuidar direito.

Perguntei a Daniel se ele poderia me contar o que acontecia em seu corpo quando estava se julgando. Ele apontou para o peito e disse que seu coração se sentia preso por rígidas cordas de metal. Perguntei se conseguia sentir aquilo naquele exato momento. Para sua surpresa, Daniel ouviu-se dizendo:

– Você sabe, isso dói muito.

Gentilmente perguntei como ele se sentia em relação àquela dor no coração.

– Triste – respondeu ele suavemente, com os olhos marejados. – É difícil acreditar que carrego tanta dor há tanto tempo.

Sugeri que levasse a mão ao coração, ao local onde mais sentia a dor. Perguntei se poderia enviar uma mensagem à dor:

– Como você se sentiria se dissesse "Eu me importo com este sofrimento"?

Daniel me olhou e depois voltou a olhar para baixo.

– Estranho, eu acho.

Encorajei-o a tentar, a apenas sussurrar as palavras. Ao fazê-lo, e depois repetir a frase lentamente duas vezes, os ombros de Daniel começaram a tremer com os soluços silenciosos.

Todos nós já sentimos o poder do cuidado de alguém para dissolver nossa armadura. Quando estamos contrariados, muitas vezes só depois que alguém se dá ao trabalho de nos ouvir ou de nos dar um abraço somos capazes de sucumbir e chorar. Quando alguém nos diz, como sugere Thich Nhat Hanh, "Querido(a), eu me importo com seu sofrimento", uma cura profunda começa.

Poderíamos prontamente oferecer esse cuidado aos outros, mas podemos aprender a oferecer esse mesmo tipo de atenção gentil a nós mesmos. Com a mesma ternura com que acariciaríamos a bochecha de uma criança que dorme, podemos suavemente pôr a mão em nossa bochecha ou em nosso coração. Podemos nos confortar com palavras de gentileza e compreensão.

Oferecer a nós mesmos tal cuidado pode parecer estranho e pouco familiar de início, como ocorreu com Daniel. Às vezes estender a compaixão a nós mesmos desse modo parece simplesmente constrangedor. Pode desencadear uma sensação de vergonha por sermos carentes e desmerecedores, vergonha por sermos autocomplacentes. Mas esse ato revolucionário de tratarmos a nós mesmos com ternura pode começar a desfazer as mensagens repulsivas de uma vida inteira.

Nos dias seguintes, sempre que Daniel percebia que estava julgando a si ou outros, verificava seu corpo para ver onde estava sentindo dor. Geralmente achava sua garganta, seu coração e seu estômago tensionados pelo medo e seu peito pesado e dolorido. Com um toque bem gentil, Daniel levava a mão ao coração e dizia: "Eu me importo com este sofrimento." Como ele sentava à frente do salão de meditação, eu percebia que sua mão estava quase o tempo todo no coração.

Uma tarde, Daniel veio me contar algo que havia acontecido naquele mesmo dia na meditação. Uma cena havia surgido em sua mente: estava na casa da mãe brigando com ela. Ao tentar explicar que não era irresponsabilidade tirar uma semana de folga para meditar, ele a ouviu responder com desdém: "Seu vagabundo preguiçoso, por que não faz algo que valha a pena?" Aquele era o mesmo tipo de mensagem degradante que, em sua juventude, fazia com que ele quisesse se contrair e desaparecer. Daniel sentiu seu peito se encher do calor e da pressão da raiva. Em sua mente, ouviu-se berrando: "Sua maldita, você não entende! Você nunca entendeu. Não dá para se calar por um minuto e ver quem eu sou?!"

Daniel sentia a dor da raiva e da frustração como uma faca apunhalando seu coração. Estava prestes a se lançar em uma diatribe contra si por ser tão frouxo, por não enfrentá-la e por ser um praticante cheio de ódio. Em vez disso, pôs as duas mãos no coração e murmurou várias vezes: "Eu me importo com este sofrimento. Que eu possa me livrar do sofrimento." Após alguns minutos, a raiva penetrante havia diminuído e, em seu lugar, ele sentiu um calor se espalhar pelo peito e um abrandamento e uma abertura em torno do coração. Sentindo que sua parte vulnerável estava ouvindo e se reconfortando, Daniel disse: "Não vou abandonar você. Estou aqui e me importo." Pelo resto do retiro, Daniel prosseguiu com essa prática, e alguns dos nós dolorosos, das feridas de seu eu jovem e angustiado, lentamente começaram a se desfazer.

Quando Daniel veio à entrevista final, toda a sua fisionomia havia se transformado. Seu corpo estava relaxado e seus olhos brilhavam. Em contraste com sua falta de jeito e a hesitação anterior comigo, Daniel parecia contente por estar ali. Disse que os julgamentos e as autoincriminações continuavam, mas não com a mesma crueldade implacável. Não mais aprisionado na sensação constante de que algo estava errado com ele, Daniel começava a perceber o mundo de novas maneiras: os outros alunos pareciam mais amigáveis; os hectares de floresta eram um refúgio convidativo e mágico; as palestras sobre o darma despertavam um fascínio e uma admiração pueris sobre "como tudo é". Sentia-se energizado e de algum modo desconcertado com a nova sensação de possibilidade em sua vida. Ao se acolher com uma presença compassiva, Daniel estava se libertando para participar mais plenamente deste mundo.

Como Daniel, ficamos tão viciados em julgar e desconfiar de nós mesmos que qualquer gesto sincero de carinho pelos locais feridos causa uma transformação radical. Nosso sofrimento se torna um portão de entrada para a compaixão que liberta nosso coração. Quando nos tornamos os portadores de nossas dores, nossos velhos papéis como juízes, adversários ou vítimas deixam de ser alimentados. No lugar deles, achamos não um papel novo, mas uma abertura corajosa e a capacidade de ternura genuína não só por nós, mas também pelos outros.

RECORRENDO À COMPAIXÃO

Num workshop de fim de semana que conduzi sobre a Aceitação Radical, uma das participantes, Marian, contou sua história sobre a vergonha e a culpa que a haviam torturado. A filha de Marian, Christy, recuperando-se do alcoolismo, pedira que a mãe se juntasse a ela na terapia. Enquanto suas sessões se desenrolavam, Christy revelou que durante a adolescência sofrera abusos sexuais do padrasto, o segundo marido de Marian. Quando Marian estava dormindo ou não estava em casa, ele entrava no quarto de Christy e trancava a porta para que a irmã mais nova não os surpreendesse. Quase toda semana ele chegava bêbado, exigia que ela fizesse sexo oral nele e depois a fazia jurar que ficaria calada. Dizia que, se alguém chegasse a saber daquilo, ele a espancaria tanto que ela desejaria nunca ter nascido. Ele também ameaçava fazer a mesma coisa com a irmã mais nova de Christy. Às vezes gritava, dizendo que, se a mãe dela algum dia descobrisse, aquilo a destruiria. Ela provavelmente se mataria.

A cada nova revelação da filha, Marian sentia sua alma despencar mais num poço sem fundo. Seus dias se tornaram um pesadelo. Ela repetia implacavelmente o filme mental de seu marido esgueirando-se no quarto de Christy e forçando sexualmente a menina. A raiva a dominava e ela tramava atos violentos de vingança contra aquele homem. Só aos poucos percebeu quão culpada também era.

Imaginando-se ignorante, adormecida no andar de baixo após talvez ter tomado vinho em excesso, Marian se sentia arruinada pelo ódio por si própria. Sua mente alimentava o sofrimento com seus ataques incessantes de "Se eu soubesse" e "Como pude ser tão cega?". A compaixão por si mesma não apenas era impossível como Marian estava convencida de que teria sido errada. Ela era a mãe, dizia a si mesma. O que havia acontecido com Christy era culpa sua. Ela merecia sofrer.

Então, numa sessão, o que Marian temera o tempo todo aconteceu. Christy a atacou verbalmente:

– Você ficou dormindo durante toda a minha adolescência! Eu estava sendo violada e não tinha onde me proteger. Não havia ninguém ali para cuidar de mim.

O rosto de Christy estava vermelho e seus punhos estavam cerrados.

– Pronto, consegui. Contei a verdade e *agora você vai desaparecer de novo*. Eu tinha medo de te contar na época, e agora sei por quê. Você não consegue enfrentar a verdade. Você não consegue lidar comigo. Nunca conseguiu. Eu te odeio! – gritou Christy. – Eu te odeio! Eu te odeio!

Marian sentiu as palavras dilacerarem seu coração. Ao observar Christy se desmanchar em fortes soluços palpitantes, Marian soube que o que ouvira era verdade. Ela realmente tinha se escondido da dor de Christy dormindo. Não conseguia enfrentar o envolvimento de sua filha com drogas, seus conflitos com os professores, suas faltas e suspensões na escola, porque não conseguia enfrentar nada em sua vida. Como no primeiro casamento, seu relacionamento com o segundo esposo rapidamente se desintegrou depois que ele teve um caso. Sua forma de lidar com a depressão era bebendo com suas amigas e dormindo demais. Na época em que começou a terapia e enfim se divorciou, ambas as filhas haviam saído de casa. Agora ela sabia quão tragicamente havia falhado com Christy e sua irmã, como havia falhado em tudo que era importante. Não havia motivo para continuar vivendo.

Todos nós prejudicamos outras pessoas e achamos que somos maus devido às nossas ações. Para Marian, a verdade inevitável era que ela havia desempenhado um papel direto no sofrimento de Christy. Quando, assim como Marian, encaramos a verdade de que ferimos os outros, às vezes gravemente, o sentimento de culpa pode nos dilacerar. Mesmo quando o dano não é tão grande, alguns ainda se sentem indignos de compaixão ou redenção. Nesses momentos, a única forma de encontrar compaixão por nós é recorrer a algo maior do que o eu que se sente tão pequeno e miserável. Poderíamos tomar refúgio invocando o Amado, o Buda ou Nossa Senhora, Deus ou Jesus, o Grande Espírito, Shiva ou Alá. Recorremos à consciência amorosa esperando que seja grande o suficiente para oferecer conforto e segurança ao nosso eu dilacerado.

Como católica, Marian havia encontrado, através da oração, momentos de paz e comunhão profundas com um Deus amoroso. Mas, em seu desespero, agora se sentia sozinha no universo. Claro que Deus existe, mas ela se sentia pecadora e miserável demais para recorrer a ele. Thomas Merton escreveu: "O verdadeiro amor e a verdadeira oração são aprendidos na hora em que a oração tornou-se impossível e o coração transformou-se em pedra." A hora de Marian havia chegado.

Temendo se prejudicar, Marian buscou o aconselhamento de um sacerdote jesuíta idoso que havia sido um de seus professores no colégio. Chorando, ela desmoronou na cadeira superestofada que ele lhe ofereceu.

– Por favor, me ajude – ela implorou.

Ele ouviu seu relato e ficou sentado em silêncio com ela enquanto chorava. Quando ela se acalmou, ele gentilmente pegou uma de suas mãos e começou a desenhar um círculo no centro da palma.

– Isto – disse ele – é onde você está vivendo. É doloroso, um lugar de contrariedades e dor profunda. Este lugar não pode ser evitado, aceite-o.

Depois ele cobriu toda a sua mão com a dele.

– Mas, se puder – prosseguiu ele –, tente também lembrar disto: existe uma grandeza, uma integridade que é o reino de Deus, e *nesse* espaço misericordioso sua vida imediata pode se desenrolar. Esta dor – de novo ele tocou o centro da palma da mão dela – está sempre acolhida no amor de Deus. Quando você conhecer tanto a dor como o amor, suas feridas vão se curar.

Marian sentiu uma grande onde de compaixão fluindo pela mão do sacerdote e gentilmente banhando-a, convidando-a a se render ao seu abraço carinhoso. Ao lhe entregar seu desespero, sabia que estava se entregando à misericórdia de Deus. Quanto mais se entregava, mais se sentia acolhida. Sim, havia sido cega e ignorante, havia causado um dano irreparável, mas não era indigna, não era má. Ao ser acolhida na compaixão infinita de Deus, podia achar o caminho até o próprio coração.

Sentir compaixão por nós mesmos não nos exime da responsabilidade por nossas ações. Pelo contrário, nos liberta da autodepreciação que nos impede de reagir à nossa vida com clareza e equilíbrio. O sacerdote não estava aconselhando Marian a ignorar a dor ou a negar que havia falhado com a filha, mas a abrir seu coração ao amor que podia começar a cura.

Agora, em vez de ficar trancada dentro de seus pensamentos torturantes, Marian conseguia lembrar a possibilidade da compaixão. Quando o remorso ou a autodepreciação surgiam, ela mentalmente dizia: "Por favor, contenha esta dor." Quando sentia que sua angústia era acolhida por Deus, conseguia encará-la sem se sentir destroçada nem querer se destruir. Quando sua mente começou a se acomodar e clarear, Marian foi capaz de refletir no que poderia fazer para ajudar Christy.

Duas semanas depois, quando voltaram a se reunir na sessão de terapia, Christy estava contida e fria. Em silêncio, Marian ocupou um assento ao lado dela no divã. Como Christy não recuou, Marian aproximou-se mais. Falou que sabia que tinha falhado terrivelmente com ela.

– Eu deveria ter estado lá para proteger e confortar você, mas não. Eu estava tão envolvida na minha dor que não consegui ver a sua. – Ela fez uma pausa, olhando seriamente nos olhos da filha. – Não tenho como expressar quão arrependida estou. Sei que não posso fazer sua dor ir embora, Christy, mas quero estar junto a você em sua busca de si mesma. Eu não vou sumir de novo.

Pegando suavemente a mão de Christy, Marian contou a história do que havia acontecido com o sacerdote. Desenhando um círculo suave no centro da palma dela, sussurrou estas palavras:

– Este lugar não pode ser evitado, aceite-o. – Depois, cobrindo a mão de Christy com a sua, prosseguiu: – Mas neste espaço misericordioso que é o reino de Deus, sua vida pode se desenrolar.

Quando elas se abraçaram, ambas estavam chorando. Envolvendo a filha em prantos, Marian se sentiu repleta de uma compaixão terna – por ambas. Christy se deixou envolver, entregando-se à força e à segurança inesperadas do amor de sua mãe. Não havia como evitarem a dor bruta das feridas ainda abertas, mas agora poderiam curá-las juntas. Ao se abrir e se sentir acolhida na misericórdia de Deus, Marian havia descoberto a compaixão que poderia incluir ambas.

A história de Marian despertou sentimentos profundos nos participantes do workshop sobre Aceitação Radical. Muitos falaram sobre suas "horas em que a oração se tornou impossível", momentos em que se sentiram indignos demais para serem amados. Como um grupo, exploramos algumas maneiras de recorrer, naqueles momentos, a uma fonte de compaixão e assim aprender a nos acolhermos. Exploramos como a compaixão sábia no núcleo da Aceitação Radical começa quando encaramos nosso ser com afeto incondicional.

Quando nos sentimos distantes e sozinhos, desejamos que nos abracem como uma criança no coração compassivo de uma mãe amorosa, de um pai misericordioso e acolhedor. Nesses momentos, podemos nos abrir e oferecer nosso infortúnio a esse abraço curador. Nas palavras de Rilke:

Desejo ser acolhido
Nas grandes mãos de seu coração –
Ah, peguem-me agora.
Nelas coloco estes fragmentos, minha vida...

Quando nos sentimos acolhidos por uma presença amorosa, por algo maior que nosso eu pequeno e assustado, começamos a achar espaço em nosso coração para os fragmentos de nossa vida e para a vida dos outros. O sofrimento que poderia parecer "excessivo" consegue nos despertar para a doçura da compaixão.

ORAÇÃO COM ATENÇÃO PLENA: "QUE ESTE SOFRIMENTO DESPERTE A COMPAIXÃO"

Poderíamos pensar no estilo devocional de rezar de Marian como peculiar ao cristianismo ou a outras religiões centradas em Deus, mas, não importa qual seja nossa crença, como seres humanos costumamos recorrer a algo em momentos de desespero. Poderíamos pedir alívio para uma enxaqueca, implorar para ser selecionado em um emprego, orar por sabedoria para orientar nosso filho em um período difícil. Talvez sussurremos "Por favor" e sintamos que estamos pedindo ajuda ao "universo". Quando nos sentimos desconectados e temerosos, ansiamos pelo conforto e pela paz advindos de pertencermos a algo maior e mais poderoso.

Estudiosos da prática budista muitas vezes indagam se esse tipo de oração reforça a noção de um eu separado e desejoso. Parecemos estar suplicando a alguém ou algo maior que nosso eu pequeno e assustado. E a quem exatamente estamos orando? Cresci como unitarista e lembro que brincávamos sobre endereçar nossas preces "A Quem Possa Interessar". Seguindo o caminho do Buda, podemos ter a mesma dúvida. Embora a oração sugira um dualismo entre eu e outro, pode ser um caminho direto para a experiência não dualista do pertencimento pleno.

Embora nem sempre valorizadas no Ocidente, a prece e a devoção são uma tradição viva do budismo. Os desejos sinceros expressos nas práticas da bondade amorosa e da compaixão – que eu possa ser feliz, que eu possa me libertar da dor e sofrimento – são formas de oração. Nossas preces de aspiração e nosso desejo de aliviar o sofrimento podem não ser necessariamente direcionados a alguém ou algo. Mas poderíamos também endereçá-los ao Buda ou a um dos outros grandes mestres ou bodisatvas que consideramos corporificações do coração e da mente despertos. Quando feito com atenção plena e sinceridade, esse tipo de prece devocional torna-se um meio de acender nosso coração e nossa mente.

Quando estamos sofrendo e recorremos à oração, não importam as razões aparentes de nossa dor, a causa básica é sempre a mesma: sentimo-nos separados e sozinhos. Procuramos auxílio externo para nos aliviar da dor do isolamento. O poeta e erudito celta John O'Donohue, em seu livro *Ecos eternos*, escreveu: "A oração é a voz do anseio; volta-se para fora e para dentro a fim de desencavar nosso pertencimento ancestral." Essa é uma bonita descrição do que denomino oração com atenção plena. Não apenas nos voltamos para fora a fim de conhecer nosso pertencimento, mas *com a oração com atenção plena também nos voltamos para dentro e ouvimos profundamente o sofrimento que está dando origem à nossa oração*. Quando estamos dispostos a tocar a dor da separação, nosso anseio nos leva à presença terna e compassiva que é nossa natureza desperta.

Eu vivenciei o poder transformador da oração com atenção plena alguns anos atrás, quando estava sofrendo uma desilusão amorosa. Tinha me apaixonado por um homem que morava a 3 mil quilômetros de distância, do outro lado do país. Como tínhamos desejos bem diferentes a respeito de como formar uma família e onde morar, não conseguimos entrelaçar nossas vidas e terminamos. A perda foi esmagadora – por várias semanas vivi obcecada por ele, chorando, esmagada pela dor. Parei de ouvir rádio porque músicas de rock clássico me faziam chorar. Evitava filmes românticos. Mal falava com os amigos sobre ele, porque até dizer seu nome em voz alta reabria a ferida.

Aceitei meu processo de dor mais ou menos durante o primeiro mês, mas, ao se prolongar, comecei a me sentir envergonhada por ser tão grande e dominante a sensação de desolação. Acima de tudo, sentia que devia haver algo errado comigo por estar tão emocionalmente destroçada. O homem estava indo em frente, namorando outras pessoas. Por que eu não poderia fazer o mesmo? Tentei despertar das histórias, tentei atravessar a dor com atenção plena, mas continuava dominada por sentimentos de saudade e perda. Sentia-me desesperadamente solitária como nunca antes em minha vida.

Na sala onde medito tenho uma pintura tibetana (chamada *thangka*) da bodisatva da compaixão. Conhecida como Tara no Tibete e Kwan Yin na China, é a corporificação da cura e da compaixão. Dizem que Kwan Yin ouve os lamentos deste mundo sofredor e responde com o tremular de seu coração. Certa manhã, cerca de um mês após meu colapso, ao chorar sentada diante da *thangka*, vi-me rezando para Kwan Yin. À semelhança de Marian, eu não sentia nenhuma compaixão por mim. Sentia-me esmagada e inútil. Queria ser embalada no abraço compassivo de Kwan Yin.

Nos meus anos de prática budista, eu havia rezado algumas vezes para Kwan Yin, basicamente vendo-a como um símbolo da compaixão que poderia me ajudar a despertar meu coração. Mas eu não havia feito preces da mesma maneira que Marian, recorrendo a ela como uma presença espiritual, como um ser maior que meu pequeno eu. Agora, no meu desespero, era diferente. Kwan Yin já não era um mero símbolo de inspiração, ela era o Amado – uma presença ilimitada e carinhosa que poderia me ajudar a aliviar meu sofrimento, assim eu esperava.

Por alguns dias, achei certo consolo recorrendo a ela. Mas certa manhã atingi uma barreira. O que eu estava fazendo? Meu constante ritual de dor, oração, choro e ódio por meu sofrimento não estava me levando na direção da cura. Kwan Yin subitamente pareceu uma ideia que eu havia evocado para me aliviar. Mas, sem tomá-la como um refúgio, agora eu não tinha a quem recorrer, algo a que me agarrar, um caminho para fora do buraco oco da dor. O mais doloroso foi que o sofrimento parecia eterno e totalmente inútil.

Embora aquele parecesse ser mais um conceito abstrato, lembrei que, para o aspirante a bodisatva, sofrer é a ponte confiável para despertar o coração. Lembrei que, quando permaneci presente com a dor no passado, algo havia de fato mudado. De repente percebi que talvez aquela situação envolvesse *realmente* confiar no sofrimento como o portão de entrada. Talvez fosse este todo o objetivo: eu precisava parar de combater minha dor e minha solidão, por pior que me sentisse ou por mais que elas perdurassem.

Recordei a aspiração do bodisatva a "Que este sofrimento sirva para despertar a compaixão" e comecei a sussurrá-la por dentro. Ao repetir a prece várias vezes, consegui sentir que minha voz interior foi ficando menos desesperada, mais sincera.

Eu sabia que era verdade: podia despertar para o amor que almejava tocando direto na plenitude daquele sofrimento. No momento em que me entreguei àquela verdade, a mudança começou.

O poeta persa do século XIV Hafiz escreveu:

Não renuncie à sua solidão
Tão depressa.
Deixe-a cortar mais fundo.

Deixe-a fermentá-lo e amadurecê-lo
Como poucos ingredientes humanos
Ou mesmo divinos conseguem.

Algo ausente no meu coração esta noite
Tornou meus olhos tão suaves,
Minha voz
Tão terna,

Minha necessidade de Deus
Completamente
Clara.

Naquele dia na sala de meditação, ao deixar a solidão cortar mais fundo, eu mal conseguia suportar a dor excruciante da separação. Estava ansiando não por uma pessoa específica, mas pelo próprio amor. Ansiava por pertencer a algo maior que meu eu solitário. O "algo ausente no meu coração" parecia um buraco doloroso, escancarado. Quanto mais mergulhava naquele vazio torturante em vez de resistir a ele ou combatê-lo, mais profundamente eu me abria à minha ânsia pelo Amado. Como a necessidade de Deus de Hafiz, minha ânsia por comunhão parecia completamente clara.

Ao me entregar à ânsia, a doce presença da compaixão surgiu. Claramente senti Kwan Yin como um campo radiante de compaixão ao meu redor, acalentando meu ser dolorido e vulnerável. Ao me entregar à sua presença, meu corpo começou a se encher de luz. Eu estava vibrando com um amor que abraçava todo este mundo vivo – ele abraçava o movimento de minha respiração, o canto dos pássaros, a umidade das lágrimas e o céu infinito. Dissolvendo-me naquela imensidão quente e radiante, não mais senti distinção alguma entre meu coração e o de Kwan Yin. Tudo que restou foi uma enorme ternura imbuída de tristeza. O Amado compassivo que eu vinha buscando "lá fora" era meu próprio ser desperto.

Poderíamos começar nossa oração nos voltando para fora e, assim, nos lembrando do calor e da segurança da conexão. No entanto, ancoramos nossa oração nos voltando para os sentimentos brutos da solidão e do medo dentro de nós. Como uma grande árvore, a oração com atenção plena mergulha suas raízes nas profundezas escuras para chegar plenamente à luz. Quando a dor é profunda, quanto mais plenamente a tocamos, mais plenamente nos libertamos na presença ilimitada e compassiva.

Muitos clientes e alunos meus descobriram que a oração com atenção plena altera drasticamente a paisagem de sua vida diária. Em vários momentos do dia, em face do descontentamento e do sofrimento, eles pausam para ouvir seu interior, tocar a dor e buscar amor e compaixão. Embora isso pareça natural para pessoas com temperamento devocional, constatei que as que não são "do tipo que reza" muitas vezes se surpreendem com a transfiguração que a oração com atenção plena promove em sua vida. Em vez de ficarem presas no sofrimento do julgamento e do medo, encontram seu verdadeiro lar na ternura de seu coração.

Podemos também recorrer à oração com atenção plena nos momentos em que nos vemos presas de nossas ansiedades menores do dia a dia. Nosso voo pode ser cancelado devido a problemas mecânicos, ou podemos nos sentir magoados por não sermos convidados a um evento social ou nos ver em dificuldade porque a babá acabou de avisar que não vai poder vir hoje. Se nesses momentos conseguirmos nos lembrar da aspiração de que essas circunstâncias poderiam despertar a compaixão, nossa experiência muda. Ao sentir nosso desconforto com atenção plena e invocar a compaixão, nosso coração naturalmente fica mais aberto e relaxado. Nosso sofrimento, em vez de ser inútil ou um obstáculo, torna-se o caminho para a liberdade interior.

Como qualquer forma de meditação, a oração com atenção plena se torna mais vibrante e poderosa com a prática. Quando lembramos repetidamente como desejamos ser ternos e gentis, e nos permitimos habitar plenamente esse desejo, a compaixão desperta naturalmente. Como escreveu Hafiz:

Peça ao Amigo amor.
Peça a Ele novamente.

Pois aprendi que cada coração consegue
aquilo pelo qual ele
mais roga.

Sempre que nos sentimos abandonados, magoados ou rancorosos, ao simplesmente inspirar e suavemente tocar a crueza de nossa dor podemos começar a transformar nosso sofrimento em compaixão. Manter o olhar no local do ferimento, como diz Rumi, permite que a luz entre. Ao expirar, podemos sentir nosso desejo de conexão e nos entregar à imensidão da luz. Podemos nos render ao amor radiante pelo qual ansiamos. Inspirando e expirando, acolhemos nossa dor e deixamos nossa dor ser acolhida em um coração infinito de compaixão.

SOMOS O ACOLHEDOR E O ACOLHIDO

À medida que nosso coração transforma o sofrimento em compaixão, sentimos que somos tanto o espaço que acolhe nossas dores quanto o ser vulnerável que está sendo acolhido. Daniel descobriu que podia acomodar suas feridas em sua consciência curativa. Quando Marian liberou seu desespero para a misericórdia ilimitada de Deus, descobriu a compaixão capaz de acomodar não apenas o próprio sofrimento, mas também o de sua filha. Através da oração com atenção plena descobri como o processo de acolher e ser acolhido se desdobra em uma compaixão que transcende toda sensação de separação. Tanto o acolhedor como o acolhido se dissolvem em percepção amorosa.

Quando entendemos nossa dor como um portão de entrada intrínseco para a compaixão, começamos a despertar da história aprisionante de um eu sofredor. Nos momentos em que acolhemos ternamente nossa raiva, por exemplo, atravessamos nossa identidade como um eu raivoso. A raiva não parece mais uma falha pessoal ou uma carga opressiva. Começamos a ver que ela é universal: não é *nossa* raiva, não é *nossa* dor; todo mundo vive com raiva, com medo, com dor.

Um bonito ensinamento sufista mostra como nossa dor não é pessoal, mas parte intrínseca de estar vivo:

Supera qualquer amargura que possa ter advindo
porque não estiveste à altura da magnitude da dor
    confiada a ti.
Como a Mãe do Mundo,
Que carrega a dor do mundo em seu coração,
Cada um de nós faz parte de seu coração
    E portanto está dotado
De certa medida de dor cósmica.

Compreender que a dor em nossa vida é uma expressão do sofrimento universal nos abre para a plenitude da Aceitação Radical. Em vez de ser problemas, nossa depressão, nosso medo e nossa raiva são "confiados a nós" e podem ser dedicados ao nosso despertar. Quando carregamos nossa dor com a gentileza da aceitação, não com a amargura da resistência, nosso coração se torna um mar ilimitado de compaixão. À semelhança da Mãe do Mundo, nos tornamos uma presença compassiva capaz de acomodar, com ternura, as ondas ascendentes e passageiras do sofrimento.

MEDITAÇÃO GUIADA:
Acolhendo o sofrimento

A compaixão começa com a capacidade de acolher sua vida com um coração amoroso. Se você oferecer a si mesmo carinho – por meio de atenção, palavras e toque – sempre que se perceber sofrendo, a compaixão vai despertar naturalmente. Esta meditação é especialmente útil quando você está sentindo dor emocional. Mesmo que não sinta compaixão por si mesmo(a) de imediato, sua disposição pode, por si só, reconectá-lo(a) ao seu coração amoroso. Como a compaixão é intrínseca à sua natureza, ela floresce inevitavelmente.

Encontre uma posição confortável e reserve alguns minutos para respirar naturalmente e relaxar. Volte sua atenção para a dor ou a tristeza, a vergonha ou o medo que estiver sentindo. Você pode usar a respiração para aprofundar sua atenção nesse sofrimento – inspirando e tocando os sentimentos de vulnerabilidade; expirando e sentindo o espaço da consciência que acomoda sua experiência. Convide os sentimentos dolorosos a se expressar em sua plenitude, permitindo que aumentem e se intensifiquem em seu corpo e sua mente.

Comece oferecendo palavras de carinho ao lugar dentro de você que parece mais vulnerável. Você pode dizer em silêncio "Que eu me libere do sofrimento" ou, como sugere Thich Nhat Hanh, "Querido(a), eu me importo com este sofrimento". Sua prece também pode ser mais específica: "Que eu me libere do medo" ou "Que eu me sinta seguro(a) e em paz". Ao continuar oferecendo suas orações carinhosas, você também pode levar a mão à face ou ao coração, deixando a ternura do seu toque expressar compaixão.

Perceba como sente seu coração quando você oferece carinho ao seu sofrimento. Você se sente sincero(a), aberto(a) ou terno(a)? Ou se sente mecânico(a), bloqueado(a) ou entorpecido(a)? Caso se sinta distante e desconectado(a), sem qualquer julgamento, simplesmente afirme sua intenção de estar presente e ser gentil e continue oferecendo esses gestos de carinho. Se sua intenção compassiva for genuína, com o tempo seu coração naturalmente se abrandará e se abrirá.

Ofereça cuidado para si mesmo(a) e observe como as sensações e os sentimentos de dor emocional mudam. Eles se tornam mais intensos? Começam a diminuir? A emoção que você sentiu inicialmente se transforma em outra? Você pode descobrir que abraçar a si mesmo(a) com bondade traz à tona uma profunda tristeza. Qualquer que seja seu sentimento, contenha sua dor com a mesma presença e a mesma ternura que você ofereceria a uma criança amada que esteja assustada.

⤺

Sinta-se à vontade para testar qualquer coisa que comunique um cuidado genuíno à sua vida interior. Você pode sussurrar suavemente palavras de carinho, pode se abraçar fisicamente ou se imaginar segurando a si mesmo(a) como uma criança. Reserve um tempo para ouvir seu interior e sentir qual trama particular de palavras ou gestos parece mais curativa. Pode ser tão simples quanto reconhecer com ternura que está sofrendo. Com a prática, você começará a descobrir que, quando surge medo ou mágoa, você reage com uma compaixão espontânea e gentil.

MEDITAÇÃO GUIADA:
Invocando a presença do Amado

Existem momentos em que nos sentimos sozinhos e com medo e gostaríamos de nos aninhar no colo do Buda ou de alguma outra manifestação de amor e sabedoria. Quando você deseja ser acolhido(a) dessa maneira, permita-se reconectar-se com seu coração desperto, recorrendo primeiro ao que você experimenta como o Amado, a personificação da compaixão.

~

Sentado(a) de modo confortável e sereno(a), respire fundo algumas vezes. Com uma atenção gentil e aberta, observe o medo ou a vulnerabilidade que está sentindo no corpo e na mente. Conecte-se com o seu desejo de ser acolhido(a) por um amor incondicional.

Traga à mente a imagem ou sensação de uma pessoa, uma figura espiritual ou uma divindade que você associe à compaixão. Você pode, por exemplo, visualizar o rosto de sua avó ou de sua melhor amiga. Pode ver uma imagem do Buda, de Kuan Yin ou de Cristo, ou pode se lembrar de um Deus todo-misericordioso. Em uma oração silenciosa, peça a esse ser que esteja presente com você. Você talvez sinta esse ser olhando para você com amor incondicional. Olhe nos olhos que fitam você com compreensão e aceitação completas. Colocando sua atenção em seu coração e percebendo seu anseio, sinta esse ser compassivo totalmente presente e disponível, querendo estar aqui com você.

Agora imagine a presença desse ser como um campo de luz radiante e sem limites. Visualize e sinta que está rodeado(a) por essa luminosidade calorosa, acolhido(a) no abraço amoroso desse ser. Veja se consegue se entregar plenamente, permitindo que sua mágoa e seu medo, sua dor e sua tristeza se dissolvam nessa presença misericordiosa. Permita que todo o seu corpo, todo o seu coração e toda a sua mente se libertem e se mesclem com essa consciência amorosa. Se você se contrair novamente em dúvida ou com medo, sinta gentilmente seu sofrimento e recorra outra vez a essa presença compassiva.

~

À medida que você praticar a invocação de uma corporificação da compaixão, descobrirá que é o caminho para o seu coração desperto. Cada vez que você se dissolve na unidade com o Amado, a confiança em sua verdadeira natureza se aprofunda. Você se torna a presença compassiva que acomoda todo o sofrimento com ternura.

NOVE

AMPLIANDO OS CÍRCULOS DA COMPAIXÃO: O CAMINHO DO BODISATVA

*Vivo minha vida em círculos crescentes
que se estendem sobre o mundo.
Posso jamais completar o último,
Mas me dedico a isso.*

RAINER MARIA RILKE

Quando Narayan completou 6 anos, presenteei-o com uma colônia de formigas. Ele passava horas observando, fascinado, aquelas pequenas criaturas criarem magicamente uma rede de túneis. Deu nome a várias delas e acompanhava de perto seus esforços e progressos. Depois de algumas semanas, ele me mostrou o local do cemitério das formigas e observou, com admiração, que muitas delas arrastavam os corpos das companheiras mortas e os depositavam lá. No dia seguinte, quando o busquei na escola, Narayan estava visivelmente aflito. Na hora do recreio, as crianças tinham brincado de pisar em formigas e ele ficou horrorizado ao vê-las machucando aqueles amigos que tanto admirava.

Tentei confortá-lo explicando que, quando passamos um tempo com quaisquer seres vivos – assim como ele vinha fazendo com as formigas –, descobrimos que eles são reais. São mutáveis, famintos, sociais. Assim como nós, têm uma vida frágil e querem permanecer vivos. Expliquei que as outras crianças não haviam tido a chance de conhecer as formigas como ele. Se as conhecessem, elas também não as machucariam.

Sempre que prestamos atenção de todo o coração na pessoa com quem estamos, na árvore do nosso jardim ou num esquilo em um galho, essa energia viva se torna uma parte íntima de quem somos. Segundo o mestre espiritual J. Krishnamurti, "prestar atenção significa que nos importamos, o que significa que realmente amamos". A atenção é a forma mais básica de amor. Ao prestar atenção, nos deixamos ser tocados pela vida e nosso coração se torna naturalmente mais aberto e envolvido.

Certa vez o Dalai Lama comentou: "Eu não sei por que as pessoas gostam tanto de mim. Deve ser porque eu valorizo o *bodhicitta* [coração-mente desperto]. Não posso afirmar que [o] pratico, mas o valorizo." Nós nos importamos com o coração desperto porque, assim como uma flor totalmente desabrochada, é a realização plena da nossa natureza. Amar e se sentir amado importa mais do que tudo. Sentimos mais "quem somos" quando nos sentimos conectados uns com os outros e com o mundo ao redor, quando nosso coração está aberto, generoso e cheio de amor. Mesmo quando nosso coração está tenso ou entorpecido, ainda nos preocupamos em cuidar.

Ao descrever seu desenvolvimento espiritual, Mahatma Gandhi disse: "Eu me considero incapaz de odiar qualquer ser vivo na Terra. Graças a um longo caminho de disciplina devocional, parei há mais de 40 anos de odiar qualquer pessoa. Eu sei que soa como uma afirmação pretensiosa, mas a faço com toda a humildade." Quando olhamos para a nossa vida e para a história da humanidade, percebemos que ódio, raiva e todas as formas de desgostar são parte natural e dominante de estar vivo. A aversão surge porque estamos profundamente condicionados a nos sentirmos separados e diferentes dos outros. Como Gandhi descobriu, apenas nos dedicando a alguma forma de treinamento intencional é que podemos dissolver essa tendência e acolher todos os seres vivos com Aceitação Radical.

Servir aos pobres e agonizantes de Calcutá era, para Madre Teresa, uma prática de ver cada pessoa como "Cristo em seu disfarce doloroso". Ao fazer isso, ela foi capaz de ver além das diferenças que poderiam ter endurecido seu coração e de servir, com compaixão incondicional, a cada pessoa que tocava. Quando nos treinamos para ver além das aparências, reconhecemos que somos todos iguais. Para Madre Teresa, isso significava que cada pessoa carrega uma centelha de divindade. De acordo com os ensinamentos do Buda, nossa verdadeira natureza é a consciência atemporal e radiante. Aceitar-nos e os outros com compaixão incondicional significa reconhecer tanto a consciência pura que é nossa essência como nossa vulnerabilidade humana natural.

Até aqui temos explorado, neste livro, como trazer a atenção plena e a compaixão da Aceitação Radical para a nossa vida interior. Assim como despertamos compaixão por nós mesmos ao tocar nosso medo, nossa raiva e nossa dor, quando trazemos atenção clara à vulnerabilidade dos outros, nosso coração se torna aberto e sensível. A compaixão por nós mesmos naturalmente leva à compaixão pelos outros. Enquanto o amor descreve o nosso sentimento básico de afinidade, a compaixão pelos outros é o sabor do amor que surge quando vemos a verdade do nosso sofrimento compartilhado.

Viver com um coração sábio e compassivo é a essência do caminho do bodisatva. Como vimos no último capítulo, a aspiração a "Que todas as circunstâncias sirvam para despertar a compaixão" do bodisatva pode nos guiar em acolher com aceitação e carinho tudo que surge na nossa vida. À medida que transformamos sofrimento em compaixão, percebemos nossa interconexão com toda a vida. Essa compreensão profunda dá origem a um segundo aspecto fundamental da aspiração do bodisatva: "Que minha vida seja benéfica para todos os seres."

Em textos tradicionais, essa aspiração é expressa como o voto do bodisatva de se abster de entrar no nirvana (a liberdade suprema) enquanto todos os outros seres vivos não forem livres também. Embora a linguagem desse voto possa ser interpretada de maneiras diferentes, sua intenção é clara: por compaixão, o bodisatva dedica sua vida e sua prática a aliviar o sofrimento. O espírito altruísta desse voto nos convida a lembrar nosso pertencimento e aprofundar nossa capacidade de compaixão sem limites. Como o bodisatva da compaixão, podemos aspirar a nos tornar abertos e sensíveis o suficiente para acolher o sofrimento de todos os seres com amorosidade. Neste capítulo veremos como, ao prestar atenção no sofrimento dos outros, nossa compaixão cresce em círculos sempre maiores. Como Gandhi descobriu, podemos nos treinar para incluir todos em nosso coração.

ESTAMOS TODOS JUNTOS NESSA

Kim chegou ao retiro de ano-novo sobre "Despertar o coração da compaixão" se sentindo totalmente humilhada por causa de um contratempo no trabalho. Depois de ter mandado imprimir 5 mil cópias de um prospecto para sua empresa, percebeu que tinha deixado passar erros óbvios de digitação. Em uma conversa desagradável com um colega de trabalho, Kim tentou, na defensiva, desviar parte da culpa insinuando que, se ele tivesse atendido o telefone em vez de ficar tanto tempo no almoço de fim de ano, talvez ela não tivesse se distraído tanto. Enfatizou isso jogando para fora da mesa, com raiva, uns prospectos empilhados cuidadosamente. Agora, sozinha com a própria consciência, ela se via relembrando essa cena, morrendo de vergonha de seu tom de voz e de ter ficado de pé assistindo enquanto o colega apanhava no chão os prospectos.

Em nossa primeira entrevista, eu a encorajei a soltar a história e apenas se aprofundar nos sentimentos de medo e vergonha conforme surgiam no corpo e na mente. Ela me disse que sentia uma dor profunda no peito e um nó na garganta. Usando como base a meditação tradicional de compaixão que havíamos apresentado no retiro, orientei Kim a começar a despertar compaixão por si mesma.

– Acolhendo essas áreas dolorosas com delicadeza, você pode repetir as frases que aprendeu: "Eu me importo com este sofrimento. Que eu me liberte do sofrimento."

Quando percebi que Kim havia relaxado, perguntei se ela se lembrava de familiares ou amigos que também se sentiram envergonhados por erros e reatividade emocional. A mãe e o irmão, respondeu ela. À medida que recordava as ocasiões em que eles se sentiram envergonhados e humilhados, Kim sentia um jorro de ternura pelos dois. Ela sussurrou silenciosamente para eles: "Eu me importo com seu sofrimento. Que você se liberte do sofrimento."

Continuando com a prática da compaixão, Kim expandiu o círculo do seu afeto, lembrando-se de pessoas que lhe eram familiares mas que não conhecia muito bem – outros participantes do retiro, gente que ela viu na academia, pais dos amigos dos seus filhos. Ainda sentindo a crueza da insegurança, Kim imaginou que aquele mesmo medo que estava sentindo podia existir, em alguma outra versão, por trás da altivez ou da arrogância, da agitação ou da postura defensiva que ela percebia em algumas daquelas pessoas. Ao evocar uma sensação da vulnerabilidade de cada um e oferecer sua prece amorosa, Kim sentiu surgir um vínculo íntimo.

Sentindo o coração mais aberto, Kim pensou no colega de trabalho com quem tinha se irritado. Lembrou-se do seu olhar magoado quando ela partiu para o ataque, da habitual aparência preocupada, da rigidez física e dos comentários autodepreciativos dele, e reconheceu que ele também tinha medo de ser incompetente. Sentiu uma onda de remorso e depois de tristeza quando percebeu que provavelmente o atingira em um ponto muito vulnerável. Com atenção total, continuou por alguns minutos oferecendo seu carinho, rezando para que ele se libertasse do medo.

Orientei Kim até o último passo na prática da compaixão: abrir seu coração e sua atenção sem limites, estendendo o cuidado para todos os seres que sofrem, para todos os que se sentem inseguros e alienados. Quando Kim terminou a meditação e abriu os olhos, seu rosto havia se suavizado e seu corpo estava relaxado. Recostando-se na poltrona, ela colocou as mãos abertas confortavelmente no colo, abriu um sorriso que era tanto triste quanto doce e disse:

– Quando lembro que outras pessoas sentem a mesma insegurança que eu, é como se eu não fosse má... sou apenas humana. – Ela fez uma pausa e acrescentou: – Consigo sentir que estamos todos juntos nessa.

Essa prática de contemplar intencionalmente o sofrimento (o nosso e o dos outros) é a forma básica das meditações budistas de compaixão. Incluímos o sofrimento daqueles que amamos, daqueles que mal conhecemos, daqueles que achamos difíceis e daqueles que nunca encontramos, até o círculo mais amplo. Embora possamos não refletir formalmente sobre aqueles em cada domínio durante cada meditação, a prática aprofunda nossa capacidade de compaixão. Como Kim descobriu, quando refletimos sobre o sofrimento dos outros, percebemos que não estamos sozinhos em nossa dor. Nossa vulnerabilidade nos conecta.

Sem disposição verdadeira de deixar entrar o sofrimento dos outros, nossa prática espiritual permanece vazia. O padre Théophane, um místico cristão, escreveu sobre algo que aconteceu quando ele ficou um tempo longe das suas tarefas paroquiais corriqueiras para uma renovação espiritual em um mosteiro distante. Tendo ouvido falar de um monge ali que era amplamente respeitado por sua sabedoria, procurou-o. Théophane havia sido avisado de que aquele homem sábio dava conselhos unicamente na forma de perguntas. Ávido por receber a sua reflexão especial, Théophane se aproximou do monge e o abordou:

– Eu sou pároco e estou aqui em retiro. Poderia me dar uma pergunta para meditar?

– Ah, sim – respondeu o sábio. – Minha pergunta para você é: De que eles precisam?

Um pouco desapontado, Théophane agradeceu e foi embora. Depois de algumas horas meditando sobre aquela pergunta e sentindo que não estava chegando a lugar nenhum, decidiu voltar ao mestre.

– Desculpe, talvez eu não tenha sido claro. A sua pergunta foi útil, mas eu não estava tão interessado em pensar sobre o meu apostolado durante este retiro. Eu queria pensar seriamente sobre minha vida espiritual. Poderia me dar uma pergunta para minha vida espiritual?

– Ah, entendo – respondeu o sábio. – Então minha pergunta é: De que eles *realmente* precisam?

Como muitos de nós, o padre Théophane havia suposto que a verdadeira reflexão espiritual foca nosso eu solitário. Porém, como o sábio lembrou, o despertar espiritual está inextricavelmente envolvido com os outros. Se Théophane focasse as necessidades daqueles a quem deveria servir, reconheceria neles a vulnerabilidade e o desejo de serem amados – e perceberia que as necessidades deles não eram diferentes das suas. A pergunta que o homem sábio sugeriu foi maravilhosamente forjada para despertar em Théophane a profundidade espiritual real que advém de prestar atenção nos outros seres humanos.

O TRANSE DO "OUTRO" IRREAL

Quando estamos envolvidos em nossos dramas egocêntricos, todos os demais se tornam "outros" para nós, diferentes e irreais. O mundo se torna um cenário para a nossa experiência especial e todos nele servem como elenco de apoio, alguns como adversários, outros como aliados e a maioria é simplesmente irrelevante. Já que o envolvimento com nossos desejos e preocupações pessoais nos impede de prestar atenção total em qualquer outra pessoa, aqueles ao nosso redor – mesmo a família e os amigos – podem se tornar irreais, figuras de papelão bidimensionais, e não humanos com desejos, medos e um coração batendo no peito.

Quanto mais diferente de nós alguém pareça, mais irreal pode ser para nós. Podemos também facilmente ignorar ou desprezar pessoas quando são de etnia ou religião diferentes ou que vêm de uma "classe" socioeconômica diferente. Avaliando-as como superiores ou inferiores, melhores ou piores, importantes ou irrelevantes, nos distanciamos. Ao nos fixarmos nas aparências – roupas, comportamentos, jeito de falar –, classificamos as pessoas em certos tipos. Elas são soropositivas ou viciadas, esquerdistas ou fundamentalistas, criminosas ou tiranas, feministas ou boas samaritanas. Às vezes nossa classificação tem mais a ver com o temperamento – a pessoa é chata ou narcisista, carente ou controladora, ansiosa ou depressiva. Seja de forma extrema ou sutil, classificar os outros torna o ser humano real invisível aos nossos olhos e fecha nosso coração.

Cada um de nós possui um sistema complexo e amplamente inconsciente para classificar os outros. Quando leio o jornal ou assisto ao noticiário, regularmente deparo com minha raiva e minha antipatia por figuras públicas que são ricas, caucasianas, poderosas, conservadoras e geralmente homens. Ao me ater às minhas visões de certo e errado, classifico esses senadores, executivos corporativos e editores-chefes como os "caras maus", como parte do problema. Eles se tornam personagens em um filme perturbador, não seres humanos vivos que respiram.

No romance *Pedras do rio*, que transcorre na Alemanha nazista, a escritora Ursula Hegi revela o sofrimento do "outro" de uma maneira surpreendente. A história é contada da perspectiva da corajosa Trudy, que arrisca sua vida para esconder os judeus de sua aldeia. Trudy é uma personagem perspicaz e cativante. Ela também é uma anã. À medida que a história se desenrola, começamos a ver, pelos olhos de Trudy, a dor de ser o "outro". Ela deseja que seus vizinhos e os habitantes da cidade a conheçam, vejam além de seu corpo pequeno e desajeitado e de seu rosto desmedidamente grande. Trudy se identifica muito com aqueles que abriga, porque também sofre as ofensas faladas e não faladas que a levam a saber que não é bem-vinda.

Ler essa história foi um despertar surpreendente para mim. Eu me perguntei quantas pessoas a cada dia sou incapaz de enxergar porque, inconscientemente, as classifico como "outros". Eu poderia facilmente ter vivido no vilarejo de Trudy e ter virado minha cabeça, constrangida, para não ter que olhar tão de perto aquela "estranheza" humana quando a encontrasse na rua. Nossa capacidade de desviar o olhar da realidade e do sofrimento dos outros tem consequências terríveis. Por anos, boa parte do mundo deu as costas para o drama vivido pelos judeus na Alemanha nazista. Hoje em dia, talvez não reconheçamos a realidade do imenso número de pessoas que morrem de Aids, o horror de viver no Oriente Médio, no Afeganistão e nos muitos lugares devastados pela guerra e arruinados pela pobreza neste planeta.

No verão de 1991, durante um voo, conversei com uma mulher sentada ao meu lado. Ela contou que o filho era da Força Aérea e tinha voltado ileso da Operação Tempestade no Deserto, a guerra contra o Iraque. Então ela se inclinou para mais perto de mim com um sorriso e falou suavemente:

– Deu tudo certo. Apenas alguns dos nossos meninos morreram.

Meu coração parou. Apenas alguns dos nossos meninos. E os meninos, mulheres e crianças do Iraque? E os milhões que ainda morreriam por contaminantes radioativos ou de inanição e doenças durante o embargo econômico após a guerra? *Nossos meninos.*

Uma vez que alguém é um outro irreal, perdemos de vista suas dores. Isso acontece porque não os sentimos como seres sensíveis e, além de ignorá-los, podemos lhes causar dor sem remorsos. Não ver que os outros são reais leva um pai a repudiar o filho gay, casais divorciados a usar as crianças como armas. Todo o enorme sofrimento da violência e da guerra vem da nossa incapacidade básica de ver que os outros são reais.

Nossa reação imediata de atração ou aversão, interesse ou negligência faz parte da nossa programação biológica para a sobrevivência. O aspecto de uma pessoa, como ela fala ou cheira, nos alerta para reconhecer se ela é ou não da nossa tribo. Quando estamos presos nesse transe biológico, só conseguimos interpretar os comportamentos e opiniões como sinais de amigo ou inimigo. Embora esse condicionamento evolucionário para perceber diferenças seja poderoso, também somos capazes de afrouxar nossa armadura. Podemos ampliar nossa noção de tribo. Trata-se de uma experiência de Aceitação Radical que está no centro do caminho do bodisatva. Podemos aprender a ver nossa vulnerabilidade compartilhada e perceber nosso pertencimento com todos os seres.

AMPLIANDO NOSSA TRIBO: VENDO ALÉM DAS APARÊNCIAS

Em meados dos anos 1970 eu trabalhava como ativista pelos direitos dos inquilinos com famílias pobres em Worcester, Massachusetts. Organizando associações de inquilinos, tentávamos pressionar os senhorios a garantir aluguéis justos e condições de vida decentes. Uma dessas associações era composta por famílias que alugavam suas casas de um dos proprietários mais notoriamente insensíveis da cidade. A líder da associação, Denise, era uma mulher eloquente e contundente que se esforçava ao máximo para estimular o grupo a entrar em ação e lutar contra um aumento acentuado do aluguel que ninguém podia pagar.

No decorrer dos muitos meses necessários para desenvolver a associação, eu me tornei amiga de Denise e sua família. Jantávamos juntos, eu brincava com os filhos dela e sabia de todas as suas dificuldades. O apartamento deles havia sido vandalizado várias vezes e não havia jeito de acabar com os ratos e baratas. O filho mais velho estava preso, outro era viciado em drogas. Seu atual marido estava desempregado e eles tinham dívidas. Alimentar e vestir os filhos mais novos e manter o aquecimento ligado eram desafios que ela enfrentava regularmente. Eu admirava a sua disposição para se dedicar ao papel de líder da associação, quando ela já tinha tantos desafios em casa.

Dois dias antes de começarmos uma greve de aluguel que estava sendo coordenada por Denise, encontrei um bilhete dela embaixo da minha porta. Dizia que estava saindo da associação. Fiquei surpresa e decepcionada, mas tinha uma ideia do que teria acontecido. Senhorios com frequência cooptavam os líderes dos inquilinos como uma maneira de enfraquecer as associações. Como se constatou mais tarde, Denise foi comprada com a oferta de uma nova fechadura dupla, uma pausa no pagamento do aluguel e um emprego de meio expediente para o filho.

Os outros inquilinos se sentiram traídos e desmoralizados. Denise era "hipócrita" e "frouxa", eles diziam. Se a vissem na rua, atravessavam para o outro lado. Não deixavam seus filhos brincar com os dela. Ela estava do lado "deles". Antes, quando líderes de associações eram comprados, eu sentia o mesmo. Eles estavam obstruindo nosso progresso.

Com Denise foi diferente. Eu entendi que ela estava tentando desesperadamente ajudar sua família. Tinha visto como, assim como eu, ela sentia ansiedade em relação à sua vida e também queria amor. O poeta Longfellow escreveu: "Se pudéssemos ler a história secreta dos nossos inimigos, encontraríamos na vida de cada um mágoas e sofrimentos suficientes para desarmar toda a hostilidade." Eu tinha conhecido o suficiente da história secreta de Denise para que se tornasse real para mim. Eu me importava com ela.

Por outro lado, embora fosse possível sentir meu coração aberto em relação a Denise apesar de suas ações, eu não sentia o mesmo em relação aos senhorios. Eles estavam na minha categoria de "sujeitos maus". Alguns anos depois, tive a oportunidade perfeita de encarar alguém dessa categoria e olhar mais profundamente. Uma amiga minha conhecia um CEO de uma grande empresa que queria implantar um programa de atenção plena para seus funcionários. Minha amiga queria que eu falasse com ele sobre o programa durante o almoço. O CEO se encaixava exatamente no meu estereótipo de homem rico branco. Ele tinha sido o foco de uma ação coletiva muito divulgada por sistematicamente recusar às mulheres as mesmas oportunidades de ascensão profissional oferecidas aos homens. A discriminação era ainda mais grave quando se tratava de mulheres afro-americanas. Concordei em conversar com ele, mas me senti desconfortável, achando que éramos de planetas muito diferentes e hostis.

De perto, ele se revelou bastante humano e real. Vangloriou-se um pouco e estava obviamente ansioso por ser amado. A mãe tinha feito uma cirurgia tripla de ponte de safena algumas semanas antes. O filho mais velho tinha diabetes juvenil. A esposa dele reclamava que ele não brincava o suficiente com as crianças no fim de semana. Ele queria muito fazer isso, era louco por elas, mas sempre recebia ligações urgentes que o deixavam de fora dos jogos de pingue-pongue, dos churrascos ou dos vídeos a que assistiam juntos. Ele se perguntava: "Será que a atenção plena pode me ajudar a relaxar quando encontro mais exigências em toda parte?" Não importava que talvez discordássemos da maioria dos assuntos políticos e sociais. Gostei dele e queria que fosse feliz.

Enxergar a vulnerabilidade das pessoas, mesmo as que não nos agradam, nos permite abrir o coração para elas. Podemos votar contra elas em uma eleição, podemos nunca convidá-las para nossa casa, podemos até achar que deveriam ser presas para a proteção dos outros. Mesmo assim, nossos sentimentos habituais de atração e aversão não precisam dominar nossa capacidade básica de ver que, assim como nós, essas pessoas sofrem e anseiam por ser felizes. Quando vemos quem realmente está na nossa frente, não queremos que essas pessoas sofram. Nosso círculo de compaixão naturalmente se amplia para incluí-las.

VIVENDO NUM MUNDO ONDE TODOS SÃO REAIS

Uma das coisas mais notáveis que percebi sobre o Dalai Lama é como ele trata todo mundo igualmente. Enquanto uma foto no jornal o mostra abraçando carinhosamente o político americano Jesse Helms, outra foto o mostra abraçando um refugiado pobre do Tibete. Quando diz "Minha religião é a gentileza", o Dalai Lama está expressando seu comprometimento a viver com o coração de compaixão incondicionalmente aberto e amoroso. É o desejo de ajudar que surge quando lembramos que estamos conectados com todos os seres vivos que encontramos. Cada pessoa é preciosa, cada pessoa é frágil, cada pessoa importa.

No funeral de um rabino amado, um jovem que tinha acabado de começar seus estudos com ele perguntou a um dos seus discípulos mais antigos:

– O que mais importava para o nosso mestre?

O discípulo sorriu ao responder:

– Quem estava com ele naquele momento.

Assim como o Dalai Lama, aquele rabino não reservava seu tempo e sua energia apenas para aqueles que tinham dinheiro e poder, para sua família ou os discípulos mais próximos. Ele dava sua atenção de corpo e alma a cada um que estivesse com ele e oferecia um coração desperto e cheio de compaixão.

Mesmo se não afastamos os outros por raiva ou ódio, podemos facilmente ignorar as pessoas e, sem querer, recusar a elas nossa gentileza. Isso pode ser mais impressionante em relação àqueles que as práticas de compaixão budista descrevem como pessoas "neutras" – que não despertam reações negativas nem positivas. Podem ser o carteiro, as crianças da carona solidária, a esposa de um amigo, um parente distante. Ao ensinar as práticas de compaixão, às vezes peço que os alunos escolham alguém que veem regularmente mas com quem não têm envolvimento pessoal. Quando eles trazem essa pessoa à mente, eu os convido a refletir: "De que ele ou ela precisa? O que essa pessoa teme? Como é a vida para essa pessoa?"

Vicki me procurou depois de uma dessas meditações para me contar que uma coisa maravilhosa tinha acontecido desde que ela começara a se dedicar a essa prática. Quando via colegas no trabalho, vizinhos passeando com o cachorro, balconistas nas lojas, ela dizia mentalmente: "Você é real, você é real." Vicki descobriu que, em vez de serem cenários para sua vida, essas pessoas eram reais para ela. Notava um brilho de curiosidade em seus olhos, um sorriso generoso, um ranger de dentes de ansiedade, um cair de ombros desapontado e resignado. Se ficasse um pouco mais, podia sentir também a timidez dessas pessoas, suas vergonhas ou seus medos. "Quanto mais reais elas são para mim, mais real, amigável e viva me sinto", disse Vicki. "Sinto uma proximidade apenas por sermos todos humanos. Não importa quem elas sejam. Sinto que posso aceitá-las como parte do meu mundo."

Quando paramos para prestar atenção e ver os outros como reais, descobrimos o vínculo oculto que existe entre todos os seres. Em seu poema "Bondade", Naomi Shihab Nye escreveu:

Antes de aprender a gravidade terna da bondade,
você deve viajar para onde um índio em um poncho branco
jaz morto ao lado da estrada.
Tem que ver como poderia ser você,
que ele também era alguém
que viajava pela noite com planos
e a simples respiração que o mantinha vivo.

Estamos todos viajando pela noite com planos, inspirando e expirando esta vida misteriosa. A "gravidade terna da bondade" desperta naturalmente quando prestamos atenção nos outros.

O QUE FAZEMOS QUANDO NOSSO CORAÇÃO ESTÁ FECHADO?

Alguns anos atrás, eu me sentia irritada e explorada por um cliente num grupo de terapia que estava conduzindo. Tom ficava depois de cada reunião, fazendo perguntas que pareciam desnecessárias ou comentando detalhadamente a sessão daquela noite. Durante as sessões em grupo, era claro que ele estava provocando ressentimento nos outros também. Certa noite, quando um jovem revelou que os julgamentos constantes da esposa o levavam a ficar tenso e constrangido quando estavam juntos, Tom disse, com ar de autoridade, que ele deveria fingir autoconfiança, senão a esposa nunca o respeitaria. O jovem ficou vermelho e não disse mais nada naquela noite. Durante várias outras sessões, tive que interromper as longas histórias de Tom sobre como ele enfrentava e resolvia problemas similares aos que eram trazidos pelo grupo. Claramente ele queria se sentir importante e ser o centro das atenções e, por mais que eu tentasse impedir, continuava monopolizando a fala.

Quando, no final da quinta sessão, vi Tom novamente esperando todo mundo ir embora, senti raiva e desejei que ele fosse embora. Respirando fundo, fui até ele e me sentei ao seu lado. Ele me disse que precisava falar sobre sua dificuldade para se encaixar no grupo. Embora fosse um pedido razoável, eu me senti endurecida. Sabia que ele queria minha atenção e meu interesse, mas eu não queria dar. Quando Tom começou a me falar o que havia de errado com aquela combinação de pessoas – mulheres muito sensíveis, homens emocionalmente reprimidos –, minha irritação chegou ao ápice. Eu me senti intolerante, impaciente e cheia de desprezo. Pensei comigo mesma: "Ótimo, então. Por que ele não sai do grupo? Isso resolveria o problema de todos."

Como acabei descobrindo, nem sempre é fácil reagir com compaixão em reação às necessidades dos outros. Podemos nos sentir ressentidos, explorados, indignados, impotentes, culpados, com medo. No entanto, quando nosso coração se endurece na defensiva, isso não significa que estamos falhando como bodisatvas. Apenas informa que precisamos ser amigáveis com o que está acontecendo dentro de nós para que a compaixão pelos outros possa surgir naturalmente.

Enquanto Tom e eu conversávamos, parte da minha atenção se voltou para dentro e percebi que por trás da minha intolerância havia uma sensação de estar sendo violada. Ele estava tomando o meu tempo, impedindo as outras pessoas de se sentirem seguras no grupo e falando com desprezo sobre elas. À medida que eu sentia o calor e a pressão crescentes da raiva no peito, comecei a me voltar para mim. "Eu deveria ajudá-lo, não reagir contra ele. Ele é quem realmente está sofrendo." Porém, quando notei como estava agitada, percebi que eu também estava sofrendo. Gentilmente, disse a mim mesma: "Está tudo bem, está tudo bem." Simplesmente reconhecer a dor me ajudou a relaxar e me lembrar de enviar uma mensagem para meu coração: "Eu me importo com este sofrimento."

Essa gentileza com minha raiva me permitiu me abrir e prestar atenção no que Tom estava sentindo. Agora, quando eu o via, me perguntava mentalmente: "De que você realmente precisa?" Era como se eu pudesse ouvir seu coração falando. Senti que ele queria minha companhia desesperadamente, queria que eu o notasse e me importasse com ele. Temia que eu o interpretasse mal e não o valorizasse como uma pessoa prestativa, com muito a oferecer.

Meus sentimentos de irritação e superioridade começaram a abrandar. Eu vinha usando os papéis de "cliente" e "terapeuta" para me distanciar de Tom, e agora estávamos ali juntos, ambos seres humanos vulneráveis e sofredores. Quanto mais eu via Tom como uma pessoa real, magoada e sensível, mais carinho sentia por ele e pela sua dor.

Toquei o braço de Tom. Ambos falamos – e ouvimos. Acabamos rindo juntos quando ele brincou que nossa sessão o estava impedindo de assistir ao seriado *Frasier* e que vinha concorrendo com sua fidelidade. Eu não tinha mais o pé atrás – estava envolvida e atenciosa. Quando dei a Tom um feedback sobre o papel dele no grupo, ele me ouviu sem ficar na defensiva. Contei a ele sobre a pergunta do padre Théophane ("De que eles realmente precisam?") e Tom ficou ansioso por se deixar guiar por ela. Quando terminamos a conversa, ele não estava mais roubando meu tempo, tentando provar seu valor ou obter algo mais de mim. Deixou a sala com um passo leve, como quem se sentisse revigorado. Também tive uma sensação de leveza. Havia renunciado à minha superioridade raivosa e voltei para casa me sentindo conectada e carinhosa.

Ao que se revelou, Tom levou a sério a prática de perguntar "De que eles realmente precisam?". Em uma sessão do grupo, ele até disse ao jovem que lamentava tê-lo ofendido.

– De alguma maneira você me lembra meu filho. Queria que você me visse como um pai sábio, mas cometi com você o mesmo erro que cometi com meu filho. Esqueci de descobrir de que você realmente precisa. – Tom engoliu em seco. – Eu só queria ajudar e não sabia como.

O jovem ficou visivelmente comovido. Depois de hesitar, ele respondeu, com palavras lentas mas seguras:

– O que tenho precisado, por parte da minha esposa e de todos, é sentir que eu importo. E você fez com que me sentisse assim.

No fim, a pessoa que eu tinha rotulado como "o outro mais indesejado" teve um papel fundamental para que todos do grupo se abrissem. Embora sua falta de sensibilidade inicial tenha feito de Tom um alvo de críticas, depois que ele se abriu os outros puderam admitir que a mágoa, o medo ou a raiva que expressaram tinham pouco ou nada a ver com Tom. A intimidade que floresceu no nosso grupo teve como base a disposição de cada participante a estar presente com a própria dor e, por causa disso, abrir-se para a dor dos outros. Suavizar nossos corações juntos ampliou o nosso círculo de compaixão – éramos reais e importantes uns para os outros.

VENDO ATRAVÉS DOS OLHOS DOS OUTROS

Às vezes as pessoas de quem somos mais próximos se tornam irreais para nós. Podemos facilmente presumir que sabemos como a vida é para elas e esquecer que, assim como nós, elas estão sempre mudando, suas experiências são sempre novas. Perdemos de vista que também vivem com mágoas e medos e quão difícil a vida delas pode ser por dentro.

Jeff e Margo me procuraram para fazer terapia porque seu casamento estava indo ladeira abaixo. Jeff havia sido um homem forte até oito anos antes, quando contraiu a doença de Lyme em uma de suas viagens acampando. Mês após mês as dores e o cansaço foram aumentando. Seus dedos foram ficando inchados e enrijecidos até ele não poder mais fazer seu trabalho como um ótimo carpinteiro. Embora tentasse permanecer esperançoso, sua depressão só piorava. Margo fazia o que podia – trabalhava horas extras, cozinhava, cuidava da casa –, mas sentia como se Jeff não reconhecesse seus esforços. "Eu nunca sou o bastante", disse ela.

A maneira como Jeff via aquilo era que Margo se ressentia de toda a situação. Ele percebia pela mandíbula contraída e pelas palavras sucintas dela. E ela fazia com que ele se sentisse culpado, como se fosse falha dele estar doente e não poder fazer sua parte.

Em nossas sessões, fizemos um simples processo de psicodrama conhecido como "inversão de papéis". Primeiro, Margo ouviu atentamente enquanto Jeff descrevia sua vergonha e sua frustração por estar doente. Sentia-se impotente, como se fosse um covarde que não servia para nada. Ele falou que tinha muito medo do futuro e também quão solitário se sentia porque Margo parecia não entender a enormidade do que acontecera com ele. Ele havia perdido a saúde e a vida que levava.

Quando Jeff terminou, eles trocaram de poltronas. Assumindo a postura dele e, da melhor forma possível, até suas expressões faciais e seu tom de voz, Margo se tornou Jeff. Falando do mundo dele, discorreu sobre como era viver com a doença de Lyme. Quando voltaram aos seus lugares originais, Jeff disse à esposa que ouvi-la falar tão claramente sobre o que ele vivia o ajudou a se sentir mais compreendido.

Quando chegou a vez de Margo descrever sua experiência, ela começou falando sobre como se sentia desvalorizada. Mas então, após alguns minutos de silêncio, desabafou:

– Eu me sinto tão indefesa! Você foi castigado por uma doença. Você, a pessoa que eu amo. E eu não posso fazer nada para que você se sinta melhor. E não sei onde isso vai dar.

Margo estava com raiva da vida, não de Jeff. E, debaixo da raiva, sentia um profundo pesar por quão difícil a vida deles tinha se tornado. Quando trocaram de lugares, Jeff falou como se fosse Margo, descrevendo como era se sentir impotente, sentir que a vida deles vinha sendo destruída e que não havia nada que pudesse fazer a respeito.

No final, Margo e Jeff se abraçaram, ambos chorando. Ele não tinha percebido que ela estava sofrendo com tanta frustração e tristeza. E ela não tinha ideia de como ele se sentia solitário sem a compreensão dela. As acusações mútuas de "Você faz com que eu me sinta..." se transformaram em "O que posso fazer para ajudar?".

Thoreau escreveu: "Haveria milagre maior do que enxergar com os olhos de outrem, mesmo que por um instante?" Como Margo e Jeff estavam descobrindo, ver através dos olhos do outro está bem no núcleo da compaixão. Não precisamos fazer o processo formal de inversão de papéis para entender como é a vida para o nosso cônjuge, filho, irmão ou amigo. Podemos imaginar como seria estar no corpo e na mente dessas pessoas, vivendo sob as circunstâncias delas. Se permitirmos nos abrir completamente para seus seres conscientes e vulneráveis, nos sentiremos naturalmente próximos e afetuosos. Hafiz escreveu:

Acontece o tempo todo no céu,
E algum dia
Começará a acontecer
De novo na terra –

Que homens e mulheres [...]
Que dão uns ao outros
Luz
Com frequência se ajoelharão

E [...] Com lágrimas nos olhos,
Falarão sinceramente, dizendo

"Meu querido,
Como posso ser mais amoroso com você;
Como posso ser mais
Gentil?"

Se perguntássemos a nós mesmos quando encontrássemos alguém – um amigo ou um estranho – "Como posso ser mais gentil?", certamente reconheceríamos que todo ser precisa ser ouvido, amado e compreendido. Embora possamos nos dar conta disso primeiro com aqueles do nosso círculo imediato, também é possível prestar atenção e cuidar de todos os seres vivos. *Quanto mais completamente oferecemos nossa atenção, mais profundamente percebemos que o que mais importa na vida é ser gentil.* À medida que nos abrimos para a vulnerabilidade dos outros, o véu da separação cai e nossa reação natural é estender a mão para ajudar.

O CÍRCULO DE TODOS OS SERES

Em uma comovente história Sikh, um mestre espiritual idoso chama seus dois discípulos mais devotos ao jardim em frente à sua cabana. Seriamente, ele dá para cada um uma galinha e os instrui:

– Vão para onde ninguém possa ver e matem a galinha.

Um dos homens imediatamente vai para trás de sua cabana, pega um machado e corta a cabeça da galinha. O outro anda por horas e finalmente retorna para o mestre trazendo a galinha viva.

– O que houve? – pergunta o mestre.

O discípulo responde:

– Eu não consigo encontrar um lugar onde ninguém possa me ver. Para qualquer lugar que eu vá, a galinha vê.

Para esse homem, a galinha era real. Estava consciente e sentia dor. À medida que trazemos uma atenção gentil para o nosso ser consciente e vulnerável, nos damos conta de como todos os seres são sensíveis, como se machucam e querem permanecer vivos. Embora talvez não queiramos admitir que temos muito em comum com uma galinha, quando aprofundamos a nossa atenção – assim como o meu filho fez com as formigas – nos defrontamos com a fragilidade e a vibração fundamentais que marcam todos os seres vivos. O poeta Gary Lawless escreveu:

Quando os animais vêm até nós
Pedindo nossa ajuda,

Saberemos o que eles estão dizendo?
Quando as plantas falam conosco
Em sua linguagem bela e delicada,
Seremos capazes de responder?
Quando o próprio planeta
Canta para nós em nossos sonhos,
Seremos capazes de despertar e agir?

Quando sabemos que os animais e as plantas são partes de quem somos, podemos ouvir e responder. Ignorar as árvores é como ignorar os nossos pulmões quando eles estão congestionados e não conseguimos respirar. A extinção de pássaros canoros significa o fim da nossa música viva. Quando o próprio planeta acena em nossos sonhos, se estamos em contato com a verdade de nosso pertencimento mútuo, nosso coração naturalmente estremece de carinho. Lembramos que a rede da vida é nosso lar.

A aspiração do bodisatva a "Que minha vida seja benéfica para todos os seres" é uma ferramenta poderosa para lembrar nosso pertencimento e ampliar o círculo de nossa compaixão. Ao resolver ajudar todos os seres que sofrem, o bodisatva não está assumindo um papel grandioso ou acolhendo algum ideal inacessível. Se nos vemos como indivíduos pequenos e separados tentando enfrentar o mundo como nossa responsabilidade, nos preparamos para a ilusão e o fracasso. Em vez disso, nossa aspiração de sermos benéficos surge da consciência radical de que todos nós pertencemos à rede da vida e tudo que acontece dentro dela afeta todo o restante. Cada pensamento que temos, cada ação que realizamos têm um impacto, para o bem ou para o mal. Uma mulher aborígine da Austrália fala sobre esse senso de afinidade de uma maneira poderosa:

"Se você veio me ajudar, está perdendo seu tempo. Mas, se você veio porque o seu destino está entrelaçado com o meu, então vamos trabalhar juntos."

Quando sentimos a nossa proximidade, existem incontáveis maneiras de expressar o nosso carinho. Algumas pessoas dedicam toda a sua energia a criar um lar cheio de amor para sua família; outras, a mudar leis que ajudarão crianças pobres a ter educação e alimentação melhores. Algumas pessoas rezam por horas em solidão e outras estão sempre ao telefone.

Embora seja fácil ser enredado na crença em que deveríamos estar fazendo algo mais ou diferente, o que realmente importa é que nos importamos. Como Madre Teresa ensina: "Não podemos fazer grandes coisas – apenas pequenas coisas com grande amor."

 Assim como o sol forte derrete cubos de gelo, nos momentos em que nos sentimos conectados e gentis criamos um ambiente acolhedor que encoraja as pessoas ao nosso redor a relaxar e se abrirem. Cada vez que ampliamos o círculo da atenção – com um sorriso, um abraço, uma escuta presente, uma reza – o gesto repercute infinitamente. Quando oferecemos conforto à pessoa sentada ao nosso lado, nossa bondade se espalha pelo mundo. Quer seja oferecida interiormente ou para os outros, a compaixão do bodisatva é uma chuva suave que toca, sem preconceitos, toda a vida.

MEDITAÇÃO GUIADA:

TONGLEN – Despertando o coração de compaixão

A prática tibetana de *tonglen* cultiva o coração de compaixão universal. *Tonglen* significa "tomar e enviar". Conectada ao fluxo da respiração, essa prática treina você para se abrir diretamente ao sofrimento – o seu e o de todos os seres – e oferecer alívio e amorosidade. Esta meditação é uma versão de *tonglen* que pode ajudar a despertar compaixão frente ao sofrimento.

Há momentos em que o *tonglen* pode ser inadequado. Se você está lutando com o terror de ter sido abusado(a), com uma depressão implacável ou um desequilíbrio emocional severo, fazer o *tonglen* pode causar uma enxurrada emocional ou uma sensação profunda de estar preso(a). Nesse caso, em vez de praticar *tonglen*, procure a ajuda de um terapeuta, um mestre familiarizado com essa prática ou um guia espiritual confiável.

Sente-se em uma posição que lhe permita estar relaxado(a) e alerta. Sentindo o ritmo natural da respiração, deixe o corpo e a mente se acalmarem.

A prática tradicional do tonglen *começa com um instante de lembrança, reconhecendo o coração e a mente despertos. Com os olhos abertos, reserve um breve momento para sentir a imensidão do espaço e a abertura natural e vazia da consciência.*

Agora traga à mente uma experiência de sofrimento. Pode ser uma dor sua ou o sofrimento de alguém próximo – um(a) amigo(a), membro da família, animal de estimação ou qualquer outro ser vivo. Permita-se sentir esse sofrimento de maneira imediata, realista e próxima. Permita que sejam reais para você a perda, a mágoa ou o medo. Conforme inspira, permita que essa dor penetre completamente no corpo e no coração. Se for a dor de outro ser, sinta-a como se fosse sua. Abra-se para a intensidade das sensações, sejam quais forem.

Agora, ao expirar, deixe a dor que está sentindo ser liberada. Entregue-se à abertura da consciência, deixando a dor ser ventilada no frescor do espaço aberto. Com a expiração, ofereça qualquer prece ou expressão calorosa que venha naturalmente a você. Por exemplo: "Que você se liberte do sofrimento. Eu me importo com seu sofrimento. Gostaria que você estivesse feliz e em paz."

Você pode descobrir que, a princípio, não se sente realmente conectado(a) ao sofrimento, dor, medo ou tristeza. Se for o caso, por alguns minutos você pode deixar seu foco principal estar na inspiração e no "tomar" da dor. Preste atenção especial às sensações que surgem em seu corpo. Então, à medida que você começa a experimentar o sofrimento mais plenamente, retome uma prática equilibrada de tomar o sofrimento e enviar alívio.

Sem nenhum julgamento, fique atento a como está se relacionando com o sofrimento. Você pode sentir uma vontade corajosa de se abrir para a intensidade e a crueza da dor. Ou pode sentir medo e o seu coração pode ficar na defensiva ou entorpecido. Se sentir resistência, pode fazer tonglen com as sensações da resistência (você pode fazer tonglen com qualquer experiência que surgir). Inspire os sentimentos de medo ou entorpecimento, tocando-os plenamente. Expire o perdão, liberando a resistência no espaço amplo da consciência. Quer esteja se sentindo receptivo(a) ou resistente, continue praticando a respiração, recebendo as sensações brutas de sofrimento e enviando alívio, relaxando na abertura.

Agora traga à mente todos os outros seres no mundo que experimentaram o mesmo tipo de sofrimento sobre o qual você vem refletindo. Perceba como, embora as histórias possam ser diferentes, nossa experiência real de dor física e sofrimento emocional é a mesma. Se você está meditando sobre a dor de se sentir inadequado(a) e rejeitado(a), neste momento milhões de outras pessoas estão sentindo essa mesma dor. Ao sentir a realidade desse sofrimento, comece a inspirar em prol de todos aqueles que sofrem da mesma forma. Inspire a insegurança, o pesar ou a mágoa que todos esses seres estão sentindo e experimente a intensidade e a plenitude de suas dores em seu coração. Conforme você expira, libere essa enormidade de sofrimento no espaço ilimitado. Deixe que seja acolhida na consciência ilimitada. Como antes, com a expiração ofereça alguma prece desejando que esse sofrimento seja aliviado.

Continue inspirando e expirando, abrindo-se para a experiência universal desse sofrimento e relaxando na oração. Conforme seu coração se abre para a enormidade do sofrimento, você se torna essa abertura. Ao oferecer sua ternura, sua consciência se torna imbuída de compaixão. Continuando a inspirar sofrimento e expirar amorosidade, sinta seu coração como um transformador de sofrimentos.

Sempre que perceber o sofrimento, você pode praticar *tonglen*. Pode ver na TV a notícia de uma família que perdeu sua casa em uma enchente ou um incêndio. Pode estar na estrada e ver um acidente de carro. Pode estar numa reunião dos Alcoólicos Anônimos e ouvir alguém descrever sua luta contra o alcoolismo. Imediatamente você pode inspirar, permitindo que sinta a proximidade e a intensidade daquela dor e daquele medo. Expirando, libere a dor na vastidão da consciência com uma prece de alívio. Depois de passar alguns minutos assim, amplie o campo da compaixão, respirando por todos os seres que estão sofrendo por algum trauma, perda ou vício.

DEZ

RECONHECENDO NOSSA BONDADE FUNDAMENTAL: O PORTÃO PARA UM CORAÇÃO QUE PERDOA E AMA

Como uma mãe carinhosa
Acolhendo e protegendo a vida
De seu único filho
Com um coração ilimitado
Cuide de si e de todos os seres.

BUDA

Sou maior e melhor do que achava.
Eu não achava que contivesse tanta
bondade.

WALT WHITMAN

Amy chegou para a sessão de terapia com o rosto vermelho e agitada. Durante os dois meses em que vínhamos nos encontrando, ela estivera quieta, quase reprimida. O principal problema que examinamos juntas era sua baixa autoestima. Naquela sessão, Amy se pôs a contar como descobriu que seu marido vinha tendo um caso amoroso. Nos últimos seis meses tinha passado cada vez mais fins de semana em "projetos do trabalho". Desconfiada, Amy havia decidido, na semana anterior, examinar o e-mail que ele recebia em sua conta da empresa. Numerosas mensagens de uma mulher, uma colega do trabalho, tinham um tom de intimidade que a deixou tremendo de raiva. Quando Amy confrontou Don naquela noite, ele empalideceu e então, parecendo derrotado e triste, assentiu com a cabeça e confessou:

– Você tem razão. É verdade.

Ele quis continuar conversando, explicar, mas ela não conseguiu ouvir. Disse que estava tudo terminado e que ela nunca poderia perdoá-lo.

Após admitir sua infidelidade naquela primeira noite, Don encerrara o caso. Implorou a Amy que o perdoasse, que desse ao casamento uma chance. Raivosa demais para dar quaisquer garantias, Amy de início manteve um silêncio pétreo. Depois contou que, se não fosse pela filha deles, Célia, ela já teria encerrado o casamento.

Desde aquela noite, ela contou, sua mente foi inundada de pensamentos sobre como ele a tinha enganado contando que precisava comparecer a uma conferência ou ficar no trabalho até mais tarde, ou ir a uma reunião de planejamento da equipe. Sua raiva por ser traída queimava em seu peito como uma imensa fogueira rubra. Ele era um mentiroso vulgar. Um diabo sem coração. Tudo que dizia fazia parte de uma rede de engodos. Todo o casamento era uma farsa.

Quando somos traídos, uma de nossas primeiras reações é culpar o outro. Criamos uma história de bom e mau e dirigimos nossa raiva contra aquele que nos causou a dor. Com profundo ressentimento, desenvolvemos um argumento contra essa pessoa, muitas vezes sem indícios suficientes para provar que deveríamos eliminá-la por completo de nossa vida. A palavra *ressentimento* significa "sentir de novo". Cada vez que repetimos para nós uma história de como fomos injustiçados, sentimos de novo em nosso corpo e nossa mente a raiva por termos sido violados. Mas com frequência nosso ressentimento com os outros reflete nosso ressentimento com nós mesmos. Quando alguém nos rejeita, poderia estar reforçando uma visão que já temos – de que não somos bons o suficiente, gentis o suficiente, adoráveis o suficiente.

Embora de início Amy focasse seu ressentimento e sua raiva em Don, logo os voltou contra si. O caso amoroso de Don havia confirmado seus piores temores: ela merecia ser deixada de lado. Todas as formas como se sentia inadequada foram reforçadas por sua rejeição. Ela podia parecer calorosa e atenciosa para o mundo, mas por dentro se sentia falsa, rígida, grotesca. Don era quem a conhecia melhor e a havia rejeitado. Agora, perdida no transe da indignidade, Amy estava convencida de que era detestável.

Especialmente quando as coisas parecem estar desmoronando – quando perdemos o emprego, sofremos um grave ferimento, nos separamos de alguém que amamos –, nossas vidas podem se tornar dolorosamente ligadas à experiência de que algo está errado conosco. Adotamos a crença em que somos fundamentalmente falhos, maus e desmerecedores de amor. À semelhança de Amy, esquecemos nossa bondade e nos sentimos desligados de nosso coração. O Buda ensinou, porém, que, por mais que nos percamos na delusão, nossa essência, nossa natureza búdica, é pura e não maculada. O mestre de meditação tibetano Chögyam Trungpa escreveu: "Todo ser humano tem uma natureza básica de bondade." A bondade fundamental é a radiância da nossa natureza de buda – nossa lucidez e nosso amor intrínsecos.

O que não significa que não possamos fazer coisas erradas. Mas, em forte contraste com nosso condicionamento cultural como herdeiros de Adão e Eva, a perspectiva budista sustenta que não existe algo como uma pessoa pecadora ou má. Quando prejudicamos a nós ou os outros, não é porque somos *maus*, e sim por sermos *ignorantes*. Ser ignorante é ignorar a verdade de que estamos conectados com toda a vida e de que o apego e o ódio criam mais separação e sofrimento. Ser ignorante é ignorar a pureza da consciência e a capacidade de amor que expressam nossa bondade básica.

Reconhecer essa bondade básica em todos requer coragem. Trungpa chama isso de tarefa do guerreiro espiritual e diz que a essência da bravura humana é "recusar-se a desistir de qualquer um ou qualquer coisa". Isso pode ser especialmente difícil quando tentamos ver bondade num assassino, no CEO de uma grande empresa que polui o planeta, num molestador de crianças. A bondade básica pode estar soterrada sob um feio emaranhado de medo, ganância e hostilidade, e vê-la não significa ignorar o comportamento nocivo em nós ou nos outros. Aceitar radicalmente a vida depende de ver com clareza sua plena verdade. O romancista e místico Romaine Rolland diz: "Só existe um heroísmo no mundo: ver o mundo como é e amá-lo." Ver o mundo como é significa ver não apenas a vulnerabilidade e o sofrimento de cada pessoa, mas também a bondade básica de cada pessoa. Quando abraçamos a nós e os outros com Aceitação Radical, estamos vendo através dos papéis, histórias e comportamentos que obscurecem nossa verdadeira natureza.

Ver a bondade nos outros começa por ver a bondade em nós. Mesmo quando nos sentimos envergonhados ou deprimidos, ressentidos ou inseguros, não desistimos de nós. Nos ensinamentos budistas tradicionais existem meditações formais que visam nos libertar do transe e nos reconectar com a bondade e a consciência amorosa que constituem nossa verdadeira natureza. Geralmente começam com o perdão, pois o perdão libera a armadura de ressentimento e culpa que cobre nosso coração e nos impede de ver a bondade em nós e nos outros. As práticas de bondade amorosa despertam o amor, que é a flor de nossa bondade.

A Aceitação Radical no centro dessas práticas depende de um salto de fé. Nossos pensamentos de transe podem nos dizer que há algo errado, mas ousamos abandoná-los e confiar na possibilidade da bondade. Nosso corpo pode estar repleto de emoções dolorosas, mas, em vez de fugir, nos entregamos ao poder curativo da presença compassiva. Podemos ter nos protegido fechando nosso coração, mas em vez disso, em prol do amor, nos recusamos a expulsar alguém, inclusive nós, do nosso coração. Quando estamos dispostos a dar o salto, nossa fé não se desaponta, pois, ao descascar as camadas de ilusão, achamos a bondade e o amor que estão sempre ali.

PERDOANDO A NÓS MESMOS: LIBERANDO A CULPA QUE PRENDE NOSSO CORAÇÃO

Na sessão seguinte, Amy despejou uma litania de seus fracassos pessoais. Era uma mãe inadequada. Uma péssima esposa. Por toda parte – em casa, no trabalho – era uma pessoa desastrada, fracassada. Estava totalmente consciente da distância que se desenvolvera entre ela e sua filha, Celia, de 14 anos. Raramente se falavam e Amy sabia pouco sobre o que Celia pensava ou sentia. Não deveria ter sido uma surpresa que Don procurasse outra mulher. Quem quereria ser fiel a alguém tão mau e egoísta como ela? Estava sempre criticando quão desarrumado ele era, a forma como planejava suas férias, a maneira como dirigia o carro. Um episódio particular destacava-se na mente dela. Uma noite, no ano anterior, estavam deitados na cama e Don começou a contar uma discussão que havia tido com o chefe. Amy o interrompeu, com raiva:

– Ok, confesse. Você arruinou suas chances de promoção? Estragou tudo?

Don se levantou da cama e ficou por um momento no escuro.

– Não, Amy – disse simplesmente, e deixou o quarto.

Não voltou à cama naquela noite nem na seguinte. Depois de me contar esse episódio, Amy relaxou e olhou para o chão. Com uma voz cansada, disse:

– Não sei de quem tenho mais raiva: de Don ou de mim.

Quer nossa raiva e nosso ressentimento sejam dirigidos a outro ou a nós, o resultado é o mesmo: afasta-nos da nossa dor mais profunda de mágoa e vergonha. Enquanto evitamos esses sentimentos, permanecemos presos em nossa armadura, afastados do amor por nós e pelos outros.

Como vimos repetidas vezes, a solução começa pela Aceitação Radical de nossa dor. Quando nos libertamos de nossas histórias de culpa e nos permitimos experimentar diretamente os sentimentos de vergonha e medo em nosso corpo, começamos a nos ver com compaixão. Em vez de viver reagindo a acontecimentos passados, em vez de nos identificarmos como uma pessoa raivosa, uma pessoa traída, uma pessoa má, nos libertamos para acolher o momento presente com sabedoria e bondade. Essa é a essência do perdão. Quer estejamos com raiva de nós ou dos outros, *perdoamos ao soltar a culpa e nos abrir para a dor que estávamos tentando afastar.*

Mas, quando nos voltamos profundamente contra nós mesmos, o perdão pode parecer impossível. Como Marian em sua culpa pelo abuso sexual de Christy, quando sentimos que causamos um grande sofrimento não conseguimos nos imaginar tendo compaixão por nós. Perguntei a Amy:

– Você acha que poderia se perdoar por ser essa pessoa crítica, por cometer esses erros?

Ela respondeu, sem hesitação:

– Não! Perdoar-me seria sair impune. Como eu poderia me tornar uma mãe ou esposa melhor?

Continuei:

– Existe algo mais que impede você de se perdoar, Amy?

Com certa amargura, ela respondeu:

– Por que eu deveria me perdoar? Isso não ajudaria aqueles que já magoei. Já arruinei minha família. É tarde demais.

Mas eu sabia que uma parte de Amy queria desesperadamente remover a corda da autodepreciação de seu pescoço. Perguntei:

– O que aconteceria se, só por um tempinho, você deixasse de lado sua história de ser má pessoa?

Ela disse que não sabia, mas estava disposta a tentar.

Quando a orientei a focar sua atenção nos sentimentos no seu corpo, Amy disse que se sentia como se estivesse afundando em um buraco profundo de vergonha, um atoleiro de maldade. Daí a pouco, uma lembrança de anos antes lhe veio à mente. Amy se viu no seu escritório em casa, irritada com o choro persistente de Celia. Ela literalmente arrastou a filha pelo braço para o quarto e, ligando a TV, proibiu-a de sair dali. Deixou-a trancada por duas horas, ignorando seus gritos periódicos pedindo para sair.

– Tara, como posso me perdoar por tratar minha filha assim? Sinto tanta vergonha de mim mesma!

Sugeri a Amy que, em vez de tentar se perdoar, apenas enviasse uma mensagem de perdão para a vergonha.

– Você pode perdoar a vergonha por existir? – perguntei. Amy assentiu com a cabeça, depois murmurou:

– Eu perdoo esta vergonha... Eu perdoo esta vergonha.

Ela permaneceu em silêncio pelo que pareceu um longo tempo, então perguntei o que estava acontecendo.

– Bem – começou ela, devagar –, a sensação não é mais de vergonha. Agora parece mais de medo.

Falei que ela podia permanecer com o medo da mesma forma, deixando-o estar ali, sentindo-o, oferecendo-lhe perdão. Após alguns minutos, Amy disse:

– Sei de que tenho medo. De nunca conseguir me aproximar de alguém. Eu rejeito todo mundo. Não quero que ninguém veja como sou realmente.

Chorando, Amy cobriu o rosto. Suavemente, lembrei a ela de perdoar aquilo também, o medo e agora aquela dor. Se quisesse, eu falei, poderia simplesmente dizer: "Perdoada, perdoada."

Abraçando os joelhos junto ao peito e se balançando de um lado para outro, Amy perdoou e se abriu para a dor que jazia soterrada sob seus ressentimentos.

– Houve tantas ocasiões em que eu poderia ter sido amorosa mas não fui: com Celia, com Don, com minhas amigas.

Não importa o que apareça – raiva ardente, ansiedade torturante, pensamentos cruéis ou mero desespero –, ao oferecer perdão direto a cada sentimento, permitimos que nossa vida interior seja como é. Em vez de perdoar um "eu", perdoamos as experiências com que nos identificamos. Enquanto a resistência nos deixa paralisados, endurecendo nosso coração e contraindo nosso corpo e nossa mente, dizer "Eu perdoo isto" ou "Perdoado" cria uma ternura e uma suavidade que permitem às emoções se desdobrarem e mudar.

Quando a dor enfim diminuiu, o corpo de Amy ficou bem tranquilo, seu rosto relaxou. Ela repousou a cabeça no espaldar da cadeira e sua respiração ficou longa e lenta. Quando olhou para mim, seus olhos estavam vermelhos e inchados, mas pacíficos. Ainda enroscada na poltrona, Amy contou que, ao voltar certa vez do colégio, achou um cão farejando seu lixo. Foi "amor à primeira vista", ela disse, e, quando pareceu que seus pais iam levar o cão para um abrigo, Amy desatou a chorar. No final, a família adotou Rudy e ele se tornou o primeiro de uma série de animais desgarrados – que incluía vários cães, gatos e um pássaro machucado – que Amy recolheu para cuidar. O rosto dela se atenuou quando disse:

– Todos diziam que eu era tão boa com os animais... Eu os adorava. Eram meus amigos.

Ela brincou sobre como as alergias leves mas reais de Don eram a única linha de defesa contra ela criar um zoológico completo.

Depois, mais tranquila, ela disse:

– Veja bem, eu me importo com as pessoas... com os animais... sempre fui assim.

Quando Amy disse isso, percebi que ela estava abrindo a porta para sua cura.

– Amy, você é uma pessoa boa. Espero que se permita acreditar nisso.

Perguntei se tinha algumas fotografias dela com seus bichinhos. Se tivesse, poderia passar algum tempo olhando para elas. Poderia também olhar algumas de suas fotos de bebê, só para ver o que percebia.

Ao terminarmos a sessão, lembrei a Amy que perdoar a nós mesmos e aprender a confiar na nossa bondade podem levar um longo tempo. Contei que em certos dias preciso me perdoar várias vezes: 20, 30 vezes. Em geral não utilizo uma meditação formal para isso. Simplesmente reconheço que estou me julgando ou não estou gostando de mim e trago minha compaixão à dor que estou sentindo. Conscientemente acolho a intenção de abandonar a culpa e tento ser mais gentil comigo.

Sugeri que ela poderia fazer a cada noite, antes de dormir, uma "sondagem de perdão", para ver se tinha algo contra si mesma naquele dia. Poderia ter cometido um erro no trabalho ou dito algo condescendente ao marido. Se percebesse que estava sendo severa consigo, poderia sentir a dor de sua autorrecriminação, o medo, a raiva ou a vergonha e enviar a mensagem "Perdoada, perdoada". Poderia também gentilmente se lembrar de que vinha fazendo o melhor que podia.

Perdoarmo-nos é um processo que continua por toda a vida. Estamos tão acostumados a repetir a história do que está errado conosco e com os outros que viver com um coração ressentido e tenso pode se tornar nossa forma de ser mais familiar. Milhares de vezes podemos nos ver capturados em histórias do que estamos fazendo de errado. Milhares de vezes podemos cair sob nossa culpa, onde reside a dor mais profunda. A cada rodada de nossa libertação pelo perdão, fortalecemos o reconhecimento de nossa bondade básica. Como Amy descobriu, começamos a confiar de novo em nosso interesse pela vida.

Com o tempo, perdoar a nós mesmos transfigura radicalmente nossa vida. Todos nós conhecemos relatos de prisioneiros no corredor da morte que, encarando honestamente o sofrimento que causaram, foram capazes de se perdoar. Ao se abrirem para a enormidade da dor, seus corações se tornaram ternos e despertos. Outros prisioneiros, guardas, capelães da prisão e parentes podiam reconhecer o brilho de sua liberdade interior. Esses prisioneiros não estavam saindo impunes. Embora assumissem a plena responsabilidade por suas ações, também reconheciam a verdade de sua bondade básica.

Poderíamos temer, assim como Amy, que nos perdoar é, de algum modo, tolerar o comportamento prejudicial ou permitir que continuemos em nossa conduta ofensiva. Quando nos perdoamos, não estamos dizendo "Não deu para evitar o que fiz, então é melhor esquecer". Nem estamos nos eximindo da responsabilidade quando nos libertamos de nossos pensamentos de culpa. A sensação de sermos culpados e maus por algo que fizemos pode temporariamente evitar que façamos o mal, mas no final só leva a mais ações danosas. Não podemos nos punir para virar uma pessoa boa. Somente nos acolhendo com a compaixão do perdão sentimos nossa bondade e reagimos às circunstâncias com sabedoria e amorosidade.

APRENDENDO A VER NOSSA BONDADE

Amy mal falou com Don nas semanas seguintes. Ele estava dormindo no sofá da sala e ela não sabia direito o que fazer. Não queria encerrar o casamento, mas não podia simplesmente fingir que tudo estava normal e deixá-lo sair impune do que fizera. Apesar da dor e da incerteza de Amy, pude ver em nossas sessões que algo estava mudando e se abrindo dentro dela.

Amy veio para nossa sessão seguinte com um pequeno maço de fotos. Espalhou-as na mesa do cafezinho e nos sentamos lado a lado no sofá para vê-las. Uma era de Amy bebê embalada no peito da mãe, e ambas sorrimos da pessoinha doce, de olhos arregalados, na foto. Em outra ela tinha uns 2 anos e estava sentada nos ombros do pai, abraçando sua cabeça e rindo. Amy sorriu.

– Veja bem, fico feliz ao vê-la feliz.

Nas outras, tiradas quando ela tinha 8 ou 9 anos, Amy estava com seus amigos adotados – acariciando Rudy, deitada na cama com seu gatinho

Sam dormindo no seu peito, cuidadosamente segurando um passarinho. Enquanto a olhávamos com seus animais, Amy me contou que conseguia se lembrar da sensação de ser uma boa pessoa.

– Quando você me disse isso semana passada, Tara, foi difícil aceitar. Mas, olhando essas fotos, acho que consigo sentir agora. Essa bondade e essa inocência ainda estão dentro de mim.

Para cogitar se lembrar de sua bondade, Amy precisava abandonar a crença em que era uma pessoa má e detestável. Em nossa sessão anterior, ela havia começado o processo de perdão, abrindo-se para a dor e acolhendo-a com compaixão. Falou que a sondagem de perdão também a havia ajudado. Uma noite, ao lembrar como tinha sido ineficiente com seus clientes, simplesmente se permitiu sentir a ansiedade e a vergonha no corpo e perdoou-as por estarem ali. Amy sorriu e disse:

– Percebi que podia ser tensa e ainda assim ser uma boa pessoa.

Quando Amy começou a recolher suas fotos, eu me levantei, peguei um livro na estante do consultório e encontrei um dos meus poemas favoritos. Li em voz alta para Amy alguns versos escritos pelo poeta Kabir:

Sentimos que existe algum tipo de espírito que ama
    os pássaros e animais e as formigas –
talvez o mesmo que deu uma radiância a você no
    ventre da sua mãe.

– Isso me faz pensar em você, no *seu* espírito amoroso, Amy. Acho que esses animais de que você cuidou ajudaram a lembrar quem você é.

Concordando com um sorriso, ela afagou a pilha de fotos.

– Estas pertencem ao meu altar. Se houve uma época em que precisei de lembretes regulares, é esta.

Refletir na nossa bondade é considerado um meio hábil na prática budista, por abrir nosso coração e revigorar nossa fé no nosso desenvolvimento espiritual. Se somos envolvidos pela crença de que somos pessoas ruins, nos contraímos e nos escondemos. Por outro lado, se confiamos na nossa bondade, nos abrimos aos outros, nos sentimos inspirados a ajudá-los e avançamos no nosso caminho espiritual com dedicação e alegria.

Existem diversas práticas que são tradicionalmente oferecidas como meios de lembrar nossa bondade. Podemos começar refletindo em certas qualidades ou comportamentos que apreciamos em nós. Por exemplo, quando recordo casos em que fui gentil com alguém, posso provar a doçura de ser carinhosa e generosa. Eu poderia lembrar uma época em que coloquei de lado meus interesses para parar e ouvir alguém, ou em que espontaneamente dei a uma amiga um livro de que ela poderia gostar. Quando me sinto comovida pela música de Mozart ou assombrada por um céu estrelado, me sinto parte da bondade e da beleza da vida. Quando a vida me parece engraçada, me sinto real e humana, e basicamente boa.

Mas às vezes a ideia de me apreciar pode parecer importuna ou egoísta. Nesses casos, parece mais honesto reconhecer meu desejo básico de ser feliz, reconhecer que eu, como todos os seres humanos, desejo ser amada e anseio por sentir minha bondade. Quando presto atenção nas profundezas desses desejos, me reconecto com um sentimento genuíno de amizade comigo mesma.

Às vezes a forma mais fácil de nos apreciarmos é olhando pelos olhos de alguém que nos ama. Um amigo me contou que, quando se vê pelos olhos de seu mestre espiritual, lembra-se da própria dedicação profunda à busca da verdade. Um de meus clientes percebe que é adorável recordar o prazer que, quando menino, sua curiosidade e sua inventividade davam ao avô. Às vezes, ver a nós mesmos pelos olhos de um amigo íntimo pode nos ajudar a lembrar nossas boas qualidades. Nosso amigo pode adorar nosso humor e nossa cordialidade, nossa paixão por salvar o meio ambiente, nossa disposição honesta de dizer o que está realmente acontecendo em nossa vida. Não precisamos limitar nossos apreciadores ao mundo humano. Certa vez, vi um adesivo de para-choque que dizia: "Senhor, me ajude a me ver como meu cão me vê." Poderíamos nos perguntar o que deixa nosso cão feliz por nos ver. Mesmo que a resposta seja que ele apenas quer ser alimentado ou levado para passear, sua apreciação de nossa constância reflete um aspecto válido nosso. A prática de olhar pelos olhos de alguém que nos ama pode ser um meio poderoso e surpreendentemente direto de lembrar nossa beleza e nossa bondade.

Pela simples prática de ver nossa bondade, desfazemos os hábitos arraigados de culpa e autodepreciação que fazem com que nos sintamos isolados e indignos. O mestre indiano contemporâneo Bapuji carinhosamente nos lembra de valorizarmos nossa bondade:

Meu amado filho,
Não dilacere mais seu coração.
Cada vez que você se julga, dilacera seu coração.
Você deixa de se alimentar do amor que é a fonte de sua vitalidade.
O tempo chegou, seu tempo

De viver, celebrar e ver a bondade que você é [...]

Não deixe ninguém, nada, nenhuma ideia ou ideal obstruí-lo.
Se algo vier, ainda que em nome da "Verdade", perdoe por sua
    ignorância.
Não lute.
Deixe estar.
E respire – para dentro da bondade que você é.

Cada vez que nos traímos por não vermos nossa bondade, dilaceramos nosso coração. Quando nos julgamos por falhar, dilaceramos nosso coração. Embora Amy viesse dilacerando seu coração havia anos, estava agora começando a ver sua bondade e a avançar para a cura. Já que a maneira como nos vemos é fortemente influenciada por nossos relacionamentos, para Amy essa confiança em sua bondade seria aprofundada quando se sentisse perdoada por outra pessoa.

A BÊNÇÃO DE SE SENTIR PERDOADO

Certa tarde, Amy estava voltando para casa e se viu presa no trânsito da hora do rush. Chegou em casa com pouco tempo para preparar o jantar. Don estava fora da cidade e a nova chefa de Amy iria jantar na sua casa com o marido. Ao entrar na cozinha, ela descobriu as bancadas cheias de pratos sujos de molho de tomate e várias latas de refrigerante pela metade espalhadas. Amy explodiu. Entrou, raivosa, no quarto de Celia, desligou a música e expulsou as amigas da filha. Quando a porta se fechou, ela reclamou com Celia:

– Como pôde ser tão insensível? Você sabia que teríamos visitas.

– Era só você me pedir... – respondeu Celia.

Mas Amy a interrompeu gritando, dizendo que ela não deveria ter que ficar pedindo ajuda.

– Suas amigas e sua música são tudo que importa. Você não está nem aí para mais nada.

Amy bateu a porta ao sair do quarto de Celia.

No silêncio que se seguiu, Amy chegou a ouvir o eco dos próprios gritos. Seu coração estava disparado e sua respiração era rápida e superficial. Subitamente uma imagem da filha bebê lhe veio à mente, e ela lembrou como Celia costumava colher buquês de dentes-de-leão para ela. Outra imagem imediatamente assomou mostrando ela e Célia trançando flores de primavera na cabeça uma da outra, tornando-se rainhas de maio. Amy deu meia-volta e bateu de leve na porta. Celia abriu e ficou esperando.

– Não acredito, filha. Não acredito que eu esteja fazendo isso com você.

Amy se sentou na cama e despejou tudo. Sentia muito por tornar suas vidas tão miseráveis, pelo que havia acontecido entre ela e o pai de Celia, pelo tipo de mãe que era, por não estar presente para Célia, sentia muito, muito, muito.

Celia ficou calada por um momento, depois disse:

– Mãe, ninguém é perfeito, mas eu sempre soube que você me ama. Não é isso que conta?

Amy fitou os olhos azul-claros da filha e soube que ela estava dizendo a verdade. Celia nunca duvidara de que a mãe se importava com ela. Ainda que Amy estivesse ansiosa, estressada e crítica, Celia sentia seu amor e sabia que era inabalável. Certamente às vezes sentira raiva da mãe e não quisera estar junto dela, mas sabia que Amy estaria lá se precisasse. Amy sentiu uma grande onda de alívio. Em vez de se sentir culpada e desprezível, sentiu-se perdoada.

Nos dias seguintes, quando Amy percebia que estava estressada e crítica, ao lembrar os doces olhos azuis de Celia, o domínio doloroso da autorrecriminação começava a afrouxar. Embora o hábito de se julgar persistisse, os sentimentos de maldade não chegavam a dominá-la. Como Celia a havia perdoado, Amy estava mais gentil e bondosa consigo.

Saber que fomos perdoados pode ser profundamente libertador, em especial quando a aceitação acolhe nossas deficiências com compaixão. Ouvi uma história comovente de uma mulher morrendo de Aids no hospital. Vivera a última década de sua vida viciada em heroína, sem se importar com onde arranjaria a próxima dose, contanto que a conseguisse. A única pessoa que já havia amado era sua filha, mas mesmo esse amor não a impedira de destruir a própria vida.

Um dia, um jovem sacerdote católico estava fazendo sua ronda no hospital comunitário e deparou com aquela mulher, emaciada e com o tom amarelado de um fígado doente. Sentou-se ao lado da cama e perguntou como ela estava.

– Estou perdida – respondeu ela. – Arruinei minha vida e a vida de todos ao meu redor. Não há esperança para mim. Vou para o inferno.

O sacerdote ficou sentado em silêncio por um momento. Depois notou uma foto emoldurada de uma moça bonita na cômoda.

– Quem é essa? – indagou.

A expressão da mulher se iluminou um pouco.

– É minha filha, a única coisa bonita da minha vida.

– Você a ajudaria se ela cometesse um erro? Você a perdoaria? Ainda a amaria?

– Claro que sim! – exclamou a mulher. – Faria tudo por ela! Ela sempre será preciosa e bonita para mim. Por que está me perguntando isso?

– Porque quero que você saiba – disse o sacerdote – que Deus tem uma foto sua na cômoda dele.

Nessa mensagem de perdão e amor incondicionais, o sacerdote estava devolvendo àquela mulher sua bondade e sua inocência. Da perspectiva budista, quando podemos encarar nossos erros e transgressões com os olhos da compaixão, libertamo-nos da ignorância que nos mantém presos em nos odiarmos e culparmos. Vemos que nossas imperfeições não mancham nossa bondade fundamental. É isso que significa se sentir perdoado. Conscientes de nossa real natureza, sabemos que nada está errado.

Sentir-se perdoado é um meio seguro de abrir o coração. Esse poder é reconhecido nas práticas budistas tradicionais. Antes de começar a prática de meditação de enviar bondade amorosa a todos os seres, primeiro pedimos perdão silenciosamente a alguém que possamos ter prejudicado, intencionalmente ou não. Mesmo esse gesto básico de pedir perdão amolece nosso coração. Podemos nos abrir ainda mais à possibilidade de sermos perdoados refletindo sobre pessoas específicas que possamos ter prejudicado e silenciosamente pedindo seu perdão.

Como Amy descobriu, sentir-se perdoado pelos outros pode permitir que nos perdoemos mais profundamente. Outro passo na prática tradicional do perdão é oferecê-lo a nós. Quando nos libertamos da armadilha dolorosa da autorrecriminação sentindo-nos perdoados por nós e pelos outros, podemos então em nossa meditação sinceramente oferecer perdão aos outros.

PERDOANDO OS OUTROS: NÃO EXPULSAR NINGUÉM DO NOSSO CORAÇÃO

Como todos os aspectos da vida, perdoar tem seu próprio processo natural de desenvolvimento. Muitas vezes não estamos preparados para nos perdoar nem somos capazes de perdoar alguém que nos prejudicou. Não conseguimos despertar o desejo de perdoar – o perdão não é um produto do esforço, mas da abertura. Por isso a intenção de perdoar é um elemento tão fundamental no processo. Estar disposto – ainda que não realmente pronto – a perdoar já abre uma brecha no processo.

Ter a coragem de não expulsar ninguém do nosso coração é difícil quando fomos prejudicados por alguém que conhecemos. Mas, como guerreiros espirituais, nossa intenção de não desistir de ninguém pode ser testada com mais rigor quando somos profundamente violados por alguém com quem não temos laços afetivos. Como perdoar um estranho que estupra nossa filha, um terrorista que mata nosso amigo com uma bomba?

Uma aluna de um de meus retiros de meditação contou sobre sua batalha para perdoar o homem que deixou seu filho incapaz de andar por toda a vida. Numa noite em que pegou seu filho Brian após uma aula de bar mitzvah, a caminho de casa um motorista bêbado transpôs o canteiro central da via e atingiu seu carro. Ela sofreu ferimentos leves, mas Brian ficou preso quando o carro capotou e teve as pernas esmagadas. O perdão foi um processo longo e doloroso. Milhares de vezes ela sentiu o ardor da raiva e a angústia da perda passando por ela qual tempestade. Sentia também o endurecimento do coração quando o ódio queria dominá-la. Sabendo que o único jeito de achar o caminho de volta ao amor e à liberdade seria pela via do perdão, ela assumiu a intenção de perdoar o homem. Gradualmente através dos anos, ao permitir que os sentimentos a percorressem, perdoando-os quando surgiam, seu coração se ampliou para incluí-lo. Sem conhecer os detalhes, sabia que ele sofria também. Sabia que não pretendera lhe causar dor. No final, ao lembrar a bondade de todos os seres, ela se abriu para acolhê-lo com um coração de perdão.

Mantemos a intenção de perdoar porque entendemos que não fazê-lo endurece e aprisiona nosso coração. Se sentimos ódio por alguém, permanecemos acorrentados aos sofrimentos do passado e não conseguimos encontrar a paz genuína. Perdoamos pela liberdade do nosso coração.

Nos primeiros seis meses após descobrir a traição do marido, a dor e raiva de Amy haviam sido tão intensas que ela não conseguia imaginar que chegaria a perdoá-lo. Mas, quando seu coração se abriu ao perdoar a si mesma, começou a lhe ocorrer que com o tempo ela poderia se sentir diferente em relação a Don. Ela me contou um dia que pretendia perdoá-lo – quando estivesse preparada.

Aquilo aconteceu quase imperceptivelmente. Amy observava como ele era gentil com Célia, com quanta atenção a escutava, e seu coração se amolecia um pouco. Quando um amigo deles ficou doente, ela viu quão prestativo Don foi, levando-o de carro ao consultório médico, levando quentinhas para ele todas as noites. E ele estava se empenhando ao máximo para ser gentil com ela, claramente fazendo esforços para elogiá-la quando se vestia para o trabalho, fazendo questão de dizer para onde estava indo e como ela poderia contatá-lo quando se ausentava da cidade. No jantar, certa noite, Amy se viu rindo de uma história que Don estava contando sobre o desempenho do time de vôlei amador de sua empresa. Enquanto ele contava, ela lembrou como gostava da sua capacidade de dar um toque cômico a quase tudo. Ainda em muitos momentos um sentimento pleno de traição a perpassava, mas algo vinha mudando.

Amy não sabia exatamente quando aquilo aconteceu, mas me contou que um dia se pegou olhando as fotografias do casamento penduradas na parede do corredor e percebeu que Don não era realmente má pessoa. Ele cometera um grande erro que talvez tivesse colocado em evidência algo muito doloroso sobre ela. Mas não era mau ou cruel.

– Nunca houve um momento específico em que pensei: "Tudo bem, eu o perdoo" – disse ela. – Apenas a certa altura eu não precisei mais repeli-lo tanto.

Aquilo pode não ter sido inteiramente claro para Amy, mas pude perceber que, no decorrer de nossa interação, quanto melhor se sentia consigo mesma, mais aberta se mostrava em relação a Don. Enxergar a própria bondade a abriu para enxergar a dele. Como às vezes acontece quando um parceiro tem um caso amoroso, com o tempo Amy e Don acharam seu caminho de volta a um relacionamento mais profundo e honesto. Ambos haviam mudado, mas atribuí seu sucesso em grande parte à disposição de Amy a aceitar e perdoar os sentimentos escondidos sob sua sensação de indignidade.

Nossa intenção e nossa disposição de perdoar, de abandonar o ressentimento e a culpa, não significam que desculpamos comportamentos danosos ou permitimos mais agressões. Para Amy, perdoar não significou que aprovasse como Don expressara insatisfação com o casamento ou que de algum modo tolerava sua traição. Ela insistiu que fizessem aconselhamento conjugal e depois continuou na terapia sozinha. Perdoar não fez com que ela virasse um capacho ou negasse sentir raiva às vezes. Nem significou que ela ficaria passiva se o marido voltasse a traí-la. Ela conseguia ver a bondade de Don e, ao mesmo tempo, estabelecer limites.

Quando perdoamos, paramos de identificar rigorosamente os outros por seus comportamentos indesejáveis. Sem negar nada, abrimos nosso coração e nossa mente o suficiente para ver a verdade mais profunda de quem são. Vemos sua bondade. Quando o fazemos, nosso coração naturalmente se abre em amor.

VENDO A BONDADE NOS OUTROS

Quando Narayan era mais novo, eu me sentava junto à cama dele enquanto ele dormia e refletia sobre quem ele era. Enquanto observava seu rosto doce e a forma de sua respiração suave, praticava intencionalmente tentar ver, além de sua aparência física, quem ele realmente é. Quaisquer pensamentos ou imagens que vinham à mente eu observava e punha de lado. Meu coração se aquecia ao lembrar como ele fazia perguntas, ou brincava com nosso cão, ou dizia "Te amo, mãe". Mas eu perguntava de novo: "Quem você é realmente?" A pergunta me guiava além de todas as minhas ideias dele e revelava sua natureza como consciência, como vida amorosa animada. Eu também dirigia a mim mesma a pergunta "Quem sou eu?" e olhava detrás da ideia de ser a mãe, detrás de minha identificação com um corpo físico, detrás de quaisquer pensamentos do que eu estava fazendo ali, sentada ao lado de sua cama. De novo, o que se revelava era puramente consciência e amor. Somos o mesmo. Não há separação entre nós, nenhuma diferença entre quem realmente somos.

Assim como eu, a maioria dos pais já observou os filhos dormindo e sentiu um afloramento puro e simples de ternura. Quando estão dormindo, não precisamos negar o décimo biscoito, apressá-los para não perderem o transporte escolar ou afastá-los se estamos tentando falar ao telefone. Quando estão dormindo, podemos aprofundar nossa atenção e ver a doçura e a inocência de suas almas. Em nossas tentativas de não desistir de ninguém, uma prática útil pode ser imaginar os outros como bebês ou crianças. Outro método que pode nos levar ao ser precioso fora da personalidade e de papéis é imaginar que estamos vendo alguém pela última vez ou que a pessoa já morreu. Abandonando nossas formas habituais de definir os outros, podemos ver a consciência radiante, a bondade de sua natureza real.

A maioria de nós, porém, adquire o hábito de atribuir uma identidade estreita e estática às pessoas que nos cercam. Esta com frequência se baseia em comportamentos que julgamos desagradáveis ou irritantes. Podemos nos fixar em quão obstinado ou rude é nosso filho ou em como um colega se vangloria de suas realizações. Se alguém nos ofendeu, somos cautelosos e defensivos cada vez que o vemos. Se nosso cônjuge faz uma observação sarcástica antes de partir para o trabalho de manhã, esperamos mais do mesmo à noite. Esquecemos que cada pessoa, inclusive nós, é nova a cada momento.

Em sua peça *O coquetel*, T.S. Eliot escreveu:

O que sabemos das outras pessoas
São apenas nossas lembranças dos momentos
Durante os quais as conhecemos. E elas
   Mudaram desde então.

Precisamos
   Também lembrar
Que a cada encontro estamos encontrando um
   Estranho.

Embora possamos certamente reconhecer padrões de comportamento em nós e nos outros, nossa coleção de pressupostos não define uma pessoa. Quando paramos e indagamos "Quem é você realmente?", somos levados a uma compreensão mais profunda. Como descobri com Narayan, vemos a bondade inerente, vemos a natureza de buda e invariavelmente reagimos com amor.

DESPERTANDO O CORAÇÃO DA BONDADE AMOROSA

A qualidade de ternura, amor e boa vontade que naturalmente surge em nós quando encontramos alguma bondade é conhecida no budismo como *metta*, ou bondade amorosa. Embora a bondade amorosa seja intrínseca a quem somos, pode também ser cultivada por um conjunto refinado de práticas que vêm sendo transmitidas em uma sequência ininterrupta de ensinamentos há 2.500 anos.

Quando sentimos amor por alguém, espontaneamente desejamos sua felicidade e seu bem-estar. Essa reação foi formalizada na chamada prática da bondade carinhosa. Tradicionalmente, começamos essa meditação refletindo na bondade em nós e oferecendo frases de carinho simples: "Que eu esteja feliz. Que eu esteja em paz. Que eu esteja repleto de bondade amorosa." Essas são as frases padrão, mas qualquer desejo de bem-estar que repercuta em nosso coração é uma expressão de bondade amorosa. Como os círculos crescentes da compaixão, a bondade amorosa começa conosco e depois se abre para incluir os outros: aqueles que amamos, aqueles que consideramos "neutros", aqueles em relação aos quais é difícil sentir boa vontade e enfim todos os seres em toda parte.

Quando enviamos bondade amorosa aos que amamos, começamos por alguém em quem mais facilmente percebemos bondade. Se nosso coração se enternece mais quando refletimos sobre nosso filho ou nossa avó, começamos por eles. Podemos lembrar o que torna essa pessoa tão querida para nós e oferecer-lhe frases de carinho. Quando dizemos "Que você seja feliz" e sentimos o significado desse desejo, podemos imaginar a pessoa radiante de felicidade. Com isso, nossos sentimentos de ternura crescem ainda mais e apreciamos mais intensamente quem ela é.

Ampliar nosso círculo para incluir na bondade amorosa aqueles que consideramos desafiadores requer a coragem do guerreiro espiritual. Mesmo naqueles que suscitam sentimentos de raiva ou aversão, tentamos achar alguma pequena qualidade que possamos apreciar. Quando estou sentindo aversão por alguém, acho útil imaginar essa pessoa sendo acalentada e confortada no abraço de alguém que a ama. Ou posso imaginá-la orando sinceramente ou cheia de admiração ao caminhar sobre a neve recém-caída. Quando imaginamos alguém assim, a ideia não é inventar algo ou negar nossas percepções ou sentimentos. Pelo contrário, estamos olhando além de nossos julgamentos habituais para ver a beleza que está realmente ali. O Dalai Lama diz: "Todos querem ser felizes. Ninguém deseja sofrer." Ainda que vejamos poucas coisas boas nas pessoas mais distantes, podemos lembrar que, como nós, elas querem ser felizes e livres do sofrimento. Embora possa ser difícil enviar desejos de bondade amorosa àqueles com quem temos dificuldades, ao fazê-lo ampliamos a capacidade de nosso coração de amar incondicionalmente.

Matt amava profundamente a mãe, mas a insegurança e a carência dela às vezes o deixavam nervoso. Ela dependera dele por toda a sua vida adulta para confirmar que estava agindo bem, que estava tomando as decisões certas, que estava bem. Matt foi morar do outro lado do país, em parte para se afastar dela. Visitava a mãe regularmente e sempre aparecia quando necessário, mas se via repelindo-a quando estavam juntos, evitando um abraço caloroso demais, não revelando sua vida pessoal. Às vezes, só de pensar em algo que ela havia dito ou feito ficava pessimista e ressentido. Sua tendência a desconfiar dos outros e conter sua afeição se manifestava mais junto à mãe. Eu conhecia Matt havia anos e muitas vezes ele conversava sobre a culpa que sentia por sua reação, mas não sabia como entrar em contato com seus sentimentos de amor.

Um dia Matt me ligou e imediatamente percebi que tinha acontecido alguma coisa. Raivoso e frustrado, ele contou que acabara de voltar de outra viagem através do país para ver a mãe, que supostamente estava morrendo. Aquela foi a sexta vez em três anos que ela o fez pegar um avião até seu leito de morte, e todas as vezes ela se recuperou. Ela implorava que ele ficasse, dizendo que tinha muito medo de morrer e não ir para o céu. Matt fazia o que podia para confortá-la, mas, como me contou, "honestamente, Tara, sinto como se ela estivesse me puxando para um buraco negro. Às vezes desejo que ela morra logo".

Matt vinha meditando havia vários anos e, embora nunca discutíssemos sua prática, eu sabia que ele estaria aberto a uma sugestão:

– Matt, provavelmente a melhor coisa que você pode fazer é praticar a bondade amorosa, por sua mãe *e* por você.

Ele tentara fazer isso alguns meses antes, segundo me contou, mas o esforço havia sido esporádico, tímido.

– Vai ser difícil – disse Matt –, mas vou tentar de novo. Não é bom me fechar para alguém que eu amo.

Mesmo quando é difícil apreciar a bondade em alguém, podemos lhe enviar a bondade amorosa. De início, podemos nos sentir falsos ou ficar irritados e nossos bons votos podem se afigurar ocos ou insípidos. Mas, se conseguirmos encarar esses sentimentos com gentileza e continuar a prática, algo surpreendente acontece. *Ao simplesmente oferecer amor, nosso amor começa a despertar.*

Toda manhã, após meditar, Matt ficava sentado por alguns minutos para praticar a bondade carinhosa. Lembrar coisas boas sobre si começou a abrandar um pouco seu coração. Enviar desejos de felicidade aos amigos e a pessoas neutras era fácil e agradável. Quando chegava à sua mãe, de início a prática parecia maquinal, mas ele dizia as frases assim mesmo: "Mãe, que você seja feliz. Que você se sinta em paz. Que você se sinta repleta de bondade amorosa." Certos dias, apenas repetia várias vezes: "Que você se aceite assim como é."

Dia após dia Matt constatava que estava espontaneamente se lembrando um pouco do que apreciava na mãe. Lembrou que ela era a pessoa do bairro que levava comida e companhia aos doentes ou necessitados. Lembrou seu sorriso radiante de felicidade quando ele foi aceito em sua faculdade favorita, suas lágrimas de alegria quando percorreu a nave da igreja com a mulher que amava. No decorrer das semanas, seus desejos de felicidade para ela se tornaram sinceros. Queria que ela se sentisse em paz e reconhecesse a própria bondade. Naqueles momentos, quando seu coração se abria mais, ele era capaz de estender seus votos e genuinamente incluir também todos os seres em seu círculo de bondade amorosa.

No momento em que veio a chamada, altas horas da noite, comunicando que ela estava gravemente enferma e iria morrer nos próximos dias, algo havia mudado em Matt. Ele ainda se perguntou de início se agora era verdade ou apenas mais um alarme falso. Mas sentiu uma disposição real de estar ao seu lado quando ela precisava dele. Voando para o Leste a fim de vê-la, provavelmente pela última vez, Matt decidiu abandonar seus velhos hábitos de rejeitá-la quando se sentia assediado ou sufocado. Queria sentir o mesmo amor face a face que havia sentido nas meditações de bondade amorosa.

O Buda ensinou que nenhuma outra prática espiritual tem o valor da bondade amorosa. Ele disse: "A bondade carinhosa, que é liberdade de coração, absorve todas elas; brilha, reluz, lança sua chama." Ao praticar enviar desejos de felicidade e paz para nós e os outros, tocamos na beleza e na pureza de nossa natureza real. A prática de ver bondade desperta bondade amorosa, e a prática da bondade amorosa permite que avancemos pela vida mais despertos à bondade dentro e ao redor de nós.

UM CORAÇÃO AMOROSO E GENTIL:
A RADIÂNCIA DA NOSSA VERDADEIRA NATUREZA

Em um ensinamento simples e profundo, o Dalai Lama afirma: "Uma das minhas crenças fundamentais é que [...] a natureza humana básica é a gentileza." Ele passa a dizer que consegue ver isso claramente sem precisar "recorrer à doutrina da natureza de buda".

> Por exemplo, se olhamos o padrão da nossa existência de uma idade prematura até nossa morte, vemos como somos tão fundamentalmente acalentados pelo afeto. [...] Além disso, quando nós próprios temos sentimentos afetuosos, vemos como naturalmente nos afetam por dentro. Não apenas isso, mas também ser afetuoso e mais íntegro em nossa conduta e nosso pensamento parece bem mais adequado à estrutura física do nosso corpo em termos de seu efeito sobre nossa saúde e nosso bem-estar físicos. [...] Também cabe observar como o contrário parece destrutivo à saúde. Por essas razões, acho que podemos inferir que nossa natureza humana fundamental é de gentileza.

Essa "prova" simples de nossa natureza intrínseca todos nós já experimentamos em nossa vida. Quando amamos, nos sentimos bem e mais verdadeiramente quem somos. Quando retornamos à nossa natureza de buda, nosso coração gentil se torna expansivo e incondicional em seu amor. A história de Matt ilustra bem isso.

Ao chegar ao hospital, Matt encontrou a mãe com muita dor. Estava dominada pelo câncer e imobilizada por um quadril fraturado. Durante cinco dias ele ficou ao lado dela, segurando sua mão, testemunhando os surtos quase incessantes de dor, silenciosamente repetindo seus votos de bondade amorosa. Na quinta noite, ele percebeu. Chegara a hora. Sua mãe estava realmente morrendo. Não estaria com ele por muito mais tempo. Ao olhar seu rosto pálido e emaciado e ouvir sua respiração difícil, Matt não viu a pessoa necessitada tentando obter algo dele ou a pessoa assustada exigindo constante apoio, mas simplesmente um ser que queria ser amado. Ela era viúva havia 15 anos. Quem a havia realmente abraçado por todo esse tempo? Quem a segurara, a deixara ser vulnerável, deixara que se sentisse abraçada e amada? Agora, fora de todos os papéis e identidades pelos quais havia definido sua mãe, Matt viu a verdade de que tudo que ela sempre quis foi amar e ser amada.

Descendo a grade de sua cama, Matt se inclinou sobre ela e gentilmente passou os braços ao redor de seu pequeno corpo magro. Sentindo sua fragilidade, lembrou como, em sua infância, ela tocava tão reconfortantemente sua testa quando ele estava doente. Mais profunda ainda que seu desejo de ser amada era a essência de seu coração. Matt sentiu que ela era a radiância do próprio amor. "Que você esteja cheia de bondade amorosa", sussurrou. "Que você fique em paz, mãe. Que você fique livre desse sofrimento."

Com o rosto junto ao dela, disse repetidas vezes que a amava, que estava com ela, que o amor estava ali. Beijou-lhe a testa e todo seu ser brilhou com a verdade de sua bondade. Por várias horas ele a segurou, às vezes falando suavemente com ela, outras vezes soluçando, sempre sentindo o fio frágil de sua vida preciosa cada vez mais fino. Quando ele a deixou, sua respiração parecia mais leve e mais fácil. Ela parecia em paz.

No dia seguinte, Matt recebeu uma ligação do hospital às sete da manhã informando que sua mãe havia falecido. Lentamente desligou o telefone e quedou-se imóvel na beira da cama. Sabia que ela enfim se sentira livre para partir. Havia sido liberada para a morte com a bênção do amor puro e simples. Após alguns minutos, as lágrimas vieram. Através dos soluços, Matt se viu repetindo várias vezes: "Todos querem apenas ser amados." Aquele componente de resistência com que tinha vivido todos aqueles anos, o julgamento e a desconfiança haviam sido substituídos por um coração terno e gentil.

Quando Matt me ligou naquela noite, disse que seu voto mais profundo foi de nunca esquecer que "todos querem apenas ser amados". Nas palavras da médica e escritora Rachel Naomi Remen: "Um momento de amor incondicional pode pôr em dúvida uma vida inteira de sentimentos de indignidade e invalidá-los." Matt havia visto o poder curativo do amor. Chorando, ele disse: "Agora sei qual é minha missão na vida. Quero sair por aí dizendo a todos como são adoráveis." Matt havia achado a bondade do amor dentro dele, um amor que busca a felicidade dos outros.

Thich Nhat Hanh escreveu: "Quando você diz algo como [eu te amo]

[...] com todo o seu ser, não apenas com sua boca ou seu intelecto, isso pode transformar o mundo." Como estamos interconectados, quando despertamos amor em nós e o expressamos, nosso amor muda o mundo à nossa volta. O coração daqueles que tocamos se abre e eles, por sua vez, tocam o coração de outros. O amor é a natureza básica, a bondade de todos os seres, apenas esperando para se manifestar. Seja em oração silenciosa ou em voz alta, ao oferecer amor estamos ajudando a fazê-lo florescer em todos os seres por toda parte. Essa expressão da nossa natureza mais profunda é o poder vivo da bondade amorosa – nas palavras do Buda, ela "brilha, reluz, lança sua chama".

VIVER NO AMOR

O místico cristão Thomas Merton diz: "A vida é simples assim. Estamos vivendo num mundo que é absolutamente transparente e o divino está brilhando por ele o tempo todo. Não é apenas uma história ou fábula bonita. É verdade." Para mim, o divino é a consciência amorosa que é nossa fonte e essência. Quando prestamos atenção, vemos cada pessoa como uma expressão do amor e da bondade que estimamos. Todo ser torna-se o Amado. Merton descreve um momento profundo em que percebeu essa verdade transfiguradora:

> Aconteceu então, subitamente, como se eu visse a beleza secreta de seus corações, a profundeza de seus corações onde nem o pecado nem o conhecimento podem penetrar, o cerne da realidade, a pessoa que cada um é aos olhos do divino. Se ao menos pudessem se ver como realmente são, se ao menos pudéssemos nos ver uns aos outros desse modo o tempo todo, não haveria mais necessidade de guerra, de ódio, de ganância, de crueldade. Suponho que o grande problema seria que cairíamos todos de joelhos, adorando uns aos outros.

Quando vemos a beleza secreta de alguém, inclusive a nossa, olhamos, além do julgamento e do medo, para o núcleo de quem realmente somos: não um ser aprisionado, mas a radiância da bondade.

Conforme nossa confiança na nossa bondade básica se aprofunda, somos capazes de expressar nosso amor e nossa criatividade mais plenamente no mundo. Em vez de nos criticarmos, em vez de nos paralisarmos com a insegurança, podemos honrar e reagir aos estímulos que surgem dessa bondade. De forma semelhante, quando confiamos na bondade dos outros, nos tornamos um espelho para ajudá-los a confiar em si mesmos. As ações que resultam da bondade amorosa fazem parte de nossa jornada como um bodisatva. Quando não somos consumidos pela culpa e não nos voltamos contra nós mesmos nem os outros, ficamos livres para cultivar juntos nossos talentos e dons, para oferecê-los ao mundo e assim servi-lo. Somos livres para amar uns aos outros e amar toda a vida, sem limitações.

MEDITAÇÃO GUIADA:
Cultivando um coração que perdoa

Embora suavizar e abrir nosso coração não possa acontecer facilmente só por deliberação, as meditações a seguir alimentam uma disposição que torna o perdão possível. Elas se baseiam nas práticas budistas tradicionais, em que primeiro pedimos perdão aos outros, depois oferecemos perdão a nós mesmos e, finalmente, àqueles que nos fizeram mal.

―

Pedir perdão

Sentado(a) confortavelmente, feche os olhos e permita-se ficar presente e quieto(a). Repouse sua atenção na respiração por alguns minutos, relaxando enquanto inspira e enquanto expira.

Traga à mente uma situação em que você prejudicou alguém. Você pode ter magoado alguém de propósito, com palavras ofensivas, ou desligado o telefone em um acesso de raiva. Ou você pode ter causado dor sem querer, pela maneira como encerrou um relacionamento ou porque estava preocupado(a) e não percebeu que seu filho precisava de atenção especial. Talvez você sinta que tem causado mal a alguém repetidamente ao longo dos anos, violando-o com suas explosões de raiva ou falta de cuidado. Reserve um momento para lembrar as circunstâncias que realçam como você causou dano à pessoa e sinta a mágoa, a decepção ou a traição que essa pessoa pode ter sentido.

Agora, mantendo essa pessoa em sua consciência, comece pedindo perdão. Sussurre mentalmente o nome dela e diga: "Compreendo a dor que você sentiu e peço seu perdão agora. Por favor, me perdoe." Com o coração sincero, repita várias vezes. Em seguida, fique alguns minutos em silêncio e deixe-se abrir à possibilidade de ser perdoado(a).

Perdoar a nós mesmos

Agora traga à mente algum aspecto seu que parece imperdoável. Talvez você não consiga se perdoar por ser uma pessoa crítica e controladora ou por ter magoado outros. Você pode se odiar por ser covarde, por não correr os riscos que poderiam tornar sua vida mais gratificante. Talvez não seja capaz de perdoar o fato de estar arruinando sua vida com um comportamento viciante. Você pode sentir aversão por suas obsessões mentais ou seus sentimentos de ciúme. Sinta o que parece tão ruim em seu comportamento, sua emoção ou seu modo de pensar imperdoável. Como isso faz você se sentir a respeito de si mesmo(a)? Como impede você de ser feliz? Permita-se sentir a dor que faz com que você queira afastar sua parte viciante, insegura ou crítica.

Agora explore mais profundamente o que está impelindo essa parte inaceitável do seu ser. Se você tem um vício em comida, nicotina ou álcool, que necessidade está tentando satisfazer, que medo está tentando aliviar? Quando você julga os outros, também está sentindo medo? Se você magoou alguém, agiu assim por causa de dor ou insegurança? Pela necessidade de sentir poder ou segurança? À medida que se conscientiza dos desejos e medos subjacentes, permita-se senti-los diretamente no corpo, no coração e na mente.

Comece a oferecer uma mensagem sincera de perdão a quaisquer sentimentos, pensamentos ou comportamentos que está rejeitando. Você pode sussurrar mentalmente as palavras: "Vejo como causei sofrimento a mim mesmo e me perdoo agora." Ou você pode simplesmente oferecer a si mesmo as palavras "Perdoado, perdoado". Enfrente tudo que surgir – medo ou julgamento, vergonha ou tristeza – com a mensagem de perdão. Permita que a dor se desenrede na abertura de um coração que perdoa.

À medida que pratica, você pode sentir que está agindo automaticamente e não é realmente capaz de perdoar a si mesmo. Você pode acreditar que não merece ser perdoado(a). Pode temer repetir aquele comportamento se perdoar a si mesmo. Talvez você tenha medo de ficar cara a cara com uma verdade intolerável caso realmente se abra e se perdoe. Se essas dúvidas e esses medos surgirem, reconheça-os e aceite-os com compaixão. Então diga a si mesmo(a): "É minha intenção me perdoar quando for capaz." A intenção de perdoar é a semente do perdão – essa disposição gradualmente o(a) relaxará e abrirá seu coração.

Perdoar os outros

Da mesma forma que cada um de nós magoou outros, cada um de nós foi magoado em nossos relacionamentos. Traga à mente uma experiência em que você tenha sofrido uma grande decepção, rejeição, traição ou maus-tratos. Sem se julgar, observe se ainda carrega sentimentos de raiva e acusação em relação à pessoa que o(a) magoou. Você excluiu essa pessoa do seu coração?

Recorde alguns detalhes da situação específica que lembrem mais plenamente como você foi magoado(a). Você pode se lembrar de um olhar zangado no rosto de um pai ou uma mãe, das palavras duras de um amigo, do momento em que descobriu que uma pessoa de confiança o(a) enganou, do(a) seu(sua) parceiro(a) saindo enfurecido(a) de casa. Perceba os sentimentos que afloram: tristeza ou vergonha, raiva ou medo. Com aceitação e gentileza, sinta como essa dor se expressa em seu corpo, seu coração e sua mente.

Agora olhe mais de perto a outra pessoa e sinta o medo, a mágoa ou a carência que podem ter feito com que ela se comportasse dessa maneira. Experimente esse ser como um humano imperfeito, vulnerável e real. Sentindo a presença dessa pessoa, sussurre mentalmente seu nome e ofereça a mensagem de perdão: "Eu sinto a dor que foi causada e, já que estou preparado(a), perdoo você agora." Ou, se não conseguir oferecer perdão neste momento: "Eu sinto a dor que foi causada e é minha intenção perdoar você." Permaneça conectado(a) com seus sentimentos de vulnerabilidade e repita sua mensagem de perdão ou intenção pelo tempo que quiser.

Você pode praticar o perdão informalmente ao longo do dia. Ao perceber que está julgando a si mesmo ou outra pessoa com severidade, pode fazer uma pausa e se dar conta dos pensamentos e sentimentos de acusação. Reserve alguns minutos para se conectar com as carências ou os medos que estão conduzindo seu julgamento. Em seguida, comece a estender, para sua vida interior ou outra pessoa, qualquer mensagem de perdão que pareça mais natural. Seja paciente. Com a prática, sua intenção de amar plenamente florescerá em um coração que perdoa.

MEDITAÇÃO GUIADA:
Despertando a bondade amorosa

Por meio da meditação da bondade amorosa abrimos nosso coração a nós mesmos, aos outros e a todos os seres por toda parte.

~

Sente-se de uma forma que lhe permita ficar confortável e relaxado(a). Escaneie seu corpo e libere toda tensão que puder. Relaxe os ombros, as mãos e a barriga. Reserve alguns minutos para sentir a imagem e a sensação de um sorriso (consulte "Abraçando a vida com um sorriso", na página 96). Permita que isso conecte você com um espírito de gentileza e conforto.

Agora, permita-se lembrar e abrir-se para sua bondade fundamental. Você pode trazer à mente momentos em que foi gentil ou generoso(a). Pode se lembrar do seu desejo natural de ser feliz e não sofrer. Pode honrar sua lucidez, sua honestidade e seu amor essenciais. Se reconhecer sua bondade for difícil, então olhe para si com os olhos de alguém que ama você. O que essa pessoa ama em você? Também pode trazer à mente quem para você corporifica o Amado – o Buda, Kuan Yin, Nossa Senhora, Jesus, Shiva – e ver-se com os olhos sábios e amorosos desse ser. Quando tiver se conectado com a sensação de sua bondade essencial, descanse em uma apreciação terna por alguns minutos.

Agora, com um sussurro silencioso, comece a se oferecer bondade amorosa por meio de preces de cuidado. Ao repetir cada frase, sinta o significado das palavras e deixe-as surgir da sinceridade do seu coração. Escolha quatro ou cinco frases que sejam significativas para você. Elas podem incluir:

Que eu seja preenchido(a) de bondade amorosa; que eu seja acolhido(a) na bondade amorosa.
Que eu me aceite exatamente como sou.

Que eu seja feliz.
Que eu descanse em uma paz ampla e natural.
Que eu conheça a alegria natural de estar vivo(a).
Que meu coração e minha mente despertem; que eu seja livre.

Você pode começar a ficar agitado(a) ao se oferecer aspirações de bondade amorosa. As palavras podem parecer incongruentes e artificiais se você estiver deprimido. Às vezes o exercício de se oferecer afeto apenas realça quão desmerecedor e ruim você se considera. Sem julgamento, inclua essa reatividade na meditação: "Que isto também seja acolhido com bondade amorosa." Depois recomece oferecendo as frases de cuidado escolhidas para si, permanecendo plenamente atento(a) e aceitando quaisquer pensamentos ou sentimentos que venham a surgir.

Se você perceber que está recitando as palavras mecanicamente durante esta ou qualquer parte da meditação, não se preocupe. Como ocorre na prática do perdão, seu coração tem estações naturais de se sentir aberto e fechado. O que mais importa é sua intenção de despertar a bondade amorosa.

Agora você pode começar a abrir o círculo da bondade amorosa. Traga à mente alguém a quem você queira bem. Reflita sobre a bondade fundamental dessa pessoa, sentindo o que você ama nela. Talvez você ame a capacidade dessa pessoa de amar, sua honestidade ou seu bom humor. Você poderia lembrar que ela quer ser feliz e não quer sofrer. Perceba sua essência como boa, lúcida e amorosa. Em seu coração, sinta sua apreciação por essa pessoa querida e comece a oferecer suas aspirações. Você pode se basear em quatro ou cinco das frases abaixo ou, se preferir, criar a sua. Ao sussurrar silenciosamente cada frase de bondade amorosa, imagine como pode ser para essa pessoa experimentar o fruto de sua bênção – autoaceitação, paz, alegria e liberdade.

Que você também seja preenchido(a) de bondade amorosa; que seja acolhido(a) na bondade amorosa.

Que você sinta meu amor agora.
Que você se aceite exatamente como é.
Que você seja feliz.
Que você descanse em uma paz vasta e natural.
Que você conheça a alegria natural de estar vivo.
Que seu coração e sua mente despertem; que você seja livre.

Depois de oferecer seus votos para uma pessoa querida por alguns minutos, amplie seu círculo de cuidado e consciência trazendo à mente uma pessoa "neutra". Trata-se de alguém que você talvez veja regularmente, mas não conheça bem e não lhe inspire fortes sentimentos negativos ou positivos. Reflita sobre a bondade dessa pessoa sentindo como ela também quer ser feliz e não quer sofrer.

Sinta a vivacidade desse ser e seu cuidado essencial com a vida. Usando as frases sugeridas acima ou quaisquer outras que você escolher, ofereça bondade amorosa a essa pessoa.

Agora traga à mente alguém com quem você tem um relacionamento difícil – talvez alguém que evoque raiva, medo ou mágoa. Primeiro, dedique alguns minutos a levar uma atenção gentil ao que surgir em você ao refletir sobre essa pessoa. Acolha seus sentimentos com bondade amorosa. Depois, voltando sua atenção para essa pessoa, tente ver algum aspecto de sua bondade fundamental. Se for difícil perceber nela gentileza ou honestidade, simplesmente reflita sobre como essa pessoa quer ser feliz e não quer sofrer. Sinta a lucidez fundamental desse ser e lembre-se de que a vida importa para essa pessoa tanto quanto para você. Acolhendo-a com uma atenção gentil, comece a oferecer as frases de bondade amorosa que forem mais fáceis para você.

Em seguida, imagine que você está reunindo todos aqueles por quem acabou de proferir votos – você mesmo, um ente querido, uma pessoa neutra e uma pessoa difícil – e ofereça preces de bondade amorosa a todos de uma vez. Sinta sua humanidade compartilhada, sua vulnerabilidade e sua bondade básica. Ao enviar aspirações de carinho, mantenha a si mesmo e esses outros em seu coração, reconhecendo que todos estão juntos nisso.

Agora permita que sua consciência se abra em todas as direções – à sua frente, para ambos os lados, atrás, abaixo e acima de você. Nesse vasto *espaço, sinta que sua presença amorosa está abarcando todos os seres: os animais selvagens que voam, nadam e correm pelos campos; os cães e gatos que vivem em nossas casas; as formas de vida que estão ameaçadas de extinção; as árvores, gramíneas e flores; crianças por toda parte; seres humanos vivendo em grande pobreza e aqueles com grandes riquezas; aqueles em guerra e aqueles em paz; os que estão morrendo e os recém-nascidos. Imagine que você pode acomodar a Terra, nossa mãe, em seu colo e incluir toda a vida, por toda parte, em seu coração ilimitado. Consciente das alegrias e tristezas que todos os seres experimentam, novamente ofereça seus desejos:*

Que todos os seres sejam preenchidos de bondade amorosa.
Que todos os seres descansem em uma paz vasta e natural.
Que haja paz na Terra, paz em todos os lugares.
Que todos os seres despertem; que todos sejam livres.

Repita essas frases várias vezes. Depois, permita-se descansar em abertura e silêncio, deixando que tudo que surja em seu coração e em sua consciência seja tocado pela bondade amorosa.

~

Você pode entremear sua prática de bondade amorosa em seu cotidiano. Quando estiver com um ente querido ou alguém que provoca irritação ou insegurança, pode fazer uma pausa, perceber seu coração e mentalmente sussurrar: "Que você seja feliz." Você pode adotar a intenção de que refletirá a cada manhã, por uma semana, na bondade da pessoa com quem vive. Então, ao longo do dia, sempre que lembrar, silenciosamente lhe ofereça votos de bondade amorosa. Você pode escolher uma pessoa que vê regularmente e por quem tem sentimentos neutros, e por uma semana, sempre que a vir, silenciosamente oferecer votos de bem-estar. Ou pode escolher uma pessoa que acha difícil e diariamente oferecer-lhe bondade amorosa. Durante essas práticas, observe como seus sentimentos mudam no relacionamento com a pessoa que está enfocando. O comportamento dela muda em relação a você?

Como as frases e a sequência da prática formal podem facilmente se tornar mecânicas, existem meios de manter sua experiência renovada e viva. Você pode testar o seguinte:

- Escolher frases que repercutam no momento.
- Sussurrar seus desejos.
- Dizer o nome daquele a quem está oferecendo suas aspirações.
- Imaginar estar abarcando no seu coração aqueles aos quais está enviando a bondade amorosa ou em cujo rosto está pondo sua mão com carinho.
- Imaginá-los se sentindo curados, amados e elevados por suas preces.

Oferecer poucos minutos de bondade amorosa já pode reconectar você com a pureza do seu coração amoroso.

ONZE

DESPERTANDO JUNTOS: PRATICANDO A ACEITAÇÃO RADICAL NOS RELACIONAMENTOS

Permaneçam juntos, amigos,
Não se dispersem nem durmam.
Nossa amizade se faz
De estarmos despertos.

Rumi

Busquei meu deus,
meu deus não consegui ver.
Busquei minh'alma,
Minh'alma de mim se esquivou.
Busquei meu irmão
e encontrei todos três.

Anônimo

Em uma das lendas do Santo Graal, Parsifal, um jovem cavaleiro em uma jornada, vai dar em uma terra ressequida e devastada onde nada cresce. Quando chega à capital desse lugar, ele vê os moradores se comportando como se tudo estivesse normal. Não estão se perguntando "Que mal nos acometeu?" ou "O que vamos fazer?". Estão impassíveis e agindo mecanicamente, como que sob um feitiço.

Parsifal é convidado a entrar no castelo, onde, para sua surpresa, encontra o rei pálido e agonizante no leito. Tal como a terra ao seu redor, a vida do monarca está minguando. Parsifal está confuso, mas, como um cavaleiro mais velho o avisou de que fazer perguntas era impróprio para alguém de sua estatura, permanece em silêncio. No dia seguinte, ele deixa o castelo para continuar sua jornada, mas não avançou muito quando encontra a feiticeira Kundri na estrada. Quando fica sabendo que Parsifal não indagou ao rei sobre sua saúde, ela se enfurece: "Como pôde ser tão rude? Essa pergunta poderia ter salvado o rei, o reino e a si mesmo."

Levando a sério as palavras da feiticeira, Parsifal retorna à terra desolada e vai direto ao castelo. Sem sequer reduzir a marcha, vai direto ao rei, ajoelha-se e pergunta: "Ó meu senhor, que mal vos acomete?" Nesse momento, a cor retorna à face do rei e ele se ergue, plenamente curado. Por todo o reino, tudo volta à vida. O povo, recém-desperto, conversa com animação, ri e canta junto e se move com passos vigorosos. As plantações começam a crescer e a relva nos montes reluz com o novo verde da primavera.

Quando nos sentimos isolados, como o rei dessa história, nossa vida também parece uma desolação, vazia de significado, oca e rarefeita. Não conseguimos despertar a nós mesmos nem os outros do transe da indignidade. Quando alguém que realmente se importa chega à nossa terra desolada, voltamos à vida em um instante.

Eu tenho uma amiga que me liga de tempos em tempos quando cai em depressão. Ela pode ter passado dias ou semanas se sentindo alheia e vazia, sem saber o que a aflige, desconectada da dor de sua tristeza, e apenas a pergunta sincera "Como você está?" faz fluir a torrente curadora das lágrimas.

Quando estamos no caminho espiritual, às vezes sentimos que nos libertarmos de nossas batalhas emocionais é uma questão de meditar ou orar mais. Porém, por mais meditação e oração que façamos, ainda precisamos de outras pessoas para nos ajudarem a derrubar as muralhas do nosso isolamento e nos lembrarem de nosso pertencimento. Lembrar que estamos conectados aos outros e ao nosso mundo é a essência da cura.

Anne, uma aluna de meditação minha, tinha 4 anos quando sua família se mudou para o outro lado da cidade. No caos do dia da mudança, um incidente levou-a se trancar dentro de si durante anos. Anne havia passado a manhã brincando no porão enquanto os pais embalavam e levavam as caixas para os carros. Passou-se algum tempo e ninguém voltava. Anne então resolveu subir para procurar a mãe, mas a porta do porão estava trancada. Reinava um silêncio terrível na casa. Anne bateu e chutou a porta, gritando e chorando, até que se encolheu num canto, quieta e aterrorizada. Horas se passaram até os pais perceberem seu erro: cada um achava que Anne estava com o outro.

Já adulta, Anne com frequência se sentia muito pequena e assustada. Quando estava sozinha em casa, às vezes sentia uma solidão devastadora. Ela tentava, como aprendera nas aulas de meditação, acolher os sentimentos intensos de vulnerabilidade com uma presença gentil, mas por dentro ouvia uma criança gritando: "Não quero ficar sozinha. Não vou conseguir ficar sozinha."

Quando me procurou em busca de aconselhamento espiritual, Anne achava, por estar acostumada a meditar, que eu lhe ensinaria alguma técnica para lidar com seu intenso medo. Ela ficou surpresa quando enfatizei que grande parte da nossa cura e do despertar espiritual acontece junto com os outros. Somos feridos em relacionamento e precisamos nos curar em relacionamento. Para Anne, foi um alívio saber que a voz da criança gritando não era "antiespiritual". Ela não precisava se envergonhar de precisar das pessoas. Como o rei de Parsifal, sentir o carinho e o interesse genuínos dos outros era crucial em seu despertar.

Somos seres sociais: comemos, dormimos, trabalhamos, amamos, nos curamos, nos completamos e despertamos uns com os outros. Mesmo quando estamos completamente sozinhos, carregamos dentro de nós o senso de pertencimento aos outros e a preocupação em relação a como somos vistos. Sentir o carinho dos outros permite, tal como o rei, que despertemos do transe e nos tornemos completos. Todos os nossos relacionamentos têm o potencial de alimentar esse florescimento, sejam eles com professores, terapeutas, colegas de trabalho, familiares ou amigos. De uma perspectiva contemporânea, essa é nossa sanga, e ela engloba toda a rede de relacionamentos conscientes dentro da qual nos curamos e despertamos. Alguns serão mutuamente mais curativos e gratificantes do que outros, mas todos podem revelar nossa interconexão. Quando as duas asas da Aceitação Radical (atenção plena e compaixão) estão presentes, nossos relacionamentos se tornam um receptáculo sagrado para a liberdade espiritual.

RELACIONAMENTO CONSCIENTE: O CORAÇÃO DA PRÁTICA ESPIRITUAL

Algumas adaptações do budismo no Ocidente tendem a se concentrar em práticas individuais de meditação, deixando de lado alguns dos contextos interpessoais e sociais em que eram tradicionalmente realizadas. Procuramos locais protegidos e tranquilos onde possamos aguçar as ferramentas da consciência e aprender a nos tornar calmos, atentos e livres. Embora períodos de solidão sejam uma parte preciosa da prática espiritual, ensinamentos que enfatizam primordialmente a meditação silenciosa e o foco na vida interior podem levar a uma incompreensão básica: reforçar a ideia equivocada de que estamos em um caminho rigoroso e solitário e que nossas metas espirituais só podem ser realizadas num vácuo.

A revista *Tricycle* certa vez publicou uma charge que representava o anúncio de um budista nos classificados de namoro:

> Budista
> Alto, moreno, boa-pinta
> Procura a si mesmo

Isso pode ser visto como uma sátira inteligente a quão insulares podemos nos tornar quando os ensinamentos nos levam a pensar que estamos por conta própria, meditando e nos esforçando para libertarmos um eu sobrecarregado. Os relacionamentos com os outros importam, mas podem parecer secundários ao despertar espiritual.

Se consideramos que nossa prática só é "espiritual" no contexto das meditações formais, estamos ignorando a importância dos relacionamentos diários para nosso despertar. Estamos evitando as emoções perturbadoras, empolgantes e desconcertantes que são incitadas na interação com os outros. Estamos evitando encarar quão facilmente a pessoa amável e pacífica no retiro silencioso consegue se tornar raivosa e ofensiva em contato com outros seres humanos.

Quando recordo meus anos de prática espiritual, vejo que meu coração e minha mente foram mais despertos graças a relacionamentos humanos profundos: dando à luz e criando um filho, tendo o coração partido, ajudando e sendo ajudada, enfrentando meu medo da intimidade, lutando contra uma mente crítica, tentando amar mais plenamente. Relacionamentos próximos dão origem à minha reatividade mais intensa, bem como a experiências gratificantes de conexão.

No meu primeiro retiro *vipassana* de seis semanas, voltei para casa feliz, equilibrada e relaxada. O pai de Narayan, Alex, tinha ficado em casa tomando conta dele e eu estava ansiosa para vê-los. Passamos a noite comendo pipoca, conversando e contando as novidades. Pela manhã, ao entrar no meu escritório de casa, achei sobre a mesa o envelope com o cheque para pagar a hipoteca, que eu tinha deixado para Alex enviar durante minha ausência. Agora pagaríamos multa. Liguei para ele e comecei a gritar que não tinha ganhado nada no último mês e reclamar que não podia contar com ele... nem para pôr uma correspondência no correio. Claramente eu estava reagindo a um acúmulo de ressentimentos, mas minha raiva parecia nova.

Ele me deixou brigar um pouco antes de dizer: "Então é isso que você aprende nesses retiros budistas?" Poderia ter sido cortante, mas não foi. Pelo contrário, eu senti o desapontamento na voz de Alex – ele estava ansioso por ver os efeitos da minha prática prolongada, mas parecíamos presos na mesma rotina de sempre. Senti remorso assim que desliguei. De que valiam minhas experiências de aceitação e paz se eu partia para o ataque e recaía nos velhos padrões assim tão facilmente? A reação de Alex era, tal como os sinos tocando no retiro, um claro brado de despertar. Eu estava sendo chamada de volta à Aceitação Radical, de volta a acolher com atenção plena e carinho meus sentimentos que surgiam. Meu pesar e minha tristeza me lembraram que meus relacionamentos eram fundamentais na vida espiritual.

O Buda considerou a sanga, a comunidade de monges e monjas que seguem seus ensinamentos, um dos tesouros básicos no caminho espiritual. Seu relacionamento com Ananda, seu fiel auxiliar e primo, é um exemplo duradouro de amor e amizade espiritual. Ananda, conhecido na sanga de monges e monjas pelo espírito bondoso e generoso, cuidava das necessidades pessoais do Buda com abnegação. E o Buda lhe prestava orientação atenta e carinhosa no caminho espiritual. Em seus anos juntos, as perguntas de Ananda forneceram ao Buda uma espécie de contraste para esclarecer seus ensinamentos. "Não exatamente, Ananda..." é um refrão familiar nas escrituras, um alerta de que estamos prestes a receber uma mensagem importante. Uma das muitas perguntas de Ananda é:

– Não é verdade que metade da vida santa se resume a bons e nobres amigos e companheirismo com os bons?

O Buda responde (é claro):

– Não exatamente, Ananda. – E prossegue: – Toda a vida santa é amizade, companheirismo e associação com os bons.

O Buda não estava negando o valor da prática solitária, estava enfatizando a importância do apoio mútuo no despertar do coração e da mente.

Durante seus anos de viagens e ensinamentos, o Buda apresentou aos seus seguidores alguns princípios para viver harmoniosamente em comunidade. Seu ensinamento ético mais básico era a não agressão: comportar-se com reverência por toda a vida. Quando alguém na sanga prejudicava alguém, o Buda aconselhava que procurasse aplacar o conflito. Ele também tornou a Fala Correta – falar o que é verdadeiro e útil – uma das práticas-chave do caminho óctuplo. Em seu livro *Paz é cada passo*, Thich Nhat Hanh se baseia nos ensinamentos do Buda para mostrar meios de lidar com situações quando magoamos os outros. Os elementos-chave são: assumir a responsabilidade por causar dor, ouvir atentamente para entender o sofrimento da pessoa, pedir desculpas sinceras e renovar a resolução de agir com compaixão com essa pessoa e com todos os seres. Assim como reparar os erros em programas de 12 passos, esses meios simples mas poderosos de prestar atenção e se relacionar sabiamente abrem e libertam nosso coração.

Naquele dia, após atacar Alex, liguei de novo para ele e perguntei se poderia vir almoçar em casa para conversarmos. Logo que nos sentamos, me desculpei. Cada um disse o que estava sentindo. Eu falei que me sentia grata por conseguirmos nos relacionar daquele jeito. Estávamos fazendo juntos o que eu tinha passado semanas praticando sozinha: prestando atenção, enfrentando uma tempestade e saindo do outro lado nos sentindo mais conectados e despertos.

Na segurança do nosso carinho, conseguimos também discutir como evitar que aquilo se repetisse. Alex reconheceu que poderia ter cumprido o combinado, eu admiti que exagerei na reação. Decidi fazer uma pausa e evitar atacá-lo quando sentisse raiva. Isso foi há mais de 10 anos e, em retrospecto, vejo claramente que nosso progresso nessas frentes – embora lento e imperfeito – foi possível graças à nossa aceitação mútua. A fonte profunda da Aceitação Radical que eu havia descoberto no retiro estava fluindo e viva em meio aos relacionamentos humanos.

Para encobrir as fortes carências e os temores que poderíamos sentir nos relacionamentos próximos, com frequência nos ocultamos por trás da nossa persona. Reagimos ao outro por hábito, instantaneamente, perdidos em nossos padrões de nos defendermos, fingir, julgar e nos distanciarmos. Em seu livro *Meditating Together, Speaking from Silence* (Meditando juntos, falando a partir do silêncio), o professor de *vipassana* Gregory Kramer oferece uma prática que pode nos ajudar a romper tais padrões de reação bem no meio da comunicação. Ele escreve: "Existe uma meditação sentada. Existe uma meditação andando. Por que não uma meditação ouvindo e falando? Não é sensato que pratiquemos a atenção plena nos relacionamentos e assim os melhoremos?"

Greg chama sua prática de meditação interpessoal de *Diálogo com Insight*. Enquanto envolvidos na conversa, em vez de respondermos de imediato quando alguém fala, pausamos por um momento, relaxamos nosso corpo e nossa mente e atentamente observamos o que estamos sentindo. Podemos investigar "O que realmente requer atenção?" e observar os sentimentos e pensamentos que estão surgindo. Estamos julgando, interpretando ou comentando o que a outra pessoa está dizendo? Quais sensações estamos experimentando no corpo? Pausando e prestando atenção, percebemos claramente nossos padrões de reação.

Seja na meditação interpessoal formal ou em meio a quaisquer de nossas interações diárias, essa forma de praticar a Aceitação Radical com os outros dá origem a mais compreensão e gentileza nos nossos relacionamentos. Quando praticamos pausar e aprofundar nossa atenção em vez de sermos compelidos por carências e medos inconscientes, abrimos nossas opções. Podemos optar por abrir mão do nosso comentário mental e ouvir mais profundamente as palavras e a experiência do outro. Podemos escolher não dizer algo que visa provar que estamos certos. Podemos optar por nomear em voz alta sentimentos de vulnerabilidade. Aprendemos a ouvir profundamente e a falar com presença atenta, a falar o que é útil e verdadeiro.

Despertar mediante relacionamentos conscientes é o cerne da vida espiritual. Os temores e carências que sentimos no relacionamento com os outros podem alimentar nossos sentimentos de isolamento e indignidade ou, se os acolhemos com Aceitação Radical, transfigurar-se em compaixão e bondade amorosa. Como experimentei com Alex, quando parei de reagir e conversamos com atenção plena, nossos corações se reabriram.

Thich Nhat Hanh diz: "No Ocidente, o Buda é a sanga." Devido à tendência extrema em nossa cultura de nos vermos como indivíduos isolados, uma forma poderosa e direta de perceber nossa natureza de buda é nos nossos relacionamentos mútuos. Quando nos dedicamos ao despertar por meio de relacionamentos conscientes, desfazemos diretamente o condicionamento que nos mantém no transe da separação.

O DESAFIO E A BENÇÃO DA VULNERABILIDADE

Anne vinha confrontando nas sessões de terapia o dilema em que se sentia presa: medo de estar sozinha, mas também medo de estar com outros, principalmente aqueles que não conhecia bem. Um dia ela chegou à sessão ansiosa e angustiada, forçada a enfrentar um de seus medos mais profundos. Anne adorava cantar e nos últimos anos participava de um coro altamente respeitado na cidade. Agora o coro de 30 pessoas pensava em fazer uma turnê. Um retiro de um dia estava programado para o fim de semana seguinte a fim de explorarem essa possibilidade e tomarem decisões sobre promoção e levantamento de recursos. A perspectiva era aterrorizante. Anne adorava estar no coro com os outros sem sentir quaisquer exigências reais. Havia se tornado um espaço seguro onde podia ficar na sua e apreciar sua voz de contralto forte e ressonante se mesclando com as outras. Mas ir a um retiro e talvez em uma turnê era diferente. Ela teria que interagir. Caso contrário, sabia que se sentiria excluída.

Conversamos sobre como ela poderia enfrentar um eventual surto de medo no retiro pausando e oferecendo carinho. Mesmo no meio de uma conversa, ela poderia tentar uma pausa suficiente para relaxar um pouco e reconhecer quaisquer sentimentos ou histórias que pudessem estar aflorando. Eu disse a ela que apenas ouvir e prestar atenção no que os outros pudessem estar experimentando também poderia ajudá-la a se sentir mais presente em vez de presa em seu medo. Acrescentei:

– Veja bem, Anne, não há nada de errado em dizer em voz alta: "Estou me sentindo ansiosa."

– Para o grupo todo? – protestou Anne, com uma boa dose de paixão.

Concordei que admitir para os outros como nos sentimos não é fácil. E é claro que precisamos escolher as situações. Mas, se sabemos que as pessoas com quem estamos são basicamente gentis e bem-intencionadas, elas acolherão bem a sinceridade de uma pessoa.

– É preciso ter coragem para contar a verdade sobre como nos sentimos, ainda mais por não sabermos como será recebida – falei. – Mas se abrir também pode ser uma dádiva para os outros, convidando-os a fazer o mesmo.

Anne ainda estava temerosa quando partiu naquele dia, mas havia decidido que iria ao retiro e faria o melhor possível.

Na manhã do retiro, o grupo envolveu-se em uma discussão acalorada sobre se a turnê proposta não seria ambiciosa e dispendiosa demais. O coração de Anne disparou e seu corpo começou a tremer. Sentia-se como que fechada numa caixa que estava encolhendo e a cada momento que passava se sentia mais sufocada e presa. Decidiu ir embora na hora do almoço. Podia dizer que não estava se sentindo bem – e era verdade.

Anne consultou o relógio: faltavam 20 minutos para o almoço. De repente a lembrança do porão veio à sua mente com vivacidade. Ela estava num salão com 30 pessoas mas se sentia completamente isolada e desesperada. Lembrando as ferramentas sobre as quais havíamos falado, ela tentou permanecer com seus sentimentos, enviando-lhes gentileza. Mas estava congelada no medo. Conseguia ouvir o diretor do coro, num tom frustrado, lembrando que meio dia já havia transcorrido e ainda não haviam chegado a um consenso sobre o que fazer. Quando ele parou, Anne ouviu a própria voz, pequena e hesitante:

– Vocês se importariam? Preciso dizer uma coisa.

O salão imediatamente ficou em silêncio, atento. Ela engoliu em seco e prosseguiu:

– Não sei direito o que está acontecendo, mas estou assustada.

Foi só isso, ela não conseguiu botar para fora mais palavras. As lágrimas começaram a fluir e todo o seu corpo tremia. A mulher sentada ao seu lado no sofá disse:

– Ah, querida, está tudo bem.

A mulher então se aproximou, pondo o braço nos ombros de Anne, que se aninhou nela e chorou. Após alguns minutos, Anne se acalmou e a mulher que a amparava disse, gentilmente:

– Quer nos contar o que está acontecendo?

Anne olhou em volta. Todos a estavam fitando, mas não pareciam chocados nem desgostosos. Olhavam, pacientes, esperando por ela. Mesmo com sua cabeça palpitando, ela começou a achar as palavras. Contou que aquilo às vezes acontecia, que de repente podia se sentir isolada e com medo. Apenas raramente deixava os outros verem o que estava acontecendo, mas não queria mais viver daquele jeito. Mais que tudo, precisava que os outros soubessem, para não se sentir tão sozinha. Ao ver a reação deles, cabeças assentindo, sorrisos bondosos, o corpo de Anne começou a relaxar.

Diversas pessoas disseram a Anne que a respeitavam por ser tão corajosa. Uma mulher no grupo disse que ela também se sentira vulnerável e incomodada durante aquele diálogo matutino. Não havia sido hostil, mas tampouco amigável. O homem sentado ao seu lado concordou – ele havia esperado que o retiro fosse menos como uma reunião de negócios e mais como uma oportunidade de se conhecerem melhor e talvez criarem algo novo juntos.

Ouvindo os outros, Anne sentiu sua armadura derreter. A palpitação na cabeça se tornou uma pulsação leve e seu coração parecia mais descansado.

Nas horas seguintes, o grupo abandonou sua agenda e conversou sobre os medos e desafios, alegrias e realizações de compartilharem música. Ao final do dia, fazer a turnê já não era um problema. Diversas pessoas se apresentaram como voluntárias para a equipe de apoio e o grupo se sentiu mais próximo e mais empolgado do que nunca. Para surpresa de Anne, em vez de se sentir desprezada e rejeitada, ela também se sentiu mais próxima de quase todos. Ao fazer soar uma nota de vulnerabilidade humana, Anne havia acrescentado um tom profundo e pungente à voz do seu coro.

Quando expomos nossa dor ou nosso medo, na verdade permitimos que os outros sejam mais autênticos. Felizmente para Anne, foi o que aconteceu. É importante estar sensível a ocasiões em que os outros, devido à própria raiva ou confusão, possam não ser capazes de entender ou reagir de forma aberta. Ao expor nossa vulnerabilidade, estamos sempre correndo um risco e às vezes podemos nos magoar. O que nos deixa dispostos é o fato de que a dor maior, o sofrimento real, está em permanecermos isolados numa couraça. Embora seja preciso ter coragem para ser vulnerável, a recompensa é doce: despertamos compaixão e intimidade genuínas nos nossos relacionamentos.

O DOM DA ACEITAÇÃO RADICAL

Em um de seus livros, Anthony De Mello, um sacerdote jesuíta, fala de uma experiência de Aceitação Radical que mudou sua vida. Ele escreveu que havia sido neurótico por anos, "ansioso, deprimido e egoísta". Como tantos de nós, adotava um projeto de autoaperfeiçoamento após outro e, quando nada parecia funcionar, ficava à beira do desespero. Parte do que era tão doloroso era que mesmo seus amigos concordavam que ele precisava mudar e regularmente recomendavam que se tornasse menos egocêntrico.

Seu mundo parou no dia em que um amigo contou: "Não mude. Adoro você do jeito que é." Deixar aquelas palavras fluírem por seu coração e sua mente parecia pura dádiva: "Não mude. Não mude. Não mude. Adoro você do jeito que é." Paradoxalmente, apenas quando autorizado a não mudar ele se sentiu livre para mudar. O padre De Mello diz que relaxou e se abriu para um sentimento de vivacidade que tinha sido bloqueado por anos.

O fato de nos aceitarem exatamente como somos não significa que gostem de tudo que fazemos. Não significa que ficarão passivos se estivermos ferindo a nós mesmos ou os outros. Se formos afortunados, nossos amigos e nossa família tomarão a iniciativa de intervir se nos tornarmos dependentes de álcool ou começarmos a dilapidar nosso salário no jogo. Eles nos dirão quando ferirmos seus sentimentos. E, se formos ainda mais afortunados, eles deixarão claro que continuam nos amando, que aceitam a confusão humana por trás das formas ofensivas como expressamos nossa dor.

A aceitação amorosa e a honestidade direta são os componentes-chave do que os profissionais de toxicomanias chamam de "intervenção". Minha mãe, Nancy Brach, que trabalhou por décadas na área da recuperação de vícios, descreve uma intervenção como uma sessão "em que codependentes cuidadosamente orientados confrontam seu abusador alcoólico ou tóxico de forma amorosa e isenta". Embora a abordagem seja confrontadora, como ela escreve, "os profissionais da toxicomania abandonaram o velho princípio de que é preciso aguardar seu cliente estar 'preparado' antes de orientá-lo no programa de recuperação de 12 passos. Muitos viciados morriam antes de estarem 'preparados' e muitas de suas famílias estavam 'preparadas' para matá-los antes de serem arrastados ainda mais para a sarjeta".

Quando o vício está destruindo a vida da família, dos amigos e colegas de alguém, eles podem providenciar uma tal sessão. Uma cama é reservada de antemão para que o viciado possa (espera-se!) ir direto da sessão para um programa de tratamento. Uma das histórias de intervenção favoritas de minha mãe é um bom exemplo do poder da Aceitação Radical:

> Eu não acreditava que algum dia Harry conseguiria chegar àquela cama reservada. Seus repetidos surtos de bebedeira já estavam se manifestando nas pequenas veias brilhantes em suas bochechas e seus olhos e em seu peso aquoso extra. Seu comportamento era ostentoso e imprevisível, e ele estava na iminência de perder o emprego.
>
> Eu me perguntava como os participantes – sua esposa, dois filhos e o pai idoso – conseguiriam ser "amorosos e isentos" quando cada um

deles estava tão furioso com ele. Estavam cheios de ressentimentos: os filhos que não conseguiam trazer os amigos da escola para casa porque o pai era tão irresponsável; a esposa que tinha perdido um parceiro com quem podia contar e que a tratava com carinho; o pai que nunca via seu filho único. Eu temia que fossem amaldiçoá-lo em vez de comunicar seu carinho.

Eu estava errada. Harry entrou naquela sala e, como me contou mais tarde, olhou em volta para os rostos daqueles que mais amava no mundo inteiro. Estavam todos olhando para ele, estavam todos ali por ele. Algo aconteceu com o ar na sala, ele disse, parecia estar pulsando. Depois que ele afundou numa cadeira, sugeri que Marge, sua esposa, começasse o confronto. Mas, em vez de recitar suas ausências, seus compromissos descumpridos, ela apenas se levantou e o beijou. "Obrigada por ter vindo, Harry", ela disse. Aí, para minha surpresa, cada um dos outros, mesmo os meninos, levantou-se e o abraçou. Foi difícil ver o que aconteceu depois daquilo. Todos nós estávamos em lágrimas. Quando sua família prosseguiu dizendo o que precisava ser dito, Harry ficou ouvindo. Depois ocupou o leito que havia sido reservado para ele. Isso foi 15 anos atrás e, pelo que me consta, Harry continua comparecendo às suas reuniões dos 12 passos, ainda consciente do amor corajoso – a aceitação e a sinceridade – que provavelmente salvou sua vida.

Testemunhar o poder da Aceitação Radical sempre me surpreende. Vejo pessoas que passaram anos guardando segredos vergonhosos aderirem a um grupo dos 12 passos ou um grupo de amigos espirituais (que descrevo a seguir) e logo se sentirem profundamente aliviadas. Por perceberem que são humanas, imperfeitas e mesmo assim adoráveis, podem respirar fundo e começar de novo. Eu vi como, depois de acolhida por vários meses na aceitação amorosa de um grupo, uma cliente minha se tornou capaz de desenvolver intimidade com o parceiro de um modo que parecia impossível. Tenho observado pessoas mudarem de carreira e buscarem trabalhos que realmente as inspiram só porque experimentaram a aceitação. É como se a Aceitação Radical abrisse a porta de nossa gaiola e nos convidasse a transitar mais livremente no nosso mundo.

TRILHAR O CAMINHO COM AMIGOS ESPIRITUAIS

Usamos a palavra *amigo* tão casualmente que esquecemos seu poder e sua profundidade. Amizade é uma das principais traduções da palavra páli *metta*, que significa bondade amorosa. O amor e a compreensão de um amigo, qual um poço profundo da mais pura água, refresca a própria fonte de nosso ser. Se todas as religiões e grandes ideologias desaparecessem e nossa única busca fosse a da amizade – a cordialidade incondicional em relação aos outros, à nossa vida interior e a toda a natureza –, ah, que mundo seria!

Estar com bons amigos nos ajuda a relaxar nosso estado interior e parar de considerar nossas emoções dolorosas ou nossos comportamentos confusos como sintomas de retrocesso espiritual. Ao trazer nossa vulnerabilidade, nossa consciência e nosso coração ao relacionamento consciente, percebemos que estamos todos despertando juntos. Nesse ambiente de proximidade, a cura profunda se torna possível.

Uma aluna de meditação minha, Karen, vinha enfrentando um divórcio do homem com quem passara 15 anos casada e eles estavam envolvidos numa desagradável batalha pela custódia dos filhos. Karen sentia que estava sozinha na batalha enquanto sua vida desmoronava.

Quando Karen veio conversar comigo sobre como lidar com sua raiva e sua insegurança, sugeri que cogitasse ingressar em um de nossos grupos de apoio espiritual da comunidade de meditação. Chamados *kalyanna mitta* (em páli, "amigos espirituais"), esses grupos surgiram originalmente entre os estudantes e professores do Centro de Meditação Spirit Rock, perto de San Francisco. Foram tão eficazes em preencher uma necessidade que logo emergiram em diversas outras comunidades de meditação budista por todo o país. Os grupos costumam ter uns oito membros e a maioria se reúne a cada duas semanas. Uma reunião típica começa com um período de meditação silenciosa e abre-se para um diálogo com atenção plena. O tema pode ser os desafios de estar espiritualmente desperto na vida diária, seja no trabalho ou nos relacionamentos íntimos, ao enfrentar um vício ou o medo da doença e da morte. Às vezes a discussão gira em torno do aprofundamento da prática formal. Seja qual for o foco, a intenção compartilhada dos membros do grupo é falar e ouvir honestamente, estar presentes e comunicar de dentro do coração.

Karen ficou logo interessada e começou a participar das reuniões de *kalyanna mitta* (KM). Ali, ficou aliviada ao constatar que podia falar sobre seus sentimentos de raiva, impotência e medo sem se sentir deslocada nem julgada. Poderia até relatar comportamentos errados, casos em que perdeu a paciência e começou a berrar quando se sentiu criticada ou enganada pelo ex-marido. A aceitação gentil do grupo ajudou Karen a confiar em que "aquilo também" poderia ser aceito como parte da jornada. Suas reações descontroladas não a tornavam má. Não eram algum descarrilhamento antiespiritual. Pelo contrário, as emoções dolorosas eram uma chamada para aprofundar sua atenção e praticar a compaixão.

À medida que outros no grupo conversavam sobre partes confusas e conturbadas de suas vidas, Karen viu que não estava deslocada. "Eu ia a encontros de meditação e achava que todos os outros estavam muito tranquilos e serenos, como se estivessem realizando sua natureza de buda ou algo parecido. Enquanto isso, eu era a única pessoa neurótica na sala, presa na obsessão incessante por meus dramas." Agora ela percebia que os estados de espírito e as tempestades que cada um experimentava não os definiam. Como o clima, aquilo ia mudar e passar. Além do mais, estar com um grupo de amigos espirituais ajudava a lembrar o que ela valorizava em si: sua empatia, seu humor e sua sabedoria intuitiva.

Pertencer àquele grupo KM mudou a relação de Karen não apenas consigo mesma, mas também com Richard, seu ex-marido. No decorrer de seu casamento, Karen viera a acreditar que seus sentimentos facilmente feridos significavam que ela era fraca e que sua necessidade de afeto e apoio era sinal de insegurança. Após meses no grupo KM com outros que compartilhavam suas mágoas e seus temores, ela agora sabia que não havia nada "errado" consigo. Em vez de se sentir impotente, esmagada ou furiosa cada vez que precisava interagir com Richard, ela desenvolveu uma confiança mais profunda, mais firme.

Em uma reunião, Karen relatou um incidente que acontecera alguns dias antes. Estava falando ao telefone com Richard, discutindo se a filha mais velha, Melanie, deveria ser transferida para uma escola particular. Richard comentou maldosamente que esperava que as inseguranças dela não estivessem se transmitindo à filha, impedindo que ela se adaptasse à escola pública. Karen sentiu um surto de raiva, mas nada disse. Em vez disso, imaginou o grupo KM, os rostos agora familiares e carinhosos. Lembrou-se da sua aceitação e sentiu uma enorme gratidão por não precisar mais acreditar na história de seus defeitos e limitações. Karen ainda ficou aborrecida e logo encerrou a conversa, mas também ficou empolgada e esperançosa. Ao se sentir apoiada e aceita, havia sido capaz de sair da velha dança reativa com Richard.

A crescente autoconfiança de Karen foi muito útil quando ela tentou ajudar a filha a escolher a escola que seria melhor para ela. Por estar mais relaxada, pôde ouvir abertamente as preocupações e os temores de Melanie, sem se sentir sobrecarregada ou inadequada. Elas se encontraram com o orientador escolar e visitaram a escola *quaker* que a filha queria frequentar. "Quanto mais eu ouvia Melanie, mais claramente percebia que ela estava certa sobre o que precisava", Karen me contou. "Eu sabia que aquela escola nova seria maravilhosa para ela." Ao conversar de novo com Richard, ele nem discutiu. "Acho que ele pôde aderir porque eu havia aderido – eu tinha certa confiança em mim." A aceitação que Karen recebeu de seus amigos espirituais havia se enraizado – sua fé em si mesma lhe permitia se relacionar com aqueles à sua volta com equilíbrio e força crescentes.

Quando a Aceitação Radical floresce em nossos relacionamentos, torna-se uma espécie de transformação espiritual que nos permite confiar na bondade e na beleza de quem realmente somos. Assim como uma boa criação transmite aos filhos a ideia de que eles são adoráveis, quando entendemos e aceitamos os outros afirmamos seu valor e seu pertencimento intrínsecos. Receber esse tipo de Aceitação Radical pode transformar nossa vida. Ao espelhar a bondade de alguém, oferecemos uma dádiva preciosa e suas bênçãos reverberam por toda uma vida.

Segundo Rachael Naomi Remen: "Quando reconhecemos a centelha de Deus nos outros, sopramos nela com nossa atenção e a fortalecemos. Não importa quão profundamente estava soterrada ou por quanto tempo. [...] Quando abençoamos alguém, tocamos sua bondade em gestação e lhe desejamos o bem." Espelhar a beleza interior é a bênção que qualquer um de nós pode dar aos outros. Só precisamos pausar, ver claramente quem está à nossa frente e abrir bem nosso coração.

Alguns de nossos despertares mais profundos acontecem por meio das conexões íntimas e amorosas que nos recordam mais plenamente quem somos. O mestre sufi Idries Shah conta a história de um dervixe que era tão sábio e adorado que, cada vez que se sentava em um de seus cafés favoritos, via-se imediatamente cercado de alunos e devotos. Desde que fosse humilde e não proclamasse ser alguém especial, aquelas próprias qualidades faziam parte da aura vibrante que atraía seus seguidores. O dervixe recebia muitas perguntas sobre a vida espiritual, mas a mais frequente era pessoal:

– Como você se tornou tão santo?

Ele sempre respondia apenas:

– Sei o que há no Corão.

Aquilo prosseguiu por algum tempo, até o dia em que um recém-chegado um tanto arrogante, após ouvir sua resposta, desafiou:

– E o que há no Corão? – perguntou.

Após encará-lo gentilmente, o dervixe respondeu:

– No Corão há duas flores prensadas e uma carta do meu amigo Abdula.

Embora as escrituras nos guiem e as práticas nos concentrem e nos acalmem, como sugeriu o dervixe, a experiência viva do amor revela nossa integridade e nossa radiância intrínsecas. Nossa vida está entranhada em um campo interdependente de ser e, quando estamos nos relacionando de modo consciente – quando, como diz Rumi, "nossa amizade é feita de estarmos despertos" –, o sofrimento do nosso transe pessoal se dissolve.

A DOR NÃO É PESSOAL

Michael Meade, um renomado contador de histórias e professor, relata um ritual de cura na Zâmbia. Acredita-se que, se um membro da tribo adoece (seja emocional ou fisicamente), é porque o dente de um ancestral se alojou dentro da pessoa. Como todos na tribo estão interconectados, o sofrimento de um afeta os outros e todos se envolvem na cura. O ritual de cura da tribo se baseia na compreensão de que, como Meade relata, "o dente surgirá quando a verdade surgir". Embora a pessoa doente precise revelar a raiva, o ódio ou a lascívia que está sentindo para que a plena verdade seja revelada, cada pessoa na tribo precisa expressar as próprias dores, os próprios medos, raiva e desapontamento soterrados. Na descrição de Meade: "A libertação só ocorre quando tudo é revelado, em meio a danças, cantos e batucadas. A aldeia inteira é purificada pela libertação do dente mediante a libertação dessas verdades difíceis."

Esse ritual encerra uma grande sabedoria. Ao contrário de nossa cultura, que considera a doença ou a depressão como defeitos ou afecções pessoais, os membros dessa tribo não são culpados nem estão isolados em seu sofrimento. Ao contrário, o sofrimento é uma preocupação compartilhada, parte da vida de todos. A dor não pertence a um indivíduo. *Não personalizar a dor é essencial à Aceitação Radical.* Como ensinou o Buda, as dificuldades da vida não são possuídas ou causadas por um indivíduo – os estados cambiantes de nosso corpo e nossa mente são influenciados por uma miríade de variáveis. Quando reconhecemos isso, ficamos mutuamente abertos, vulneráveis e acolhedores uns com os outros, e nos curamos juntos.

Não tomar nossa dor como algo pessoal é uma mudança profunda em relação à forma habitual de encarar a vida. Mesmo quando estamos tentando não nos julgar, é fácil presumir que nossos pensamentos ciumentos, nossas tendências egoístas, nossas compulsões ou nosso julgamento muitas vezes incessante são problemas pessoais e sinais de deficiência. Mas, se prestarmos bastante atenção nos outros, como Karen fez no grupo de KM ou como a tribo da Zâmbia faz, veremos que não estamos sozinhos em nossas carências e nossos temores. Veremos também que compartilhamos o mesmo desejo de ser mais carinhosos e despertos. Perceber a verdade do pertencimento, de que estamos todos sofrendo *e* despertando juntos no caminho, constitui o antídoto mais poderoso ao sentimento pessoal de indignidade. Quando o *meu* medo ou a *minha* vergonha se tornam o *nosso* sofrimento compartilhado, a Aceitação Radical floresce.

Sentimentos habituais de separação surgem ao longo da vida – fazem parte de nossa condição. Quando indagado sobre como lidar com esses sentimentos persistentes de distância mútua, o mestre indiano Sri Nisargadatta deu este conselho simples e bonito: "Simplesmente soltem todos os pensamentos exceto 'Eu sou Deus... você é Deus'." Ao nos relacionarmos uns com os outros com Aceitação Radical, afirmamos a verdade de quem somos. Quando, na amizade, soltamos todos os pensamentos e ideias distanciadores, quando contemplamos uns ao outros com clareza e amor, alimentamos as sementes da liberação.

REFLEXÃO GUIADA:
Comunicar-se com consciência

A forma como falamos com os outros e os ouvimos pode comunicar amor ou ódio, aceitação ou rejeição. O Buda descreveu a fala sábia, aquela que expressa reverência pela vida, como falar apenas o que é verdadeiro e útil. Porém, estando envolvidos na reação movida pela carência e pelo medo, como reconhecemos o que é verdadeiro? Como discernir o que é útil? Como falar e ouvir com base no nosso coração?

As práticas meditativas a seguir são diretrizes para estar plenamente atento e de coração aberto na comunicação com os outros. Foram extraídas de diferentes fontes e são usadas em combinações variadas por grupos de *kalyanna mitta* e semelhantes nos Estados Unidos. Você pode praticá-las sempre que estiver envolvido(a) em conversa ou como diretrizes formais para a meditação interpessoal onde duas ou mais pessoas estiverem reunidas com o propósito do diálogo plenamente atento.

Defina sua intenção. Como uma prática espiritual básica, determine sua intenção de estar presente e de ser honesto(a) e gentil em qualquer relacionamento, em qualquer circunstância. Lembre-se de sua resolução no início de cada dia, no início de uma meditação interpessoal ou antes de qualquer interação com os outros.

Deixe seu corpo ser uma âncora. Escolha dois ou três pontos de toque, locais em seu corpo onde você pode reativar a sensação de presença. Podem ser as sensações da respiração, de seus ombros, mãos, estômago ou pés. Retorne a eles com a maior frequência possível quando estiver se comunicando com os outros. Quanto mais praticar a consciência desses pontos de toque durante sua prática de meditação e no decorrer do dia, mais prontamente você sustentará uma presença incorporada quando estiver com outros.

Ouça a partir do coração. *Enquanto os outros estiverem falando, tente abandonar seus pensamentos e preste atenção no que estão dizendo. Perceba os sentimentos e sensações que ocorrem pelo seu corpo, principalmente na área do coração. Perceba em especial sua mente divagando para julgamentos. Caso se veja criticando, analisando ou interpretando, acolha esses pensamentos com atenção plena, abandone-os e retorne à escuta receptiva – isso não significa que você vá concordar com tudo que vem sendo dito, mas que honrará o outro ao oferecer sua plena presença e atenção. Deixe que sua escuta seja dedicada e profunda, prestando atenção no tom, na altura e no volume das palavras. Além do conteúdo, permita-se receber o estado de espírito do que o outro está expressando.*

Fale a partir do coração. *Tente não ensaiar o que vai dizer, especialmente enquanto o outro está falando. No momento presente, diga o que parece verdadeiro e significativo. Pode ser uma resposta ao que você acabou de ouvir ou, como acontece no diálogo meditativo, pode não ser necessário responder. O que você diz surge de seu fluxo imediato de experiência. Falar a partir do coração começa com a escuta interior. Fale devagar o suficiente para permanecer atentamente conectado com seu corpo e seu coração.*

Pause, relaxe e preste atenção. *Durante seus diálogos, pause várias vezes. Pause brevemente antes e depois de falar. Pause quando estiver falando para se reconectar com seu corpo e seus sentimentos. Pause quando o outro parar de falar, dando algum espaço para que suas palavras se acomodem. A cada pausa, relaxe seu corpo e sua mente. Repouse na abertura, prestando plena atenção na experiência desse momento.*

Após pausar, você pode aprofundar sua atenção investigando seu coração e sua mente. Indague a si mesmo: "O que é verdadeiro agora? O que estou sentindo?" Aprofunde sua percepção do outro se perguntando: "O que essa pessoa poderia estar experimentando?" Essa investigação é tanto ativa quanto receptiva – você está perguntando e investigando intencionalmente, e também se abrindo ao que estiver surgindo. Use a pausa-relaxamento--atenção sempre que lembrar, como um caminho sagrado até a presença.

Pratique a Aceitação Radical. *O esforço para estar presente e desperto com os outros é muito angustiante. Com certeza esqueceremos nossa intenção,* *esqueceremos de nos conectar com nosso corpo, esqueceremos de ouvir sem pensar, esqueceremos de não ensaiar, esqueceremos, esqueceremos, esqueceremos. Acolha todo o processo com Aceitação Radical, perdoando a si e os outros repetidamente por serem perfeitamente imperfeitos. Quando o espaço da Aceitação Radical acomoda nossos relacionamentos, torna-se possível a intimidade genuína.*

~

Treinar para estarmos presentes uns com os outros é uma forma de integrar ao cotidiano atenção plena e bondade amorosa. Nos momentos em que nos comunicamos com honestidade e gentileza, começamos a dissolver o transe da separação. Em vez de sermos movidos pela carência ou pelo medo, nos sentimos cada vez mais espontâneos e reais. Assim como qualquer meditação, essas práticas permitem descobrir, pelo relacionamento lúcido com os outros, a doçura da conexão e do pertencimento.

DOZE

REALIZANDO NOSSA VERDADEIRA NATUREZA

> *Ó mente anelante,*
> *Habita a profundeza*
> *De tua própria natureza pura.*
> *Não busques tua moradia em outra*
>   *parte [...]*
> *Tua consciência nua sozinha, ó mente,*
> *É a abundância inesgotável*
> *Pela qual anseias tão desesperadamente.*
>
> Sri Ramakrishna

Uma lenda da antiga Índia conta sobre um cervo-almiscarado que, num fresco dia de primavera, detectou uma misteriosa fragrância celestial no ar. O aroma evocava paz, beleza e amor e, qual um sussurro, convidava a ir em frente. Compelido a achar sua origem, o cervo-almiscarado partiu, determinado a procurar por todo o mundo. Escalou picos de montanhas gelados e ameaçadores, percorreu selvas vaporosas, atravessou desertos sem fim. Onde quer que se encontrasse, o perfume ali estava, fraco mas sempre detectável. Ao final de sua vida, exausto da busca incessante, o cervo desmoronou. Na queda, seu chifre dilacerou sua barriga e subitamente o ar ficou repleto do perfume celestial. Enquanto jazia agonizante, o cervo-almiscarado percebeu que o tempo todo a fragrância vinha emanando de dentro de si mesmo.

Quando estamos presos no transe de nos sentirmos separados e indignos, a natureza de buda parece estar fora de nós. O despertar espiritual, se é possível para esse eu defeituoso, parece estar distante, em outro tempo ou lugar. Poderíamos imaginar que a realização ocorreu somente na Ásia, séculos atrás, ou em mosteiros, ou para aqueles que são bem mais devotos e disciplinados do que nós. Ainda que sigamos seus caminhos, podemos ser como o cervo-almiscarado. Podemos passar nossa vida buscando algo que está bem dentro de nós e poderia ser achado se parássemos e aprofundássemos nossa atenção. Mas, perturbados, passamos nossa vida a caminho de outro lugar.

Quando amadurecemos espiritualmente, nosso anseio por ver a verdade e viver com um coração aberto torna-se mais irresistível que nosso reflexo de evitar a dor e buscar o prazer. Podemos nos sentir maltratados e zangados com nosso cônjuge, mas estamos dispostos a reconhecer nosso papel, a ver a dor do outro, a perdoar e continuar amando. Se ficamos solitários ou tristes, estamos menos inclinados a aliviar os sentimentos dolorosos com comida, drogas ou atividades. Ficamos cada vez mais alinhados com nosso destino evolucionário, que é despertar para nossa sabedoria e nossa compaixão naturais.

Nossa natureza verdadeira e original é descrita no budismo *Mahayana* como *prajnaparamita*, o coração da sabedoria perfeita. Essa perfeição da sabedoria é chamada de a Mãe de Todos os Budas, "aquela que mostra o mundo [assim como ele é]". Ela é chamada de "a fonte de luz […] de modo que todo medo e toda dor possam ser abandonados". Quando estamos em contato com nossa verdadeira natureza, estamos completamente livres do transe. Não mais temerosos nem contraídos, conhecemos nossa essência mais profunda como a consciência pura e lúcida que contempla, com amor, toda a criação.

Podemos, às vezes, ter um insight súbito e profundo da nossa verdadeira natureza. Entretanto, ficar à vontade com essa verdade, confiando nela no dia a dia, geralmente depende de um desenvolvimento gradual. Por essa razão, o processo de perceber quem somos é chamado de *caminho do despertar*. Embora um caminho implique chegar a outro lugar, na vida espiritual o caminho nos abre para a consciência e o amor que, como escreve T. S. Eliot, estão "aqui, agora, sempre".

DUVIDAR DA NOSSA NATUREZA DE BUDA

Eu estava em meio a um retiro de meditação de uma semana quando nosso mestre fez uma pergunta simples e profunda: "Você realmente confia que é um buda?" Minha resposta interior foi: "Com certeza... às vezes." Inúmeras vezes eu havia percebido meu coração e minha mente despertando para a liberdade. Naqueles momentos, a confiança surgiu de uma consciência de corpo inteiro de que minha natureza original é pura consciência. Quando eu estava repousando nessa verdade, me sentia plenamente real e à vontade. Mas sabia que também passava longos períodos a cada dia acreditando ser um pequeno eu que estava falhando e precisava ser diferente para estar bem.

Querendo me tornar mais plenamente atenta a essa ilusão persistente de um pequeno eu, passei o resto do retiro me perguntando de tempos em tempos: "Quem eu me considero ser?" Eu era uma meditadora dominada pelo pensamento obsessivo de que não se esforçava o suficiente. Eu era uma mulher em roupas sexy e indecentes demais para um retiro budista. Eu era uma pessoa crítica, com comentários constantes na mente sobre a aparência e a conduta das outras pessoas. Eu era uma iogue egoísta, querendo impressionar meu mestre durante nossa entrevista. A pergunta se mostrou bem útil para revelar quão plenamente e com que frequência eu resvalava para o transe. Pude ver que, sempre que me considerava uma versão de um pequeno eu, não estava reconhecendo ou confiando na presença lúcida que é minha natureza mais profunda. Embora nem sempre intenso, um sentimento de medo e separação estava sempre presente.

Após aquele retiro, meu hábito de desconfiar da minha verdadeira natureza parecia ainda mais intenso. Certa manhã, Narayan estava se aprontando para ir à escola enquanto eu meditava no meu quarto. Minha mente estava razoavelmente quieta e tranquila e, em vez de me concentrar na atenção, eu repousava na consciência. Enquanto imagens, sons e sensações surgiam e se dissolviam no espaço ilimitado da mente, eu percebia a bonita liberdade de não se prender a nada e sentia uma enorme ternura pelo mundo. O perfume da natureza de buda era vibrante e imediato: eu me sentia tão aberta quanto o céu, tão luminosa como o sol radiante. Não havia para onde ir. Nada estava faltando, nada estava fora da consciência.

Então ouvi uma batida forte na porta e Narayan apareceu no meu quarto. Pedindo desculpas e sem fôlego, pediu uma carona até a escola – ele havia corrido o mais rápido possível, mas mesmo assim perdera o ônibus. Meu universo aberto e reluzente subitamente desmoronou nos papéis e deveres de mãe. Concordei, vesti um jeans qualquer e saímos pela porta. Ao avançarmos devagar pelo trânsito agressivo do rush de Washington, fiquei cada vez mais tensa. Quando perguntei a Narayan se estava preparado para a prova de ciências daquele dia, ele murmurou: "Não muito." Mais questionamentos revelaram que ele havia se esquecido de trazer para casa suas anotações do laboratório no dia anterior. Eu me abstive de fazer minhas observações típicas sobre como ele organizava sua vida ou de dizer algo punitivo, mas sentia minhas entranhas se enrijecerem de irritação. Quando ele fez seu gesto habitual de ligar o rádio, eu murmurei "Nem pensar" e afastei sua mão com raiva. Rap, nem pensar.

Ao sentir a rigidez da minha mandíbula e da minha mente, lembrei-me de que aquela era mais uma oportunidade de praticar atenção plena. Mas aquele lembrete não passou de uma abstração. A realidade concreta era que eu estava tensa e defensiva, uma mãe neurótica aprisionada na realidade. A consciência que eu acalentava e que havia recentemente conhecido como minha verdadeira natureza era uma fragrância em algum lugar lá fora, distante e remota. Nada tinha a ver com aquela pessoa tentando abrir caminho no trânsito.

Quando voltei para casa e estacionei na entrada, desliguei o carro e fiquei ali sentada. Às vezes a bolha protetora do meu carro pode ser um espaço tão bom para tocar o momento como o mais sagrado salão de meditação. De início, senti-me inquieta e tive de resistir ao impulso de disparar para dentro e checar meu e-mail e os recados telefônicos. Em vez disso, aguardei, sentindo meu corpo e percebendo o que pedia mais atenção. Sentada ali, pude ver os esquilos correndo atrás uns dos outros em torno das árvores de meu pátio lateral. Meus pensamentos também estavam correndo atrás uns dos outros em círculos, e eu sabia que não restava nada a fazer além de deixá-los se desenrolarem. Na curvatura dos meus ombros e nas sensações arrepiantes de fadiga, reconheci o sentimento de fracasso.

Eu me sentira tão pacífica e expansiva alguns momentos antes de meu filho adentrar o quarto. Como pude me contrair tão subitamente, me sentia tão inadequada, ficar tão irritada, tão rígida? Eu estava falhando em todas as frentes: meditação, maternidade, como levava minha vida. Essa sensação de insegurança era familiar. Algum dia eu seria capaz de sustentar uma presença carinhosa e aberta pelos altos e baixos do dia a dia?

No momento culminante do despertar do Gautama Buda, ele encarou a força enorme da dúvida. Havia passado a noite sob a árvore *bodhi*, reagindo com atenção plena e compaixão a todos os variados desafios de Mara, o deus da ganância, do ódio e da ilusão. Quando a noite começou a enfraquecer, Gautama soube que seu coração e sua mente estavam despertos, mas ele ainda não estava plenamente livre. Mara então lançou seu desafio final mais difícil: com que direito Sidarta aspirava à natureza de buda? Em outras palavras, "Quem você pensa que é?". Essa voz de Mara é aquela que nos incita a nos voltarmos contra nós mesmos, a desistir da jornada, nos convencendo de que não estamos chegando a lugar algum.

Em resposta a esse desafio, Gautama abaixou-se e tocou a terra, pedindo que fosse testemunha de suas muitas vidas de compaixão. Ao tocar a terra, estava tocando também o terreno da presença desperta – o coração da sabedoria perfeita do qual todos os seres iluminados nascem. Estava invocando sua verdadeira identidade para dispersar todas as dúvidas que o afastavam da completa liberdade. De acordo com a lenda, no momento em que tocou o solo, a terra tremeu e um ribombo ressoou no céu. Vendo que estava enfrentando não um homem, mas o poder criativo da própria consciência, Mara recuou, com medo.

Sentada no meu carro naquela manhã, eu me lembrei de acolher meu caos de sentimentos com Aceitação Radical. A rigidez e a dureza em torno do meu coração começaram a abrandar. Reconhecendo e permitindo a dor imediata da insegurança, comecei a me sentir mais real e desperta. Com o passar dos minutos, me senti retornando a uma consciência calorosa e aberta.

Os esquilos haviam cessado seus círculos loucos ao redor da árvore e um vento leve percorria as folhas. Por dentro, uma sensação crescente de calma. A dúvida ainda estava lá, mas eu já não me considerava uma mãe fracassada ou uma meditadora inepta – era mais como o murmúrio de um eu inquieto e cauteloso. Para continuar me liberando de qualquer sensação de contração na "individualidade", me perguntei: "Quem está percebendo agora?" Eu só percebia a consciência: não havia um "eu" para localizar. Não havia uma entidade que estava falhando, nenhum eu que estivesse temeroso e perturbado, nenhum ponto de apoio para a insegurança. Enquanto fluxos de sensações e emoções percorriam meu corpo e minha mente, não havia ninguém nos bastidores que os possuísse ou controlasse. Eu só conseguia achar o espaço infinito da consciência: sem forma, aberto, cognoscente.

Assim como o Buda tocou a terra em resposta ao desafio final de Mara, quando a voz da dúvida nos aflige, tocamos o solo imediatamente ao chegar esse momento. Tocamos o solo ao nos conectarmos diretamente com a Terra, a vida no nosso corpo, nossa respiração e nosso estado interior. Tocamos o solo ao olhar direto para a consciência que é a própria fonte da nossa vida. Quando nos conectamos com o que está bem na nossa frente, percebemos a verdadeira imensidão de quem somos.

VER ALÉM DO EU E REPOUSAR NA CONSCIÊNCIA

Ao nos sentarmos para meditar, começamos por nossa experiência imediata. Ao oferecermos uma presença gentil às áreas que mais pedem nossa atenção, nosso corpo e nossa mente começam a se aquietar. Se olharmos de perto, reconheceremos que a sensação do eu começa a afrouxar. Nesse ponto existe uma tendência de se enredar em uma contração sutil mas persistente que ainda parece "eu". Eu sou "aquele que está se acalmando" ou "aquele que está guiando a si mesmo na meditação". Essa sensação mais difusa e indefinida do eu é o que chamo de "eu fantasma". Alguns o chamam de testemunha observadora ou o eu que está observando. Embora menos aprisionador que um eu zangado ou temeroso, esse eu fantasma ainda é um apego por uma identidade que nos impede de ser livres.

O Buda ensinou que se fixar em *qualquer coisa*, inclusive em uma sensação de ser o observador, obscurece a plena liberdade da consciência. Nesses momentos, podemos fazer como fiz no carro na entrada de casa: podemos puxar a cortina dessa aura tênue do eu perguntando: "Quem está percebendo?" Podemos também perguntar "O que está percebendo?", ou "Quem sou eu?", ou "Quem está pensando?". Trazemos a atenção plena para a própria consciência. *Olhamos para dentro* da consciência. Ao investigar e depois olhar para a consciência, podemos penetrar e dissipar as ilusões mais profundas de um eu que nos mantiveram separados e amarrados.

Jim vinha frequentando minhas aulas de meditação semanais havia oito meses. Tinha me procurado após a aula diversas vezes, sentindo-se frustrado. Cada vez que sua mente se aquietava o suficiente para olhar a consciência, ele acabava sentindo um eu testemunha. Quando perguntava "Quem está percebendo esse eu testemunha?", o eu observador surgia de novo. Preocupado por não estar "entendendo", ele me procurou de novo uma noite após a aula. Pedi que trouxesse a atenção plena para as sensações, imagens e o estado de humor do eu testemunha que ele percebia e que me contasse o que havia observado. Ele disse que viu uma nuvem de luz por trás dele e ouviu a própria voz dizendo: "Este sou eu." Perguntei:

– Quem está percebendo a luz, a voz?

Sua resposta foi imediata:

– Eu, é claro!

Contou que estava irritado, como se alguém – eu, o budismo – estivesse desafiando o eu que ele sabia ser real. Após alguns minutos, seu aborrecimento se transformou em desânimo e Jim disse categoricamente:

– Não sei o que devo fazer. Estou confuso, e toda essa meditação me deixa incomodado.

Ao olharmos para a consciência, se estamos ansiosos e tentando ter uma experiência específica, nossa atenção, em vez de ser imparcial e espaçosa, fixa-se em pensamentos, sons ou sensações. Em vez de reconhecer e aceitar o fluxo dinâmico dos fenômenos, sentimo-nos compelidos a nos agarrar a algo, qualquer coisa. Tentando nos orientar, pegamos um instantâneo mental da nossa experiência e acrescentamos um comentário. Embora pudéssemos inicialmente olhar para a consciência sem ideias ou expectativas, em poucos minutos estamos de volta à nossa mente conceitual, tentando entender o que está acontecendo. A forma mais básica de fazer isso é se ater ao conceito de um eu estável e duradouro. Tentamos garantir nossa identidade definindo claramente nossa experiência.

Encorajei Jim a explorar como poderia relaxar mais plenamente enquanto praticava olhar para a consciência. Compartilhei com ele as instruções que meu mestre de meditação tibetana Tsoknyi Rinpoche dá para reconhecermos nossa verdadeira natureza: "Olhe e veja [...] Solte e seja livre." Rinpoche ilustra esse conselho primeiro erguendo as mãos a uma pequena distância do rosto, com as palmas para fora. Nossa atenção, tal como as palmas voltadas para fora, está sempre no cinema da vida: o mundo exterior, assim como o interior.

Virando a palma das mãos para si, ele demonstra o ato de olhar direto para a consciência: "Olhe e veja." Liberando nosso foco dos pensamentos e de outros objetos da experiência, olhamos direto para quem está olhando. Então, com "Solte e seja livre", as mãos de Rinpoche descem suavemente para repousar no seu colo. Quando olhamos para nossa consciência e vemos o que é verdadeiro, relaxamos, nos entregando completamente a essa realidade.

Na semana seguinte Jim permaneceu após a aula e me contou que, enquanto meditava na noite anterior, havia alcançado uma experiência de profunda consciência. Como acontecera tantas vezes antes, depois que sua mente se aquietou, ele sentiu a testemunha como uma esfera familiar de brilho atrás dele. Ficou curioso e indagou: "Quem está percebendo isto?" Em suas palavras:

– Eu conseguia sentir a tensão na minha mente querendo "me" localizar, mas na verdade não consegui achar nada para pousar. Naquele instante, antes que minha mente acorresse com qualquer explicação, relaxei por completo. Foi assim [...] não havia nada sólido, nada parado. Nenhum eu estava ali [...] o mundo inteiro era consciência.

Em uma clássica história zen, o discípulo Hui-K'e pede a seu mestre, Bodhidharma:

– Por favor, me ajude a aquietar minha mente.

Bodhidharma responde:

– Traga sua mente para que eu possa aquietá-la.

Após um longo silêncio, Hui-K'e diz:

– Mas não consigo achar minha mente!

– Pronto – responde Bodhidharma com um sorriso. – Eu a aquietei.

Como Hui-K'e, quando olhamos para dentro, não existe nenhuma entidade, nenhuma substância mental, nenhum eu, nada que possamos identificar. Existe apenas consciência – consciência aberta e vazia. Não conseguimos localizar nenhum centro nem podemos achar uma borda para nossa experiência. A não ser que nos ancoremos de novo nos pensamentos ou nos agarremos a sensações ou sentimentos desejados, não temos onde nos apoiar, nenhum chão firme, o que pode ser desconcertante, assustador, incrivelmente misterioso. Embora possa existir uma profusão de atividades – sons, sensações, imagens –, não existe algo a que se ater, nenhum eu nos bastidores controlando as coisas. Essa visão que não encontra coisa alguma é o que os mestres tibetanos chamam de "a visão suprema".

Mas esse vazio, essa insubstancialidade, não está vazio de vida. Pelo contrário, a consciência vazia está cheia de presença, *viva com cognoscência*. A própria natureza da consciência é uma cognição incessante do fluxo de experiências. Neste momento em que você está lendo, sons são ouvidos, vibrações são sentidas, formas e cores são vistas. Essa cognição ocorre instantaneamente, espontaneamente. Como um céu iluminado pelo sol, a consciência é radiante em cognoscência e ilimitada para abarcar toda a vida.

Como Jim descobriu, para reconhecer essa consciência pura é preciso afrouxar o véu de histórias, pensamentos, carências e temores que recobre nosso ser natural. Sri Nisargadatta escreveu: "O mundo real está além de nossos pensamentos e ideias; vemo-lo além da rede de nossos desejos divididos em prazer e dor, certo e errado, dentro e fora. Para ver o universo como é, você precisa ir além da rede. O que não é difícil, pois *a rede está cheia de furos.*"

Nossa atenção está sempre fixada em algo – um comentário adulador que alguém fez, nosso plano para o próximo sábado, uma imagem de nossa cozinha suja, a recapitulação de uma discussão. Nossa realidade são os pensamentos e dramas que vemos em nossos filmes mentais. Vamos além da rede soltando nossas histórias e atividades e retornando para a consciência. É como olhar para o projetor e perceber que é a luz que está dando vida às imagens. Olhamos para o vazio que é a fonte criativa de todas as histórias e emoções, para o espaço fértil sem forma que dá origem a toda a existência. Ali "vemos o universo como ele é".

Tudo que podemos ver, ouvir, sentir ou imaginar – todo este mundo – é uma exibição fantástica, surgindo e desaparecendo na consciência. Quando surgem pensamentos, de onde vêm, para onde vão? Quando você explora olhar para o espaço entre os pensamentos pelos furos da rede, está olhando para a própria consciência. Você pode se sentar tranquilamente e apenas ouvir por um tempo. Observe como os sons surgem e se dissolvem na percepção sem forma. Consegue observar o início dos sons, o fim dos sons? Os espaços entre eles? Tudo está acontecendo na consciência, sendo conhecido pela consciência.

"Olhe e veja [...] Solte e seja livre" é revolucionário e anti-intuitivo. Em vez de tentar controlar ou interpretar nossa experiência, nos treinamos para relaxar nosso controle. Ao relaxar com lucidez no que está bem aí, somos levados para casa – para o mistério e a beleza da nossa natureza profunda.

Lama Gendun Rinpoche escreveu:

A felicidade não pode ser encontrada por grande esforço e força de vontade,
Mas já está presente no relaxamento e na entrega.
Não se esforce, não há nada a fazer. [...]
Apenas a busca da felicidade nos impede de enxergá-la. [...]
Não acredite na realidade das experiências boas e más;
Elas são como um arco-íris.

Querendo captar o inapreensível você se exaure em vão.
Assim que você relaxa essa avidez, o espaço está ali
– aberto, convidativo e confortável.

Então desfrute. Tudo já é seu.
Não procure mais. [...]
Nada a fazer.
Nada a forçar,
Nada a querer
– e tudo acontece por si mesmo.

O caminho do despertar é um simples processo de relaxamento desperto e profundo. Vemos o que está aqui neste momento e nos entregamos à vida exatamente como ela é. Tão liberador!

Tal como a prática, reconhecer nossa consciência natural exige cada vez menos esforço ou sensação de fazer algo. Em vez de subir um morro para desfrutar uma vista, estamos aprendendo a arte de relaxar lucidamente e habitar toda a vista. Olhamos de volta para a consciência e então simplesmente *relaxamos no que é visto*. Ficamos mais em casa na consciência do que em qualquer história de um eu que está falhando ou em nosso caminho para outro lugar. Estamos em casa porque vimos e experimentamos em primeira mão a vasta e brilhante presença que é a própria fonte do nosso ser.

PERCEBER NOSSA NATUREZA COMO VAZIO E AMOR

No budismo *mahayana*, o vazio aberto e luminoso da consciência é nossa natureza absoluta. Nossa natureza original é imutável, incondicionada, atemporal e pura. Quando trazemos essa consciência ao mundo relativo da forma, o amor acorda. Acolhemos o fluxo da vida em constante mutação – este mundo que vive, morre e respira – com presença acolhedora e um coração sempre aberto. O que nossa mente reconhece como consciência vazia, nosso coração experimenta como amor.

Nosso ser reside no manifesto e não manifesto, no absoluto e relativo. Essa verdade, corporificada no Sutra do Coração, é considerada a joia dos ensinamentos *mahayana*. Como diz o sutra: "Forma é vacuidade, vacuidade também é forma. Vacuidade nada mais é do que forma, forma nada mais é que vacuidade." O oceano sem forma da consciência dá origem às ondas variadas e incessantes da vida: emoções, árvores, pessoas, estrelas. Vendo que toda a vida brota de uma percepção, percebemos a conexão e sentimos a plenitude do amor. Ao acalentar todos os seres vivos com compaixão, reconhecemos a consciência vazia e luminosa que é nossa fonte comum.

Amar a vida e perceber nossa essência como consciência sem forma não podem ser separados. Como expressa o provérbio japonês: "Ver a pura consciência sem nos engajarmos amorosamente em nossa vida é um devaneio. Viver neste mundo relativo sem visão é um pesadelo." Podemos ser tentados, às vezes em busca do não apego, a nos distanciar da confusão do nosso corpo, de nossas emoções, de nossos relacionamentos. Esse afastamento nos lança num devaneio desencarnado que não se baseia na consciência do nosso mundo vivo. Por outro lado, se imergimos nos dramas mentais e nas emoções impermanentes da nossa vida sem lembrar a consciência vazia e luminosa que é nossa natureza original, nos perdemos no pesadelo de nos identificarmos como um eu separado e sofredor.

Às vezes nossa consciência mais profunda da interdependência entre amor e vacuidade advém quando estamos enfrentando a angústia da perda. Isso ocorreu comigo recentemente, ao perder minha cadela, que era uma das minhas melhores amigas. O nome dela também era Tara e era uma poodle comum preta. Era cheia de bom humor e brincadeira. Eu tinha a clara sensação de que ela me estimulava nas subidas íngremes do nosso percurso de corrida. Quando eu perdia velocidade, ela começava a correr em círculos ao meu redor. Sua intenção não foi má nas poucas vezes que correu na minha frente e me jogou estatelada no chão. Ela se surpreendia, ficava triste, era gentil. Muitos de nós conhecemos essas amizades. Elas são discretas, geralmente ficam em segundo plano. No entanto, amparam nossa vida.

Tara teve um tumor cerebral que levou seis meses para ser diagnosticado. Ficou letárgica e descoordenada, mas continuava me seguindo, se esforçando para ser uma boa companhia. Quando percebemos o problema, fiz de tudo para salvar sua vida. Ela tinha uma estante de remédios só dela e suportou com paciência vários meses de radioterapia. Eu tinha esperanças, apesar de tudo.

O tratamento falhou e as dores pioraram. Devido aos esteroides, seus pelos começaram a cair em tufos. Eu acordava de manhã e a encontrava ao pé da minha cama com mais uma área vermelha ferida de pele exposta. Ela continuava abanando o rabo debilmente ou me dando uma lambida leve, afetuosa, mas não queria enfrentar o dia. Senti que não tinha outra opção senão encerrar sua vida. Lembro-me perfeitamente do seu olhar confiante quando fiz com que subisse na plataforma de aço do consultório do veterinário. Ela estava tranquila e preparada quando ele injetou as substâncias químicas que pararam seu coração.

Quando meu veterinário me deixou sozinha com o corpo de Tara, fiquei abalada com a perda e chorei muito. Eu acariciava e beijava sua cabeça querida, sentindo sua presença e sua ausência em volta de mim. Minha querida amiga tinha ido embora. Ela nunca mais se alegraria ao me ver, correria comigo, dormiria quentinha ao meu lado. No entanto, aquele vínculo amoroso dolorido estava tão presente e vivo! Segurando-a, abraçando-a, senti como este mundo de formas amadas se desenrola com uma força implacável, dominante. *Vacuidade é forma.* Parecia que tudo que existia no mundo eram aquelas tremendas ondas fluindo por meu eu desesperado. Eu sentia uma profunda ligação, perda, dor, amor. Não havia nada a fazer a não ser incluir na consciência uma onda de dor após outra.

Contudo, enquanto essa dor de partir o coração vinha acontecendo, também senti uma presença suave, um compassivo "estar com" minha dor. Essas enormes ondas de tristeza eram acolhidas no espaço e na bondade da consciência. Quando perguntei quem estava percebendo, o fluxo de sensações pesadas de dor estava aparecendo e se desdobrando em uma vasta e aberta consciência. Ao me entregar àquela abertura lúcida, não havia um eu que possuísse o sofrimento nem nenhum amigo a perder. Eu podia ver como aquela exibição tão viva estava apenas acontecendo, de modo semelhante ao movimento do vento ou ao súbito escurecimento antes de uma tempestade. *Forma é vacuidade.* Havia só o campo terno da consciência experimentando o surgimento e o passar da vida.

Todas as nossas emoções, talvez a dor em especial – se acolhidas com Aceitação Radical –, podem nos transportar para a verdade do Sutra do Coração. O poeta David Whyte escreveu:

Aqueles que não resvalarem abaixo
da calma superfície do poço da dor

submergindo em sua água negra
até onde não podemos respirar

nunca conhecerão a fonte da qual bebemos,
a água secreta, fria e clara,

nem descobrirão, reluzindo no escuro,
as pequenas moedas redondas
jogadas por quem desejava algo diferente.

A nossa dor é o reconhecimento honesto de que esta vida adorada é passageira. Não importa o que perdemos, nos abrimos para o oceano da dor porque estamos lamentando toda esta vida fugaz. Mas nossa disposição de mergulhar nas águas negras da perda revela nossa fonte, a percepção amorosa que é imortal.

A Aceitação Radical é a arte de se engajar plenamente neste mundo – importando-se de todo o coração com a preciosidade da vida – ao mesmo tempo que repousamos na consciência sem forma que permite que esta vida venha e se vá. Existem momentos em que as formas que surgem em nossa vida naturalmente estarão no primeiro plano da consciência. Quando Tara morreu, eu teria evitado e adiado a dor se não tivesse trazido uma presença plena às ondas de dor que passavam por mim. Quando estamos repletos de carência, dor ou medo, olhar prematuramente para a consciência pode ser um meio de nos desligarmos da crueza bruta das nossas emoções.

No entanto, embora precisemos claramente acolher esta vida, não podemos tomar nossa experiência com Aceitação Radical se esquecemos a abertura da consciência sem forma. Nos momentos em que olhava para a consciência, eu estava vendo a natureza imutável e atemporal que era a essência de minha cadela Tara e é a essência vazia de todos os seres por toda parte. Tal era a fonte daqueles olhos que me olhavam tão calorosamente, a consciência que nunca pode ser perdida, apenas esquecida.

O CAMINHO PARA CASA: ADENTRANDO A PRESENÇA INCONDICIONAL

Em uma das lendas de Jataka, histórias de ensinamento míticas baseadas nas vidas anteriores do Buda, conta-se que o Buda foi um bom mercador de uma pequena aldeia no norte da Índia. Certa tarde, ele estava trabalhando em sua loja quando olhou para fora e viu uma pessoa bela e luminosa atravessando a praça. Ficou pasmo. Enquanto continuava olhando, sentiu o coração se iluminar em celebração. Nunca em toda a sua vida tinha visto um ser humano irradiando compaixão de modo tão visível. Nunca havia sentido o divino resplandecendo com tamanha imanência.

O mercador soube imediatamente que queria servir aquele ser e dedicar sua vida a despertar tal amor no próprio coração. Com grande carinho, preparou uma bandeja de frutas maduras e chá para oferecer como refeição. Saiu para o dia iluminado pelo sol, avançando com atenção plena e alegria até o ser luminoso que parecia estar aguardando por ele.

De repente, quando o mercador estava no meio da praça, a luz do dia virou treva. A terra tremeu com violência e uma fenda apareceu no solo entre ele e aquele que desejava servir. Raios atravessaram os céus escurecidos e ele viu os olhos brilhantes e as bocas sangrentas de demônios aterrorizantes. Foi cercado pelas vozes de Mara:

– Retorna! Dá meia-volta! É perigoso demais... tu não vais sobreviver! – Enquanto os trovões abalavam o ar, as vozes o alertavam: – Este caminho não é para ti! Quem pensas que és? Volta à tua loja, à vida que conheces.

Aterrorizado, o bom mercador estava prestes a dar meia-volta e fugir para se proteger, mas naquele momento seu coração se encheu de um desejo tão grande que poderia preencher o universo inteiro. Aquele desejo de amor e liberdade foi mais forte que qualquer voz de advertência. Com a imagem do ser radiante em sua mente, ele deu um passo para dentro do caos escuro de Mara. E outro, e mais outro. Os demônios desapareceram, a luz brilhante do dia retornou e a terra se recompôs, curada e íntegra.

O mercador, tremendo de vivacidade, transbordando de amor e gratidão, viu-se postado bem na frente da figura luminosa. O grande ser o abraçou, dizendo:

– Muito bem, bodisatva, muito bem. Continua caminhando pelos temores e dores desta vida. Continua caminhando, seguindo teu coração e confiando no poder da consciência. Continua caminhando, um passo de cada vez, e conhecerás uma liberdade e uma paz além de toda imaginação.

Ouvindo aquelas palavras, o bom mercador sentiu todo o seu ser encher-se de luz. Olhando em torno, viu aquela mesma presença divina reluzindo no solo, nas árvores, nos pássaros e em cada folha de grama. Ele e o grande ser, e cada parte deste mundo vivo, pertenciam à presença ilimitada e radiante.

Por mais espessas que sejam as nuvens de medo, vergonha e confusão, podemos, como o mercador, lembrar nosso desejo de despertar a compaixão, nosso desejo de ser sábios e livres. Lembrar o que acalentamos nos orienta a acolher nosso medo e nossa dúvida com consciência. Procedendo assim momento após momento, encontramos aquilo que almejamos.

Quando Mara aparece, podemos despertar dando apenas um passo – tocando o chão deste momento presente com presença compassiva. Durante uma agressiva troca de palavras, damos um passo, sentindo com consciência a pressão crescente no nosso peito, o calor em nosso rosto. Quando nosso filho está com febre alta, damos um passo trazendo consciência ao nosso medo enquanto colocamos uma compressa fria na testa dele. Quando estamos perdidos após o anoitecer numa cidade desconhecida, damos um passo observando com consciência a opressão da ansiedade ao virar outra esquina para uma rua desconhecida. Este é o caminho: chegar repetidas vezes ao momento com uma consciência gentil. Tudo que importa no caminho do despertar é dar um passo de cada vez, estar disposto a aparecer até certo ponto, tocando no solo apenas nesse momento.

O caminho da Aceitação Radical nos liberta das vozes de Mara, que nos dizem que estamos separados e somos indignos. Sempre que nos tornamos plenamente presentes, descobrimos a lucidez e o cuidado naturais que nos são inerentes. Passamos a entender, de forma viva e celular, quem realmente somos. Há um poema de Rumi que diz assim:

Sou água, sou o espinho
que prende a roupa de alguém. [...]

Não há nada para acreditar.
Só quando deixei de acreditar em mim
cheguei a esta beleza. [...]

Dia e noite guardei a pérola de minha alma.
Agora, neste oceano de correntes peroladas,
Perdi de vista qual era a minha.

Quando vivemos na consciência, vivemos no amor. A consciência amorosa que desejamos não é uma fragrância distante, um tesouro achado somente após uma árdua jornada. Não é um tesouro pelo qual precisamos lutar ou que precisamos proteger. Como o cervo-almiscarado percebeu ao morrer, a beleza que tanto desejamos já está aqui. Ao afrouxar nossas histórias de "quem nos consideramos ser", ao adentrar, vigilantes, apenas este momento, vemos que nada falta, nada está fora deste oceano de correntes peroladas.

Muitas vezes nos desviamos do caminho e perdemos de vista nosso ser essencial, porém lembrar o que amamos nos guia de volta à presença sagrada. *O livro tibetano dos mortos* oferece a garantia mais profunda: "Lembra-te destes ensinamentos, lembra-te da luz clara, da luz brilhante da tua própria natureza. Não importa aonde ou quão longe vás, a luz está a apenas uma fração de segundo, a meio fôlego de distância. Nunca é tarde demais para reconheceres a luz clara da tua consciência pura." Podemos confiar na consciência e no amor que são nosso verdadeiro lar. Quando nos perdemos, precisamos apenas pausar, olhar para o que é verdade, relaxar nosso coração e chegar novamente. Essa é a essência da Aceitação Radical.

MEDITAÇÃO GUIADA:
Quem sou eu?

A questão fundamental na maioria das tradições espirituais é: quem sou eu? A prática budista tibetana do *Dzogchen* ("a Grande Perfeição") é um treinamento direto para perceber nossa verdadeira natureza. Antes de explorar a seguinte versão de *Dzogchen*, o ideal é dedicar um tempo a relaxar e aquietar a mente. Você pode fazer um escaneamento corporal (ver p. 125-127) ou meditação *vipassana* (ver p. 55-56). Embora pensamentos e emoções naturalmente continuem surgindo durante o *Dzogchen*, convém iniciar essa prática quando as emoções não são intensas. Um ambiente ideal para tentá-la é onde você possa olhar direto para o céu aberto ou uma vista que não o(a) distraia. Também é bom olhar por uma janela, para uma parede branca ou para o espaço vazio de um cômodo.

Sente-se confortavelmente de forma a permitir que você se sinta alerta e relaxado(a). Com os olhos abertos, repouse o olhar em um ponto ligeiramente acima da sua linha de visão. Relaxe os olhos para que não estreite seu foco e você também receba imagens de toda a visão periférica. Relaxe a área ao redor dos olhos e deixe a testa sem vincos.

Olhando para o céu ou imaginando um céu azul-claro, deixe sua consciência se misturar com esse espaço infinito. Permita que sua mente fique bem aberta – relaxada e espaçosa. Reserve alguns minutos para prestar atenção em sons, observando como estão acontecendo por si mesmos. Repouse na consciência que inclui mesmo os sons mais distantes.

Da mesma forma que os sons estão indo e vindo, permita que sensações e emoções surjam e se dissolvam. Deixe sua respiração fluir facilmente, como uma brisa suave. Perceba os pensamentos se deslocando como nuvens passageiras. Repouse na consciência aberta e não distraída, notando a exibição de sons, sensações, sentimentos e pensamentos que mudam a todo momento.

Quando perceber sua mente se fixando em um pensamento específico – em um julgamento ou comentário mental, uma imagem ou história –, olhe suavemente para a consciência de modo a reconhecer a origem do pensamento. Pergunte-se: "Quem está pensando?" Ou: "O que está pensando?" Ou: "Quem está percebendo neste momento?" Olhe de volta para a consciência com um leve toque – simplesmente dando uma olhada para ver quem está pensando.

O que você percebe? Existe alguma "coisa" ou um "eu" que você perceba como estático, sólido ou duradouro? Alguma entidade que exista separada do fluxo dinâmico de sentimentos, sensações e pensamentos? O que você realmente vê quando olha para a consciência? Existe alguma fronteira ou algum centro da sua experiência? Você percebe que está percebendo? Toda a rede de pensamentos, desejos e temores está cheia de furos. Ao olhar além dela, você começa a ver que toda a vida está surgindo da consciência e se dissolvendo nela.

Solte e relaxe plenamente no mar do estado desperto. Entregue-se e deixe estar, permitindo que a vida se desenrole naturalmente na consciência. Repouse no não fazer, na consciência não distraída. Quando a mente se fixar de novo em pensamentos, olhe de novo para a consciência a fim de ver a fonte do pensamento. Depois solte e deixe estar. Cada vez que você se liberar do controle dos pensamentos, certifique-se de relaxar por completo. Descubra a liberdade de relaxar lucidamente, de deixar a vida ser assim como ela é. Olhe e veja, solte e seja livre.

Se sensações ou emoções chamarem sua atenção, olhe para a consciência do mesmo jeito, perguntando quem está sentindo calor, cansaço ou medo. Porém, se forem muito fortes ou irresistíveis, em vez de se voltar para a consciência, traga uma atenção receptiva e gentil direto para a experiência. Você pode sentir o poder do medo, por exemplo, e usar a respiração para se reconectar com a abertura e a ternura. (Ver instruções para o tonglen na página 235.) Quando novamente for capaz de encarar sua experiência com equanimidade e compaixão, retome a prática do Dzogchen, repousando na consciência.

É comum que, na esteira dessas emoções fortes, se constate que permanece a impressão de um "eu fantasma" – um eu que está acolhendo o medo ou a dor com compaixão. Caso o sinta, pergunte "Quem está sendo compassivo?" e olhe para a consciência. Depois relaxe no que é visto. Entregue-se à consciência livre de um eu, ao vazio permeado de compaixão.

O surgimento natural de emoções é uma oportunidade profunda de experimentar como a expressão natural da consciência é amor. Aqui a prática do Dzogchen, *olhar para a consciência e o* tonglen *se entrelaçam.*

~

É importante começar a praticar o *Dzogchen* de forma fácil e relaxada, sem contrair a mente se esforçando para fazer certo. Para evitar causar estresse, é melhor limitar a prática a intervalos de 5 a 10 minutos. Você pode realizar a prática formal em períodos curtos várias vezes ao dia. Como uma prática informal, dedique alguns minutos, sempre que lembrar, a olhar a consciência e ver o que é verdadeiro. Depois solte e deixe estar.

Agradecimentos

Escrever *Aceitação Radical* foi uma das grandes lições de que não possuímos nada, muito menos um processo criativo. A bondade, a inteligência e a generosidade de muitas pessoas queridas fluíram juntas para dar origem a este livro.

Começo com Shoshana Alexander, porque sua ação como parteira editorial e sua amizade amorosa me apoiaram em cada passo do caminho. Shoshana me ajudou a entender o que eu queria dizer e me orientou sobre a melhor forma de dizê-lo. Escritora talentosa e praticante de longa data do darma, ela foi uma das melhores mestras que eu poderia ter encontrado ao assumir este projeto.

Desde o dia em que disse a Jack Kornfield que queria escrever este livro, ele me ofereceu apoio e incentivo constantes. A visão compassiva e a confiança de Jack – um mentor e amigo maravilhoso – em mim e neste livro são uma fonte contínua de nutrição.

Agradeço de coração à minha editora da Bantam, Toni Burbank, que é simplesmente a melhor! Foi um raro privilégio ter a orientação de alguém tão hábil em sua sabedoria e sua humanidade. Minha mais profunda gratidão à minha agente, Anne Edelstein, por seu brilho, seu bom humor e sua cordialidade, e por me acompanhar com uma mão tão reconfortante e confiável. E meus agradecimentos à minha assessora de imprensa, Anita Halton, por sua firmeza, sua inteligência e sua confiança neste livro.

Tenho grande apreço por aqueles que leram os capítulos em vários estágios do desenvolvimento do livro e me deram feedback. Agradecimentos especiais a Joseph Goldstein, minha irmã Darshan Brach, meu irmão, Peter Brach, meus pais, Nancy e Bill Brach, e meus amigos Tarn Singh,

Carolyn Klamp e Doug Klamp. E a Alice e Stephen Josephs, que leram todo o manuscrito, oferecendo tantas horas de suas mentes brilhantes e seus corações carinhosos. Minha eterna gratidão à minha irmã Betsy Brach, que não leu os capítulos porque estava muito ocupada fazendo 10 milhões de outros favores para mim.

Muitos outros ajudaram de muitas maneiras. Agradeço a Barbara Gates, por sua clareza e seu entusiasmo em ajudar a preparar minha proposta; a Rebecca Cardozo, por tamanha dedicação na obtenção das autorizações; a Barbara Graham, que ofereceu seu talento editorial, bem como sua experiência nesse ramo, para me apoiar durante os anos de escrita. Minha gratidão também a Tim Kinney, que dedicou muitas horas de ajuda com design, e a Melanie Milgram, cujas competência e cordialidade tornaram o trabalho com a Bantam fácil e tranquilo. Sharon Salzberg me protegeu de muitas maneiras. Ela e sua assistente, Gyano Gibson, ofereceram uma orientação inestimável e um apoio de irmãs. Eu honro o poder do International Focusing Institute (www.focusing.org) e lá encontrei, com minha parceira de foco, Mary Hendrix, um lindo desabrochar da Aceitação Radical. E a cada um dos amigos – são tantos que não tenho como incluir todos os nomes – que me ajudaram nas consultas criativas, obrigada.

Tenho uma profunda gratidão aos meus clientes, à comunidade do Insight Meditation de Washington e à minha sanga global de alunos e amigos – adoro sentir nossa união neste caminho sagrado. Este livro não existiria sem suas histórias e sua inspiração. E a todos os meus mestres e todos os Seres compassivos que transmitiram as antigas verdades e práticas, faço uma reverência com amor e gratidão.

Por fim, é uma grande sorte ter familiares e amigos que perdoaram minhas longas ausências e desatenção, e continuaram, ao longo dos últimos anos, a me acolher com carinho incondicional. A cada um de vocês, meus mais profundos agradecimentos. E ao meu querido amigo Alex e ao meu filho amado, Narayan, minha bênção por estarem sempre presentes.

Fontes e permissões

p. 11 Rumi, Jalal Al-Din. "Bem além das ideias de errado e certo", em *The Essential Rumi*, de Coleman Barks. Copyright © 1995 de Coleman Barks. Reproduzido com a permissão do autor.

p. 18 Berry, Wendell. "Você estará caminhando certa noite…", em *The Selected Poems Of Wendell Berry*, de Wendell Berry. Copyright © 1998 de Wendell Berry. Reproduzido com a permissão da Counterpoint Press, parte da Perseus Books LLC.

p. 36 Machado, Antonio. "Ontem de noite, ao dormir", em *Times Alone: Selected Poems Of Antonio Machado*, tradução de Robert Bly. Copyright © 1983. Reproduzido com a permissão da Wesleyan University Press.

p. 47 Rumi, Jalal Al-Din. "Não desvie o olhar", em *The Essential Rumi*, de Coleman Barks. Copyright © 1995 de Coleman Barks. Reproduzido com a permissão do autor.

p. 58 "Suficientes", em *Where Many Rivers Meet*, de David Whyte. Copyright © 1990 de David Whyte. Reproduzido com a permissão do autor e da Many Rivers Press.

p. 79 Rumi, Jalal Al-Din. "O ser humano é como uma hospedaria", em *The Essential Rumi*, de Coleman Barks. Copyright © 1995 de Coleman Barks. Reproduzido com a permissão do autor.

p. 90 Brown, Ed. "História dos biscoitos Pillsbury", trecho da revista *Shambhala Sun*. Copyright © julho de 1994. Reproduzido com a permissão da *Shambhala Sun*.

p. 103 Trecho de *Diamond Heart: Book Three–Being And The Meaning Of Life*, de A. H. Almaas. Copyright © 1990 de A. Hameed Ali. Reproduzido com a permissão da Shambhala Publications, Inc., Boston, www.shambhala.com.

p. 123   Keyes, Roger. "Hokusai Diz". Reproduzido com a permissão do autor.

p. 130   Rumi, Jalal Al-Din. "Da forma premente como os amantes se desejam", em *The Essential Rumi*, de Coleman Barks. Copyright © 1995 de Coleman Barks. Reproduzido com a permissão do autor.

p. 153   "Uma estranha paixão agita a minha cabeça", em *Love Poems Of Rumi*, de Deepak Chopra, M.D. Copyright © 1998 de Deepak Chopra, M.D. Reproduzido com a permissão da Harmony Books, uma divisão da Random House, Inc.

p. 189   "Décima Elegia", em *The Selected Poetry Of Rainer Maria Rilke*, de Rainer Maria Rilke, tradução de Stephen Mitchell. Copyright © 1982 de Stephen Mitchell. Reproduzido com a permissão da Random House, Inc.

p. 190   "Quarta Elegia", em *The Selected Poetry Of Rainer Maria Rilke*, de Rainer Maria Rilke, tradução de Stephen Mitchell. Copyright © 1982 de Stephen Mitchell. Reproduzido com a permissão da Random House, Inc.

p. 194   Rumi, Jalal Al-Din. "Deus criou a criança, ou seja, teu desejo", em *The Essential Rumi*, de Coleman Barks. Copyright © 1995 de Coleman Barks. Reproduzido com a permissão do autor.

p. 204   "Desejo ser acolhido", em *Rilke's Book Of Hours: Love Poems To God*, de Rainer Maria Rilke, tradução de Anita Barrows e Joanna Macy. Copyright © 1996 de Anita Barrows e Joanna Macy. Reproduzido com a permissão da Riverhead Books, uma marca da Penguin Putnam, Inc.

p. 207   "Não renuncie à sua solidão", em *The Subject Tonight Is Love*, de Daniel Ladinsky. Copyright © 1996 de Daniel Ladinsky. Reproduzido com a permissão do autor.

p. 209   "Peça amor ao Amigo", em *The Subject Tonight Is Love*, de Daniel Ladinsky. Copyright © 1996 de Daniel Ladinsky. Reproduzido com a permissão do autor.

p. 215   "Vivo minha vida em círculos crescentes", em *Rilke's Book Of Hours: Love Poems To God*, de Rainer Maria Rilke, tradução de Anita Barrows e Joanna Macy. Copyright © 1996 de Anita Barrows e Joanna Macy. Reproduzido com a permissão da Riverhead Books, uma marca da Penguin Putnam, Inc.

p. 226   Trechos de "Bondade", em *The Words Under The Words: Selected Poems,* de Naomi Shihab Nye. Copyright © 1995. Reproduzido com a permissão da Far Corner Books.

p. 231   "Acontece o tempo todo no céu", em *The Subject Tonight Is Love,* de Daniel Ladinsky. Copyright © 1996 de Daniel Ladinsky. Reproduzido com a permissão do autor.

p. 232   Lawless, Gary. "Quando os animais vêm até nós", em *Earth Prayers From Around The World, 365 Prayers, Poems, And Invocations For Honoring The Earth.* Copyright © 1991 de Elizabeth Roberts e Elias Amidon. Reproduzido com a permissão do autor.

p. 247   "Sentimos que existe algum tipo de espírito", em *The Kabir Book,* de Robert Bly. Copyright © 1971, 1977 de Robert Bly. Copyright © 1977 de Seventies Press. Reproduzido com a permissão da Beacon Press, Boston.

p. 256   Trechos de *The Cocktail Party.* Copyright © 1950 de T.S. Eliot, renovado por Esme Valerie Eliot. Reproduzidos com a permissão da Harcourt, Inc. e da Faber and Faber Ltd. (Reino Unido).

p. 273   Rumi, Jalal Al-Din. "Permaneçam juntos, amigos", em *The Essential Rumi,* de Coleman Barks. Copyright © 1995 de Coleman Barks. Reproduzido com a permissão do autor.

p. 307   "Poço da Dor", em *Where Many Rivers Meet,* de David Whyte. Copyright © 1990 de David Whyte. Reproduzido com a permissão do autor e da Many Rivers Press.

p. 310   Rumi, Jalal Al-Din. "Sou água, sou o espinho", em *The Essential Rumi,* de Coleman Barks. Copyright © 1995 de Coleman Barks. Reproduzido com a permissão do autor.

Para saber mais sobre os títulos e autores da Editora Sextante,
visite o nosso site e siga as nossas redes sociais.
Além de informações sobre os próximos lançamentos,
você terá acesso a conteúdos exclusivos
e poderá participar de promoções e sorteios.

sextante.com.br